团结 严谨 求实 创新

新起点，再出发
——高职高专大学生入学教育

◎主编 吴伟生 杨东方 李 龙

中国·武汉

编 委 会

主　编： 吴伟生　杨东方　李　龙

主　审： 姚方元　赵宏旭　黄　勇

副主编： 彭扬华　李　钢　何素淑　芦　球

　　　　　管玲凤　邹仕亮　黄　鹏　雷长剑

参　编： 高双喜　张凯波　吴　娱　姚子雪婷

　　　　　戴　航　廖一霖　陈　梅　刘　倩

　　　　　彭瑞文　刘　阳　郝文琦　周　军

　　　　　刘　静　何振华　陈天宇　邓　娴

　　　　　李晨旭　周　姝　袁　燕　刘峻江

　　　　　曹林艳　曹　赵　周中林　陈阳犀

梦想 从这里出发

序言

亲爱的同学们，欢迎来到大学校园！当你们背着行囊兴高采烈地踏进学校大门时，你们的大学生活就拉开了序幕，从此，你们的人生将翻开新的篇章。

大学是一个更加宏伟与多元的知识殿堂。在这里，你们可以学习丰富的知识、锻炼高超的技能、感受精彩的文化、释放青春的活力；在这里，你们将学会做事、学会做人、学会交往、学会独立；友情、爱情，等你们邂逅；精彩、多彩，等你们探索。期待之余，你们或许对大学生活也存在茫然与疑惑。你们或许迫切地想要知道，大学生活与中学生活究竟有哪些不同，要做怎样的准备去适应新的学习和生活，要怎样度过这人生中最宝贵、最精彩、最难忘的大学时光，要怎样去努力才能实现自己的理想与追求。

古语云："非学无以广才，非志无以成学。"莘莘学子笃志好学，创新求是；大师学者辛勤耕耘，传道授业。同学们在大学期间，要扎实学好本学科的基础知识，博览群书，丰富人生的厚度。而入学教育，恰是你们开启人生征途的起点，也是高校思想政治教育的焦点。为此，学校老师编写了这本与同学们学习、生活紧密相关的《新起点，再出发——高职高专大学生入学教育》，以期对你们有所帮助。

本书围绕校园认知、学习导航、规章制度、校园生活等主题，结合学校实际，从了解学校、学习指导、职业规划、文明修身、心理健康、勤工助学、素质拓展、安全教育、办事流程等多方面，系统阐述了大学新生入学教育的内容和要求，旨在帮助学生学习和了解大学学习生活过程中，应知和应会的常识，为学生提供一些有参考价值的信息和建议，为学生的健康成长打开一扇窗，引领其全面发展。

《新起点，再出发——高职高专大学生入学教育》一书针对性强，凝聚了学校师生多年的实践经验和理论升华，全书具有以下三个特点：

一是实用性。全书涉及大学学习和生活的各个领域，引导学生认识校园，感受大学校园的宁静、精致与睿智。

二是教育性。全书坚持立德树人的思想主线，一切为了学生，为了学生的一切。注重把日常生活服务与学生素质养成融为一体，着力培养学生健全的人格、高尚的灵魂和自强不息的精神。

三是时代性。全书紧扣时代脉搏，突出学生创新创业能力的指导，旨在引领学生珍惜学习时间，学好知识，练好技能，成就梦想。

本书是全校各部门、各二级学院共同努力的智慧结晶，也是全校教职工的一片爱心，希望能给同学们提供一些帮助和启发。

在本书的编写过程中，我们博采众长，参考、借鉴了一些研究成果和资料，在此对这些作者表示衷心的感谢。由于编者水平有限，书中难免存在疏漏和不足之处，恳请专家学者和广大读者批评指正。

编 者
2022 年 8 月

目录

第一章 校园认知

第一节 初识大学 ································· 3
第二节 大学阶段对大学生的重要意义 ··············· 10
第三节 高等职业教育与高职学生的职业能力 ········· 14
第四节 学校简介 ································· 18
第五节 校歌、校训及发展历程 ····················· 20
第六节 学校章程 ································· 23

第二章 学习导航

第一节 职业生涯规划 ····························· 45
第二节 做人和做事 ······························· 56
第三节 学习指导 ································· 70
第四节 行为规范和文明礼仪 ······················· 87

第三章 规章制度

第一节 湖南高速铁路职业技术学院
　　　　新生入学报到资格审查制度 ··············· 101
第二节 学生德智体美劳全面发展
　　　　过程性评价办法（试行） ················· 103
第三节 湖南高速铁路职业技术学院
　　　　校院两级管理学生工作实施细则（试行） ··· 113
第四节 学生学籍管理规定（修订） ················· 129

第五节　湖南高速铁路职业技术学院
　　　　学生学籍管理留级补充规定 …………………… 135
第六节　湖南高速铁路职业技术学院
　　　　学生奖励办法（修订） …………………………… 137
第七节　湖南高速铁路职业技术学院
　　　　家庭经济困难学生认定办法（修订） …………… 140
第八节　湖南高速铁路职业技术学院
　　　　勤工助学管理办法 ………………………………… 144
第九节　湖南高速铁路职业技术学院
　　　　高校国家奖学金实施细则（暂行） ……………… 148
第十节　湖南高速铁路职业技术学院
　　　　高校国家励志奖学金实施细则（暂行） ………… 150
第十一节　湖南高速铁路职业技术学院
　　　　　高校国家助学金实施细则（暂行） …………… 152
第十二节　湖南高速铁路职业技术学院
　　　　　学生创新创业激励基金管理办法（试行） …… 154
第十三节　湖南高速铁路职业技术学院
　　　　　创新创业项目申请管理规定 …………………… 176
第十四节　湖南高速铁路职业技术学院
　　　　　大学生应征入伍工作管理办法 ………………… 179
第十五节　湖南高速铁路职业技术学院
　　　　　学生成绩管理办法 ……………………………… 183
第十六节　湖南高速铁路职业技术学院
　　　　　学生档案管理规定 ……………………………… 187
第十七节　湖南高速铁路职业技术学院
　　　　　学生竞赛管理办法（试行） …………………… 189
第十八节　湖南高速铁路职业技术学院
　　　　　学生宿舍管理条例 ……………………………… 198
第十九节　湖南高速铁路职业技术学院
　　　　　学生请假管理办法 ……………………………… 203
第二十节　关于学生佩戴胸卡的管理规定 …………………… 207
第二十一节　湖南高速铁路职业技术学院
　　　　　　学生证、校徽管理规定 ……………………… 209

第二十二节 湖南高速铁路职业技术
学院考场规则（修订） ……………… 210
第二十三节 疫情防控期间学生违规
行为处理办法 ………………………… 212
第二十四节 湖南高速铁路职业技术学院
学生违纪处分实施规则 ……………… 215
第二十五节 湖南高速铁路职业技术学院
学生申诉管理办法 …………………… 227
第二十六节 学生管理其他规章制度 ……………… 231

第四章 校园生活

第一节 学生管理与服务平台一览 ……………… 235
第二节 新生答疑 …………………………………… 237
第三节 校园安全服务 ……………………………… 241
第四节 心理健康服务 ……………………………… 289
第五节 人际关系 …………………………………… 291
第六节 毕业去向与就业指导 ……………………… 301

参考文献 ……………………………………………… 319

第一章

校园认知

第一节 初识大学

一 大学的内涵

在中国古代,"大学"一词有两种含义:一是"博学"的意思,二是相对于小学而言的"大人之学"。《大戴礼记·保傅篇》有言:"古者年八岁而出就外舍,学小艺焉,履小节焉;束发而就大学,学大艺焉,履大节焉。"束发即意味着成人,要开始学习各种技艺、本领,修身养性。现在,"大学"泛指实施高等教育的学校,指提供教学和研究条件、授权颁发学位的高等教育机构,包括综合性大学、专科院校及高等职业院校等。

"大学"一词是从拉丁语"universitas"派生而来的,大致意思是"教师和学者的社区"。大学的教学层次通常分为两种类型,分别是研究生和本专科;其中研究生包括硕士研究生和博士研究生两个层次,本专科分为本科和专科两个层次。教学方式主要分为全日制和非全日制两种。关于大学的内涵,不同的人有不同的说法。

> "就其所在地言之,大学俨然为一方教化之重镇,而就其声教所暨者言之,则充其极可以为国家文化之中心,可以为国际思潮交流与朝宗之汇点。""所谓大学者,非谓大楼之谓也,有大师之谓也。"
> ——梅贻琦(曾任清华大学校长)
>
> "大学者,研究高深学问也。大学者,囊括大典,网罗众家之学府也。"
> ——蔡元培(曾任北京大学校长)
>
> "现代大学好似一本百科全书","大学所要解决的是思辨的问题",大学作为象征"在于它们不断地在我们眼前呈现作为对人类最高能力持久的信任的教育机构时所体现出来的永久价值","真正的大学精神,也就是纯粹为了研究对象而研究的精神","大学统一的原则是为真理而真理"。
> ——赫钦斯(曾任芝加哥大学校长)

"大学不仅仅是知识的加工厂，还是一个以传统经久不衰的价值观为基础的复杂的机构。""大学不仅是知识的守望者，也是价值观、传统和社会文化的守护神。""大学不只在于教育和发现，也在于向现存秩序发出挑战并促其改革。"

——杜德斯达（曾任密西根大学校长）

"真正的大学，即作为科学团体的大学，仅仅体现于哲学院中。""唤起科学的观念，并循此观念进入其选定的知识领域，使其能够本能地用科学的目光看待一切知识；不是孤立地，而是在相互的联系中探索具体的现象，不使之须臾脱离与知识整体和全体的关联；学会在思维中运用科学的基本法则，并进而养成独立研究、发现和阐述问题的能力"，总之，"并非通常意义上的学习，而是认知"。

——施莱尔马赫（曾任柏林大学校长）

"大学是研究和传授科学的殿堂，是教育新人成长的世界，是个体之间富有生命的交往，是学术勃发的世界。"

——雅斯贝尔斯（德国著名的存在主义哲学家、心理学家和高等教育思想家）

综上所述，大学泛指实施高等教育的学校，是一种功能独特的文化机构，是与社会的经济和政治机构既相互关联又鼎足而立的传承、研究、融合和创新高深学术的高等学府。

二 大学的职能

现代大学具有传播知识、培养人才、科学研究和服务社会的四大功能。在这四大功能中，传播知识、培养人才是大学的根本，科学研究是对传播知识、培养人才的支撑，而服务社会是现代大学的最终目的。

（一）传播知识

大学通过课堂教学、科学研究、学术探索向学生传授各种学科、门类的科学文化知识，引导青年人认识未知世界，探求客观真理，推进知识创新，为人类文明的宝库不断增添新的财富，从而实现创新和发展人类文明的功能。

（二）培养人才

《中华人民共和国高等教育法》规定,"高等教育的任务是培养具有社会责任感、创新精神和实践能力的高级专门人才,发展科学技术文化,促进社会主义现代化建设"。人才培养不仅是传授专业知识与专业技能,更重要的是促进大学生的全面发展,塑造他们高尚的精神品质,使之具有广博的知识和进行有效思考、表达思想、做出判断、善于创新、适应社会的能力,从而使他们成为服务于中国特色社会主义事业的劳动者、建设者、管理者和领导者。

（三）科学研究

大学科学研究的开展使大学的学科、专业、课程建设、教学内容和方式等与科学技术的发展紧密联系在一起。新的科学研究成果进入大学课堂,是大学教学内容得以不断更新、学术水平不断提高的主要源泉。大学开展科学研究并让学生参与其中,更是激发学生的创新灵感、培养学生创新精神的重要途径。

（四）服务社会

随着新科技革命的兴起,社会各个领域、各类型企业基于生存和发展的需要,更加依赖科学技术,因而同高校的联系与合作更加密切。大学通过不断为社会提供新思想、新观念和具有创新思想、创新能力的人才,不断影响社会,引导社会发展和进步。大学作为创造、使用和传播新知识的集散地,通过产学研一体化的发展模式,促进科技成果向现实生产力转化,为我国的改革开放、社会发展与经济建设做出重要贡献。

三　高职教育的发展

高职教育,又称职业大学教育。我国高等职业教育始于近代,既晚于西方国家,又晚于东方的日本,却早于我国的普通教育。我国高职教育从开始至今大体经历了起步、初步发展、转变和深化发展四个阶段。

（一）起步阶段

一般而言，将19世纪60年代初创办的实业教育作为近代职业教育的早期阶段，普遍认为当年的"同文馆"是我国现代职业教育之开端。1866年左宗棠在马尾船政局附设的船政学堂（初称"求是堂艺局"），是工业职业教育的肇始。清廷1903年制定、1904年1月批准的《奏定学堂章程》，包括学务纲要、学堂通则、考试章程、奖励章程以及各级各类学堂章程等22个文件，建立了我国正式付诸实施的第一个现代教育学制体系。"高等农工商实业学堂"被列入其中，规定其修业年限为中学后三年，外加一年预科，最初分农业、工业、商业、商船四类。

（二）初步发展阶段

新中国成立后，政府大力发展专科教育，1950年颁布了《专科学校暂行规程》。1951年颁布了《关于学制改革的决定》，对原有专科进行整顿改造。当年，全国有专科学校71所，学生达40941人。1952年，学习苏联的经验，全面实行院系调整，调整后，大多数专科学校被拆并到本科院校或改办中专。"文化大革命"时期，高等专科教育同其他教育一样横遭浩劫，损失惨重。

党的十一届三中全会后，我国的教育事业也进入一个崭新的历史阶段。1985年的《中共中央关于教育体制改革的决定》明确要求"积极发展高等职业技术院校"。1991年1月25日，国家教委与中国人民解放军总后勤部联合批准试办邢台高等职业技术学校。1991年10月17日发布的《国务院关于大力发展职业技术教育的决定》再次强调"努力办好一批培养技艺性强的高级操作人员的高等职业学校"。1994年和1996年，国家教委两次发文，共批准18所中等专业学校试办五年制高职班。1994年党中央国务院召开的全国教育工作会议上，国家领导人更系统地提出发展高等职业教育的任务，同时，明确了"三改一补"的发展途径，4月28日，深圳高等职业技术学院挂牌成立。1996年颁布的《中华人民共和国职业教育法》，把"高等职业学校教育"和"高等职业学校"以法律形式固定下来。1998年，教育部开始实施"三教统筹"的管理体制。

（三）转变阶段——职业大学的兴起

改革开放后，各地的人才需求十分迫切，而当时的普通高校元气大伤，正在逐步恢复中。例如：1980年，全国675所普通高校只招生28.1万人，毕业生仅有14.7万人，可是当年普通高中的毕业生却多达616.2万人，进入高等学校十分困难，俗称"千军万马争过独木桥"。在这样的严峻形势下，部分大中城市从本市的实际需要出发，依靠部分老大学的资源，因陋就简兴办起一批高等学校。由于社会急需，又多是生产和服务第一线需要的应用型人才，因而取名为"短期职业大学"。1980年8月27日，江苏省创办了我国第一所冠名"职业"的大学——金陵职业大学。随后，其他城市也陆续举办与金陵职业大学同样体制的职业大学。

1983年5月10日，教育部根据经国务院批准的教育部、财政部、国家计委、对外经贸部《关于利用世界银行贷款促进广播电视大学及短期职业大学发展的请示》，遴选16所职业大学给予贷款支持。1984年4月23日—29日，经教育部同意和支持的全国职业大学第一次校际协作会议在武汉市江汉大学举行，来自20个省、市36所学校的79名代表出席，其任务是沟通情况、交流经验、组织协作、建立网络。会议决定在江汉大学成立全国职业大学联络站，筹建"中国职业大学教育研究会"。1984年8月、11月、12月，全国78所职业大学分6片举行区域性会议，分区交流情况，分别成立协作组织。1985年11月4日—10日，全国职业大学第二次校际协作会暨中国职业大学教育研究会成立大会在长沙市举行。1986年11月25日，由该研究会主办的学术性季刊《高等职业教育》由武汉市委宣传部批复同意创刊发行。此后，各地又陆续举办了一些职业大学，最多时曾达128所。

20世纪90年代，国家一直没有停下发展高职教育的脚步，从《决定》到《意见》、再到《纲要》《计划》等，做出了一系列的改革举措。1996年实施的《中华人民共和国职业教育法》明确规定，"职业学校教育分为初等、中等、高等职业学校教育"，"高等职业学校教育根据需要和条件由高等职业学校实施，或者由普通高等学校实施"，第一次确立了高等职业教育和高等职业学校在我国教育结构中的法律地位。1998年的《中华人民共和国高等教育法》规定，"高等学校是指大学、独立设置的学院和高等专科学校，其中包括高等职业学校和成人高等学校"。这就进一步明确了我国高等职业教育属于高等教育范畴的法律地位。在国家依法治教的推动下，许多省市相继出台了法规实施细则，有的省市还专门制定了地方支持高等职业教育发展的相关法规。在政策法规的指引下，全国出现了一股"高等职业教育办学热"。截至1998年年底，"经教育部批准独立设置的专科层次高校（包括高专、高等职业和成人高校）达到1394所"。20

世纪90年代，基于相关政策法规的支持与保障，一批高职教育的新生力量迅速成长起来。

（四）深化发展阶段

经济全球化趋势高歌猛进，我国成功加入WTO之后，与世界市场经济的接轨使我国加快步入经济结构调整和增长方式转变的新型工业化道路。境内外环境要求高职教育及时扩大规模、提高教学质量，培养一大批实用型、技能型的高素质劳动者。

2002年，《国务院关于大力推进职业教育改革和发展的决定》提出，力争在"十五"期间初步建立起适应社会主义市场经济体制，与市场需求和劳动就业紧密结合，结构合理、灵活开放、特色鲜明、自主发展的现代职业教育体系。2004年，《2003—2007年教育振兴行动计划》指出，"大力发展职业教育，大量培养高素质的技能型人才特别是高技能人才"，"以就业为导向，大力推动职业教育转变办学模式"。2005年，《国务院关于大力发展职业教育的决定》提出，"实施职业教育示范性院校建设计划，在整合资源、深化改革、创新机制的基础上，重点建设高水平的培养高素质技能型人才的……100所示范性高等职业院校"。2006年，《关于全面提高高等职业教育教学质量的若干意见》力求保障高职院校教育教学质量。除此之外，国家在全国范围内启动了高职高专院校人才培养工作水平评估。2008年，教育部印发《高等职业院校人才培养工作评估方案》。2011年，教育部接连颁发《关于推进中等和高等职业教育协调发展的指导意见》和《关于推进高等职业教育改革创新引领职业教育科学发展的若干意见》两份文件，预示着高职教育被赋予了新的使命、责任、任务、内涵和要求，高职教育不再是被动的推动式发展，开始由被动转向主动积极的建设和不断提高质量，从而引领职业教育科学持续向前发展。2013年，《中共中央关于全面深化改革若干重大问题的决定》指出，"加快现代职业教育体系建设，深化产教融合、校企合作，培养高素质劳动者和技能型人才"。2019年1月，国务院印发的《国家职业教育改革实施方案》，将职业教育摆到教育改革创新与社会经济发展更加突出的位置，明确新时代职业教育改革的"路线图"。2019年4月，为落实《国家职业教育改革实施方案》，教育部、财政部实施了中国特色高水平高职学校和专业建设计划（"双高计划"），集中力量建设一批引领改革、支撑发展、中国特色、世界水平的高职学校和专业群。

知识拓展

"双高计划"

中国特色高水平高职学校和专业建设计划,简称"双高计划",是党中央、国务院做出的重大决策,亦是推进中国教育现代化的重要决策,由教育部和财政部共同研究制定并联合实施。计划旨在集中力量建设一批引领改革、支撑发展、中国特色、世界水平的高职学校和骨干专业(群),引领职业教育服务国家战略、融入区域发展、促进产业升级。

2019年1月24日,国务院印发《国家职业教育改革实施方案》,提出将启动实施中国特色高水平高等职业学校和专业建设计划。2019年4月1日,教育部、财政部发布《关于实施中国特色高水平高职学校和专业建设计划的意见》。2019年4月16日,教育部、财政部印发《中国特色高水平高职学校和专业建设计划项目遴选管理办法(试行)》的通知。

计划集中力量建设50所左右高水平高职学校和150个左右高水平专业群。重点布局在现代农业、先进制造业、现代服务业、战略性新兴产业等技术技能人才紧缺领域。其中高水平学校A档10所、B档20所、C档20所左右;高水平专业群A档30个、B档60个、C档60个左右。"双高计划"每5年一个支持周期,2019年启动第一轮建设。

用匠心擦亮"高铁湘军"名片

第二节 大学阶段对大学生的重要意义

曾子在《大学》一书中说："大学之道，在明明德，在亲民，在止于至善。"朱熹直接注解："大学者，大人之学也。"我们期待的大学是具有超越政治权利、商业利益的独立的学术和人文精神的场所。如同我们历来的教育传统，我们期待大学能够培养出真正的知识分子，能够将知识分子"为天地立心，为生民立命，为往圣继绝学，为万世开太平"的人生追求代代传承、发扬光大。因此，大学是追求知识的殿堂，是传播真理的阵地，是培养人才的摇篮。它应该具备人文思想的内涵，兼容并蓄的精神，乃至知行并重的教育。因此，大学阶段是人一生中最重要的时期，它为将来人生奠定着目标方向、事业基础，也对一个人的感情生活、文化涵养起着至关重要的作用。具体而言，大学教育对青年大学生的重要意义主要体现在以下几个方面。

一 大学阶段是青年大学生人生格局形成的关键时期

"格局"就是指一个人的志向、眼界和心胸。"格局决定结局、态度决定高度。"心有多远，未来就有多远；格局有多大，事业就有多大。我们常说"海阔凭鱼跃，天高任鸟飞"，意思是人的格局越大，志向就越大、胸怀就越大、追求的事业也就会越大。大学生在高校生活，少则三到四年，多则九到十年，由于知识的积累、阅历的丰富、交往的拓展，同学们对人生的思考和探索更加深入，特别是从现实出发，联系社会实际去思考社会和人生，确立自己人生目标的探索更加积极，因此，大学阶段是青年大学生人生格局形成的关键时期。习近平总书记指出："青年的价值取向决定了未来整个社会的价值取向，而青年又处在价值观形成和确立的时期，抓好这一时期的价值观养成十分重要。这就像穿衣服扣扣子一样，如果第一粒扣子扣错了，剩余的扣子都会扣错。人生的扣子从一开始就要扣好。"迈入大学后，同学们首先要规划为之奋斗一生的志向。不同的志向，就会有不同的结果。只有确立了某种志向后，才能将自己锁定在这个志向上，有计划地向着这个方向迈进，不断实现自我，不断超越自我。但是只有志向还不够，还得拥有为实现志向、理想而奋斗的精神和力量。这种精神力量是认识深化、情感深化和意志深化的融合与统一，就是我们常说的信念。苏东坡说过："古之立大事者，不唯有超世之才，亦必有坚忍不拔之志。"人生的道路是漫长的，在追求成功的路上不可能处处鸟语花香、一帆风顺，遇到始料未及的困难、挫折甚至磨难，都是正常的事。如果没有坚定的信念，人就会退缩却步，就会前功尽弃，就会一事无成。作为当代青年，我们一定要养大德、行大道、立大志、成大器，自觉践行习近平总书记提出的"爱国、励志、求真、力行"的谆谆教诲，做一名"有理想、有本领、有担当"的新时代弄潮儿。

二 大学阶段是青年大学生学习知识技能的黄金时期

知识改变命运，技能成就未来。大学为青年大学生学习知识技能提供了优越的环境和条件。首先，大学可以接触到当代的学科（专业）前沿。大学集中了众多的专家、学者和技术技能大师，他们精通本专业的基础理论，了解最新的科学技术成果，具有丰富的科研、教学经验和实践应用技能；其次，大学具备系统专业的教学资源、现代化的图书馆和先进的实验实训设备，在老师的指导下，大学生通过系统的教学活动和严格的科学训练，可以尽早地接触实际，尽快地接近专业的前沿，在短时间内系统准确地掌握最新的知识和技能，使自己的能力尤其是创新创造能力得到显著提高；再次，以社会实践、社团活动、文娱体育、系列讲座等为主要形式的第二课堂也是学生掌握知识和培养能力的主要环节。诺贝尔奖获得者中，95%以上都受过各种专业教育。我国两院院士中，绝大多数受过高等教育。《中国科学家传略词典》收录的435名现代科学家中，受过高等教育的有417名，占总数的95.9%。所以，同学们要是希望人生有所建树的话，必须珍惜在校的学习机会。大学生正处于学习科学知识和技能的黄金时期，"学如弓弩，才如箭镞，识以领之，方能中鹄"。大学生既要惜时如金、孜孜不倦，以韦编三绝、悬梁刺股的毅力，以凿壁借光、囊萤映雪的劲头，下一番心无旁骛、静谧自怡的功夫，又要突出主干、择其精要，做到又博又专、越博越专；既打牢扎实基础，又及时更新知识；既刻苦钻研理论知识，又积极掌握实践技能；既向书本学，又向实践学、向群众学；既向传统学，又向现代学；努力成为兼收并蓄、融会贯通、本领高强、德智体美劳全面发展的优秀人才。概言之，大学生应把学习作为首要任务，要下得苦功夫，求得真学问，掌握真本领，把学习作为一种精神追求、一种生活方式，树立"梦想从学习开始、事业靠本领成就"的观念，让勤奋学习成为青春远航的动力，让增长本领成为青春搏击的能量。

三 大学阶段是青年大学生身心健康成长的最佳时期

"道路千万条，健康第一条。"大学生正处于成年人的过渡时期，从生理上讲，大学生的身高、体重等继续发育，内脏器官趋于成熟，精力旺盛，情感日益丰富。随着大脑的发育，辩证思维能力和创新思维能力都得到发展和提高，记忆能力进入最佳状态。随着生理的发展，大学生的心理状态也呈现出一些新的特点：一是独立性明显增强，但自立能力较差。自我意识的强化，标志着一个人正在走向成熟，大学生希望显示自己的才华，乐于独立思考问题。但由于经验不足，涉世不深，做事容易主观武断，脱离实际。二是富有理想，但有一定的盲目性。大学生对知识充满渴望，对社会问题高度关注，对人生发展满怀憧憬，但由于思想不成熟，思维方式偏激，往往容易被流行的思潮左右，产生思想上的困惑。三是情感丰富，但波动性大，自我控制能力差。在学习生活中，遇顺境就可能沾沾自喜，遇逆境就可能悲观失望。这些都表明大学生还处在个性尚不稳定的阶段，需要不断完善才能走向成熟。大学阶段正是帮助我们青年学生身心健康成长的最佳时期，身体是每个人追求梦想、奋斗拼搏的最大资本，拥有强健的体魄，才能以充沛的精力完成学业；拥有健全的人格，才意味着大学生在人生最重要的阶段完成了自我的蜕变。相比身体上的健康，心智的成熟同样重要。许多同学是第一次离开父母独立生活，这是一个锻炼意志、培养独立精神的最好时机。在这个过程中或许会遇到困难和挫折，但最终能学会如何与他人相处，学会在集体中发挥个人智慧，学会在父母的庇护之外独立解决困难，最终成长为一名心理强大、经得起风浪的新时代青年。大学生要"走下网络、走出宿舍、走向操场"，充分利用课余时间多到田径场上挥洒汗水，让锻炼成为一种习惯、成为一种自觉，在锻炼中，增强体质，磨炼意志，做一名身心强健的人。

四 大学阶段是青年大学生积累人脉资源的基础时期

大学是个人才聚集、知识密集、精神营养丰富的地方，来自四面八方、有着各种文化背景、生活体验与经历的学生汇集在一起，年轻人相互交往且相互学习，为每一个学习者提供发现不同的交往伙伴的机会，这是一个人成长中极为宝贵的财富，这个阶段是人生中获取能量、积累资源的重要基础时期。因此大学生在校期间应该兼收并蓄，广泛寻求与老师、同学、校友之间的互动交流机会，从而既获得一面面立体的镜子，清晰地认清自己、完善自我，又获得各类精神营养的滋润；更为自己今后的人生奠定一个极富价值的人脉资源。由于大学师生间、同学间没有根本的利益冲突，此阶段结下的师生情、同学谊纯洁真诚，同学间比中小学生的感情更牢固，师生间比社会上的关系更纯朴。"质朴的师生情、纯洁的同学谊"，以致毕业后的每次相聚也总是恍如昨日，彼此亲切有加，相互之间的信任绝非其他社会关系所能比拟的。毕业后，无论何时何地，大学生都有可能获得来自老师和同学的鼓励、帮助与安慰。比如：很多大公司的崛起，都是一帮同学共同努力的结果；很多人的成功，都是因为有一群志同道合的同学……因此，大学的老师和同学，将是人生旅途中的宝贵财富。

五 大学阶段是青年大学生培育人文素养的有利时期

　　人文素养是指人所具有的人文知识和由这些知识内化成的人文精神，具体表现为人的文化品位、审美情趣、心理素质、人生态度、道德修养等丰富的精神世界。人文素养是一个人外在精神面貌和内在精神气质的综合表现，也是一个现代人文明程度的综合体现。有着丰厚的人文素养的人，兴趣广泛、心理健康、情趣高雅、感情丰富、豁达自信、谈吐文明，追求较高的生活和工作品位，有着十分丰富的精神世界。他们始终保持勃勃的生机和活力，充满着工作的热情，洋溢着生命的激情，闪耀着人性的魅力。而一些缺乏人文素养的人可能过多地去大吃大喝、攀比享受，甚至是沉湎于黄、赌、毒，这是低层次的感官享受。有的人即使是一身名牌、百般装扮，也不能掩盖本身人文素养的缺失。

　　加强大学生人文素养培养，是现阶段我国高等教育的重要内容。人文素养教育的课程教学、丰富多彩的校园活动，格调高雅的大学环境、图书馆内不计其数的藏书，形式多样的讲座、教师队伍的榜样示范，等等，在潜移默化中熏陶和影响着大学生，进而使其提升自身的人文素养。

第三节 高等职业教育与高职学生的职业能力

一 高等职业教育的性质和特点

（一）高等职业教育的性质

职业教育是国民教育体系和人力资源开发的重要组成部分。2019年1月国务院印发的《国家职业教育改革实施方案》中指出：职业教育与普通教育是两种不同教育类型，具有同等重要地位。我国的高等职业教育兴起于20世纪80年代，属于高等教育的范畴，与初级、中级职业技术教育组成了职业技术教育的完整体系，是这一体系的高级阶段。它不是有些人误以为的"次高等教育"，而是高等教育的补充，其地位越来越凸显。

（二）高等职业教育的特点

1. 实用性

职业技术教育最大的特征是"以职业岗位为导向"，而高等职业教育之"高等"则体现在比中等职业技术教育更具系统性、科学性，有一定深度，涵盖广度的知识，结合专业实践强的特色，高等职业教育的实用性更加突出。

2. 终身学习性

高等职业教育专业性突出、实用性强的特点，决定了学生拥有终身学习的机会，学习与实践相结合，边做边学，边学边做，精益求精。

3. 开放性

高等职业教育领域广泛，紧跟时代发展步伐，始终秉承职教技能更新理念，突出表现在职业技能领域接轨最新科技研究成果，并将其最新科技成果从国内推向国际，使之日益趋向国际化、开放化和现代化。

4. 特殊性

在教育层次上,当前我国尚未存在真正意义上的本科高等职业教育,多数是 2~3 年制专科高等职业教育。从教育类型上,高等职业教育是区别于学术研究型普通高等教育的另一类教育类型。

二 高等职业教育的人才培养目标

人才培养目标是某一层次教育培养学生的基本方向定位,以及由此决定的学生在接受完该层次教育后,在知识、能力和素质方面达到的规格要求。高等职业教育是培养应用型人才、技能型人才、复合型人才、创新型人才和发展型人才的教育层次和类型。

(一) 培养应用型人才

培养学生熟练掌握社会生产或社会活动一线的基础知识和基本技能,主要运用工程、科学、数学、设计制图等方面的原理和技术的实践,完成或支持工程的研究、开发、设计和施工,提高他们职业劳动的水平。

(二) 培养技能型人才

培养学生在生产和服务等领域掌握专门知识和技术,具备一定的操作技能,并在工作实践中能够运用自己的技术和能力进行实际操作。技能型人才主要包括具备技工、技师及其他相应水平或拥有各种技能的人员,这类人才又细分为高技能、高端技能、高素质技能、复合技能、知识技能人才等。

(三) 培养复合型人才

复合型人才,是指具有扎实的专业知识和过硬的文化素质,具有多种能力和发展潜能,并在某一具体方面出类拔萃的人才。换言之,培养复合型人才就是要培养学生不仅在专业技能方面有突出的经验,还具备较高的相关技能。

(四) 培养创新型人才

创新型人才通常表现出灵活、开放、好奇的个性,具有精力充沛、坚持不懈、注意力集中、想象力丰富以及富于冒险精神等特征。培养创新型人才旨在培养富于开拓性、具有创造潜能和创新活动、能开创新局面、对社会发展做出创造性贡献的人才。

（五）培养发展型人才

培养发展型人才就是要培养学生具有较强的社会责任感、使命感，懂技能、懂知识、肯吃苦、肯攀登，头脑灵活、思维发散，能顺应时代变化、听从时代召唤的，具有发展潜能的适应社会需求的新型人才。

三 高等职业院校学生应具备的职业能力

职业能力包括基本能力、专业能力和关键能力。由于高职院校的培养目标是培养高级应用型、技术型等人才，因此高职学生的职业能力与其他劳动者的职业能力相比，具有一定差别，具有特定内容。

（一）基本能力

高职学生的基本能力是指除了基本的语言、判断等能力外，还应具备的外语和计算机操作能力等。

（二）专业能力

高职学生不仅要掌握特定行业发展的新知识，还要具备高技术含量的专业能力。高职学生的就业主要集中于服务业和现代制造业等行业，这一就业特点要求高职学生关注和了解这些行业的新工艺采用、新技术应用、新设备使用等问题，只有这样才能确保专业能力能够适应服务业和现代制造业的快速变化。高职学生的专业能力具有很强的应用型和技能型，高职毕业生能够解决企业在实际生产中所面临的技术问题。

（三）关键能力

关键能力，是指一种可迁移的，从事任何职业都必不可少的职业核心能力，它适用于各种职业，能适应岗位不断变动，是伴随人终身的可持续发展能力。这个能力决定了前面两种能力能否优化发挥，很大程度上也决定了高职学生能否进入岗位之门，以及在岗位上能否长久胜任所担之职。

关键能力包括学习能力和社会能力。

1. 学习能力

学习能力是在长期的学习和生活中养成的一种获取新知识、掌握新本领或新技能的方法与技巧的能力。学习能力是所有能力的基础，一般有六个判断标准，即学习专注力、学习成就感、自信心、思维灵活度、独立性和反思力。善于学习，就是善于进步。由于服务业和现代制造业的发展速度快，这些行业的从业者只有具备不断学习的能力，才能及时更新知识和技能结构，从而满足岗位要求。高职学生学习能力培养的关键期在大学一、二年级，这个时期要求学生通过大量的学习和实践锻造出来一种与社会岗位接轨的学习能力。

2. 社会能力

社会能力是一个人在社会中生存、工作、学习等一切活动所必须具备的适应性行为和社会技能，主要包括人际交流能力、问题解决能力、心理承受能力、领导管理能力、协调合作能力、空间想象能力、逻辑思维能力等。高职学生应该特别注重与人沟通和合作能力的培养。高职毕业生就业后主要处于职业结构的中低层，而这种层次的职业岗位要求劳动者做大量的横向和纵向的沟通和协调工作，高职学生如果不具备良好的沟通能力，工作就很难开展。另外，服务业和现代制造业的快速发展导致了大量的劳动力在不同的工作之间转换，高职学生必须具备社会适应能力才能应对这种转变。

第四节 学校简介

团结　严谨　求实　创新

湖南高速铁路职业技术学院前身为衡阳铁路工程学校,1951年由铁道部创办,首任校长是原铁道兵副司令员、原铁道部部长郭维城将军。2000年衡阳铁路运输技术学院并入,2004年划归市委、市政府管理,2005年升格为湖南交通工程职业技术学院,2006年衡阳市职工大学并入,2011年更名为湖南高速铁路职业技术学院,2014年整体搬迁到鄱湖高铁新城办学。

目前,学院占地面积925亩,建筑面积30.33万平方米,建设总投入近十亿多元。全日制在校生近1.4万人。教职员工618人,其中专任教师434人,具有副高以上职称者184人。学院现有湖南省高等职业教育一流特色专业群及楚怡高水平高职专业群共3个,分别为铁道工程技术、建筑工程技术、铁道交通运营管理。其中,铁道工程技术专业群还入选湖南省服务"三高四新"战略高水平专业群。校内实训中心和实训室共118个,校外实训基地196个,并建成设备先进、软硬配套,融教学、实训、职业技能鉴定和技术研发等多种功能于一体的四大高铁综合实训基地。其中,拥有中央财政支持的重点实训基地1个,教育部认定的生产性实训基地和协同创新中心各1个,省级生产性实习实训基地2个,省级虚拟仿真实训基地1个,能全面满足各专业实践教学的需要。

办学 70 年来，为中国铁路培养了近 10 万"铁军"，被誉为中国铁路的"黄埔军校"。曾荣获教育部人才培养工作水平评估优秀院校、全国铁路职业技术教育先进单位、铁道部火车头奖章等荣誉称号。近年来，获国家级示范性职业教育集团，成功创评省示范性（骨干）高等职业院校、省文明高校、省平安高校、省卓越高职院校、省楚怡高水平高职学校、省文明标兵校园。连续 6 年获省招生工作先进单位，连续 5 年获省就业工作先进单位。

第五节 校歌、校训及发展历程

1. 校歌

集 体 词
蔡乔中 曲

1=F 4/4
自豪 朝气蓬勃地

(5·3 | 1- 1 7·5 | 7- 6 5·4 | 3·2 5 2·3 | 1 1 1 0 — — |)

1·3 5 5 — | 6·5 4 3 2 — | 3·2 1 3 6 — | 1·5 5 2 3 — |
衡山 巍巍， 湘水 泱 泱， 莘莘 学 子， 荟萃 一 堂。
衡山 巍巍， 湘水 泱 泱， 高铁 青 年， 奋发图 强，

5 3 1·1 1 — | 7 7 6·5 6 — | 5 5 3 2 5 2 | 1 — — 1 7 |
酃湖 揽紫 气， 石鼓 铸脊 梁， 石鼓 铸 脊 梁。 今天
通途 书卓 越， 广厦 写辉 煌， 广厦 写 辉 煌。

6·5 5 1 5 1 2 | 3 — — 6 5 | 4·3 3 2 1 2 3 | 2 — — — |
我 们是芬芳桃 李， 明天 我 们是国家 栋 梁。

3·2 1 7 6 | 6·5 4 3 2 | 0 2 2 2 6 7 | 5 — — 4 3 |
团结 严 谨， 求实 创 新， 为祖国 为人民， 书写

2·5 2 3 | 1 — — (5·3 :‖ 1 — — 5 3 | 5·5 6 7 | 1 — — 0 ‖
精彩华 章。 章。 书写 精彩 华 章。

2. 校训及发展历程

校训： 团结 严谨 求实 创新

1951年由铁道部创办，首任校长是后来担任了铁道部副部长、铁道兵司令的郭维城将军。学院是全国第一所以"高铁"命名、中南地区唯一以铁路工程建设为主体专业的高职院校，新校园占地面积925亩，全日制学生近1.4万人，办学70年来，为中国铁路培养了近10万"铁军"，被誉为铁路工务系统的"黄埔军校"。学校是全国职业教育先进单位、全国职业技术学校职业指导工作先进学校、教育部人才培养工作水平评估优秀学校、火车头奖杯获得单位、中国地方铁路协会培训基地、南方高铁人才培养与技术合作基地、香港地铁培训基地、铁道部危险货物运输技术培训基地、湖南省招生就业工作先进单位、湖南省职业教育与成人教育先进单位、湖南省示范性（骨干）高等职业院校、湖南省卓越高职院校、湖南省楚怡高水平高职学校、湖南省园林式单位、湖南省百佳文明卫生单位、湖南省平安高校、湖南省文明高等学校、湖南省文明标兵校园。2002年获ISO9000国际国内认证，2008年获高职版认证。

学校形成了高铁特色鲜明的专业格局。近年来，学校深入贯彻落实科学发展观，全面贯彻党的教育方针，以服务为宗旨，以就业为导向，立足湖南，主动服务高铁产业和区域经济社会发展，积极对接高速铁路工程建设、运营维护和多元服务产业链，以及高铁六大核心技术，重点建设铁道工程等四大高铁专业群，走以质量提升为核心的产学研相结合的内涵式发展道路，不断增强专业服务产业、学院服务社会的能力，着力为高铁产业一线培养"高品质、高标准、高效率"的高端技能型专门人才。近年来，铁道工程技术、建筑工程技术、铁道交通运营管理等三大专业群分别成功立项湖南省高等职业教育一流特色专业群及楚怡高水平高职专业群。

学校依托铁路主体专业不断丰富合作办学模式，初步建立起政行企校"四位一体"长效合作机制。学校牵头，按理事会架构政行企校共同组建了南方高铁人才培养与技术合作基地，按董事会架构与高铁检测行业多家规模企业共同成立先科合作学院，积极打造"1146"产教融合平台，即1个职教集团、1个联盟、4个合作学院、6个实体。学校以真实项目为载体，课程教学进空间，高铁技术进课堂，创新了"产学对接、实境育人"工学结合人才培养模式，构建"基于工作过程、能力递进学习"的弹性课程体系。

学校拥有一支以高铁专家——沈志云两院院士为引领、专业技术精、服务能力强、行业知名度高的专兼结合的教师队伍。现有教职工618人，其中全国五一劳动奖章获得者1名，全国优秀教师3名、铁道部"火车头奖章"获得者3名、省级专业带头人2名、省优秀双师型教师2名、衡阳市专家院士和学科带头人各1名，双师教师达78.8%。拥有国家注册一级结构工程师、一级建造工程师、岩土工程师、路桥工程师、监理工程师、工程造价师等证书获得者的专业教师150余人，他们分别在铁路行业担任专业主任委员、教指委委员、评标专家、高级考评员、技术比武裁判员、总监等职务，行业影响力大，社会认可度高。

学校拥有4大综合实训基地、15个实训中心、116个校内实训室和196个稳定的校外实习实训基地（含3个企中校），学校教学仪器设备总值超过1.23亿元。高速铁路铺进新校园，校企合作建有校内多个国内一流、行业领先、引入7S管理模式的高铁实训基地——高速铁路运输综合实训基地、建筑工程技术实训基地、轨道交通综合实训基地和工程检测综合实训基地。

学校全面建设"312"社会服务体系，即3个技术服务中心（高铁技术服务中心、建筑工程技术孵化中心、智能交通研究中心）、1个衡阳职业院校教学服务共享基地和2个平台（志愿者服务平台、国际交流平台）。近年来，制定湖南省测量工（初级、中级、高级）职业技能标准1个、铁路企业技术标准4个，研制铁路新产品10多种，获国家专利200余项，其中发明专利10余项。举办香港地铁培训、铁道部高铁工务和运输技术培训、全国地方铁路员工培训等培训班，年培训铁路员工5.3万余人次。学校师生承揽或参与武广高铁、京沪高铁、长株潭城际铁路等国家重点工程的设计、施工、监理、试验、检测项目110多项，年技术服务创收为2300余万元。

学校构建了"234N"就业与创业能力培养体系，招生就业形成了"出口畅，进口旺"的良性循环。学生曾荣获全国数学建模一等奖，连续两年在全国高校斯维尔杯建筑建模大赛中荣获冠军，三年来学生获省部级以上奖项150余项。学校开展订单培养历时长、绩效高、规模大，先后为11个铁路局、16个工程局、12个地铁企业、7个地方铁路公司，以及大型企业进行订单培养，订单比例为65.7%，近三年毕业生就业率平均达98.2%。

中国高速铁路技术的飞速发展，让世界惊叹！中国目前是全世界高铁运营里程最长、在建规模最大的国家。"集数万亿产业于一链"的高速铁路迅猛发展的大好形势，为学校带来了广阔的发展空间和良好的发展机遇，目前，学校正积极发挥行业背景深厚和地方政府鼎力支持的双重优势，借外力壮实力，联企业强内涵，齐心协力促改革，凝神聚力谋发展，努力为铁路现代化建设和湖南省"四化两型"建设提供人才支撑和智力支持。

第一章 校园认知

第六节 学 校 章 程

序 言

湖南高速铁路职业技术学院前身为1951年由铁道部创办的衡阳铁路工程学校，首任校长是原铁道部部长、铁道兵副司令郭维城将军。2000年衡阳铁路运输高级技工学校并入学院；2005年升格为湖南交通工程职业技术学院；2006年衡阳市职工大学并入；2011年4月更名为湖南高速铁路职业技术学院。

学院是全国第一所以"高铁"命名、主要对接高铁及轨道交通产业、服务区域经济发展、培养高层次技术技能型人才的公办全日制普通高等职业学校。学院是全国职业教育先进单位、全国职业技术学校职业指导工作先进学校、教育部人才培养工作水平评估优秀学校、湖南省示范性（骨干）高等职业院校、湖南省卓越高职院校和湖南省文明标兵校园。建校70多年来，学院培养了10万余名毕业生，为我国高铁建设和轨道交通产业及经济社会发展做出了重要贡献。

学院坚持"质量立校、人才强校、合作兴校、服务活校、文化育校"的办学理念和"路地两用、专通结合、高精发展"的办学思路，秉持"团结、严谨、求实、创新"的校训，践行产教融合、校企合作多元化人才培养模式，弘扬詹天佑"以身报国的爱国主义精神、精益求精的工匠精神、自强不息的拼搏精神、敢为人先的创新精神"，培养"高品质、高标准、高效率"的高层次技术技能人才，致力于建成"行业领先、特色鲜明、国内一流、世界知名"的职业技术大学，创建双高职业院校和全国文明校园，实现"一建双创"发展目标。

第一章 总 则

第一条 为保障学院依法办学和自主管理，依据《中华人民共和国教育法》《中华人民共和国高等教育法》《中华人民共和国职业教育法》《中华人民共和国教师法》等法律法规，结合学院实际，制定本章程。

第二条 学院名称：湖南高速铁路职业技术学院。学院简称：高铁职院。学院英文名称：Hunan Technical College of Railway High-speed。学院英文名称缩写：HTCRH。学院域名：www.htcrh.com。

第三条 学院地址：湖南省衡阳市珠晖区三环东路南9号。经举办者批准，视需要可设立校区和调整校址。

第四条 学院是由湖南省人民政府批准、教育部备案、衡阳市人民政府举办的全日制高等职业院校，业务主管部门为湖南省教育厅。

第五条 举办者依法履行实施职业教育的义务，对学院进行监管和考核，决定学院的分立、合并及终止，拟任学院主要负责人和任免其他应由举办者任免的人员，审核批准学院需要举办者审批的事项。

举办者尊重和保障学院独立事业单位法人地位和办学自主权，保护学院事务不受院外机构、组织、个人的非法干涉。

第六条 学院是具有独立法人资格的非营利性事业单位，依法享有办学自主权。

院长为学院的法定代表人。

第七条 学院坚持中国共产党的领导，坚持社会主义办学方向，贯彻国家的教育方针，坚持立德树人、德技并修，坚持产教融合、校企合作，坚持面向市场、促进就业，坚持面向实践、强化能力，坚持面向人人、因材施教。对受教育者进行思想政治教育和职业道德教育，培育劳模精神、劳动精神、工匠精神，传授科学文化与专业知识，培养技术技能，进行职业指导，全面提高受教育者的素质。

第八条 学院主要对接高铁及轨道交通产业，服务区域经济社会发展，培养专业知识扎实、有较强的技术应用能力、创新能力和可持续发展能力的高层次技术技能人才。学院坚持走产教融合、校企合作的集团化办学道路，依托南方高铁人才培养与技术合作联盟等平台，积极探索、实践专科层次和本科层次铁路人才培养路径，为现代职业教育体系的构建和发展提供高铁职院样板。

第九条 学院实行中国共产党湖南高速铁路职业技术学院委员会（以下简称学院党委）领导下的院长负责制，推行教授治学，实行民主管理。

第十条 学院实行依法治校。建立健全现代大学制度和内部治理结构，落实院务公开制度、信息公开制度；健全法律顾问制度，建立健全重大制度风险评估机制；接受举办者、教育行政部门和有关部门以及本院师生员工和社会公众的监督。

第二章 职责和任务

第十一条 学院以立德树人为根本任务，履行人才培养、科学研究、社会服务、文化传承创新和国际交流合作的基本职能。

第十二条 学院以高职专科教育为主，继续教育（技术培训）和高等教育自学考试为辅。基本教育形式为全日制学历教育。学院积极创造条件开展本科层次职业教育。

第十三条 学院坚持发展方向同国家发展的现实目标和未来方向紧密联系在一起，为人民服务，为中国共产党治国理政服务，为巩固和发展中国特色社会主义制度服务，为改革开放和社会主义现代化建设服务。

第十四条 学院不断加强思想政治工作，培育和践行社会主义核心价值观，引导师生树立正确的世界观、人生观、价值观。不断加强国家意识、法治意识、社会责任意识教育，加强民族团结进步教育、国家安全教育、科学精神教育，以诚信建设为重点，加强社会公德、职业道德、家庭美德、个人品德教育，提升师生道德素养。坚持全员、全过程、全方位育人，致力于培养德智体美劳全面发展的社会主义建设者和接班人。

第十五条 学院依法办学，依据章程自主管理。在办学中可以开展下列活动：

（一）根据产业需求，依法自主设置专业；

（二）基于职业教育标准制定人才培养方案，依法自主选用或者编写专业课程教材；

（三）根据培养技术技能人才的需要，自主设置学习制度，安排教学过程；

（四）在基本学制基础上，适当调整修业年限，实行弹性学习制度；

（五）依法自主选聘专业课教师。

学院围绕高速铁路和智能建造产业高端，动态调整学科专业结构，加快发展铁道工程技术、建筑工程技术、铁道交通运营管理、轨道交通智能控制、铁道机车车辆及智能装备制造专业群。

第十六条 学院建立健全教育质量评价制度，吸纳行业组织、企业等参与评价，并及时公开相关信息，接受教育督导和社会监督。学院实行质量年度报告制度，保证教育教学质量达到国家规定的职业和技能标准。

第十七条 学院根据高铁及轨道交通产业和区域经济发展需求以及

新起点，再出发——高职高专大学生入学教育

科技革命和产业变革要求，积极开展教学改革、科学研究、技术开发，不断提升教学科研水平、创新创业能力和服务产业能力，促进技术创新和技术应用，推动专业建设，提高人才培养质量。

第十八条　学院坚持对接行业产业、深化校企合作，依托南方高铁人才培养与技术合作联盟等校企合作平台，在招生就业、人才培养方案制定、师资队伍建设、专业规划、课程设置、教材开发、教学设计、教学实施、质量评价、科学研究、技术服务、科技成果转化以及技术技能创新平台、专业化技术转移机构、实习实训基地建设等方面，与相关行业组织、企业、事业单位等建立合作机制。

第十九条　学院坚持弘扬中华优秀传统文化、革命文化、社会主义先进文化和以爱国主义为核心的民族精神、以改革创新为核心的时代精神。坚持文化育人，传承和建立体现鲜明时代特征、彰显行业特色的校园文化，凝练以"詹天佑"精神为代表的工匠精神。

第二十条　学院在党委统一领导下坚持开放办学，走国际化办学道路，培养具有全球视野的高层次国际化人才，助力具有国际先进水平的中国特色职业教育体系建设；坚持服务"一带一路"教育行动升级版，与国（境）外政府、教育机构、企业等组织建立长期稳定的合作关系，不断提升学院国际影响力和竞争力。

第三章　学生与学员

第二十一条　学生是指被学院依法录取、取得入学资格、具有学院学籍的受教育者。学生是学院教育教学活动的主体。学生应当遵守法律、法规和学生行为规范，养成良好的职业道德、职业精神和行为习惯，努力学习，完成规定的学习任务，按照要求参加实习实训，掌握技术技能。学生的合法权益，受法律保护。

第二十二条　学生享有下列权利：

（一）参加学院教育教学计划安排的各项活动，使用学院提供的教育教学设施、设备、图书资料及院内外其他教育教学资源。

（二）按照国家有关规定申请、获得奖学金、助学金及助学贷款。

（三）按规定组织、参加学生社团、社会服务、勤工助学及各种文体活动，参与学院的教学、科研、管理等工作。

（四）在思想品德、学业成绩等方面获得公正评价，完成学院规定的学业后获得相应的学历证书。

（五）对学院给予的处理或处分表达异议，对学院、教职工侵犯其受教育权、人身权、财产权等合法权益，提出申诉或者依法提起诉讼。

（六）依条件在政策允许的情况下转学、转专业、休学、复学、退学。

（七）根据国家规定享受大学生入伍相关优惠政策。

（八）国家法律法规和学院规章规定的其他权利。

第二十三条 学生应履行下列义务：

（一）自觉践行社会主义核心价值观，遵守国家法律法规。

（二）遵守学院管理制度。

（三）按规定缴纳学费及有关费用，履行获得国家助学贷款及助学金的相应义务。

（四）遵守学生行为规范，尊敬师长，友爱同学，培养良好的思想品德，养成良好的行为习惯。

（五）努力学习，完成规定的学业。

（六）国家法律法规和学院规章规定的其他义务。

第二十四条 学院建立健全学生德智体美劳全面发展的综合性评价机制和奖惩机制、权益保障机制，对全面发展的学生或在思想品德、学业成绩、科技创造、锻炼身体及社会服务等方面表现突出的学生，给予表彰和奖励；对违纪违规学生，按学院相关规定给予相应的处理或处分；对违法的学生除依纪处分外，移交国家司法机关依法处理。

第二十五条 学院为学生提供学习、生活、心理健康教育与咨询、职业生涯规划以及创业就业指导等服务。学院建立健全就业创业促进机制，采取多种形式为学生提供职业规划、职业体验、求职指导等就业创业服务，增强学生就业创业能力。

第二十六条 学院维护校园正常秩序，保障学生的正常学习和生活；学院关心在学习生活中遇到特殊困难的学生，为其健康成长提供必要的帮助。

第二十七条 学生在学院规定年限内修完教育教学计划规定的内容，德智体美劳考核合格，技能达标，准予毕业，由学院发给毕业证书。

第二十八条 学院成立学生申诉处理委员会，受理学生在取消入学资格、退学、开除处理或者违规违纪处分等方面的申诉，维护学生合法权益。

第二十九条 学员是指依照有关规定在学院登记、接受非学历教育培训、没有本院学籍的受教育者。

学员按照法律和学院规定或者教育服务协议的约定，享有相应的权利，履行相应的义务。学院按照有关规定发给学员相应的结业证书或学习证明。

第四章　教　职　工

第三十条　学院教职工包括教师、其他专业技术人员、管理人员和工勤人员。

教师是学院办学的主体。

第三十一条　教职工享有下列权利：

（一）根据工作职责使用学院的公共资源。

（二）按照有关规定和程序获得专业技术职务。

（三）按照有关规定享受工资福利待遇和获得工作条件。

（四）公平获得各级各类奖励和荣誉称号以及参加进修、培训等发展机会。

（五）在品德、能力和业绩评价等方面获得公正评价。

（六）对学院教育教学及管理工作提出意见和建议，通过教职工代表大会等形式参与学院的民主管理。

（七）对违反聘用合同规定以及在职务晋升、职称评聘、评优评先、福利待遇、纪律处分等方面不公平、不合理或侵犯教职工合法权益的行为，依法向学院或教育行政部门提出申诉。

（八）国家法律法规和学院规章及聘用合同规定的其他权利。

第三十二条　教职工应履行下列义务：

（一）忠诚党的教育事业，贯彻党的教育方针，遵守学院规章制度。

（二）立德树人，敬业爱岗，勤奋工作。

（三）为人师表，关心、爱护学生，尊重学生人格。

（四）遵守学术道德规范，恪守教师职业道德。

（五）不断提高思想政治觉悟和教育教学业务水平以及专业能力、创新能力。

（六）珍惜学院声誉，维护学院权益。

（七）国家法律法规和学院规章及聘用合同规定的其他义务。

第三十三条　学院实行事业单位聘用合同制度，依法自主聘任各类人员。

学院对教师实行教师资格认证和教师职务聘任制度；对其他专业技

人员实行专业技术职务聘任制度；对管理人员实行职员聘任制度，对工勤人员实行劳动合同和技术技能岗位聘任制度。

第三十四条 学院建立健全教职工工作业绩考核评价机制，对教职工的思想政治表现、职业道德、业务水平和工作业绩等进行定期考核，考核结果作为对各类人员聘任、解聘、晋升、奖励或者处分的依据。

学院建立人员能进能出、职务能上能下、待遇能升能降的机制。

第三十五条 学院建立教职工表彰奖惩机制，对在教育教学、人才培养、科学研究、教学改革、学院建设、社会服务等方面做出突出贡献的教职工给予表彰和奖励；对违反学院规章制度、聘用合同的教职工，依照相关规定给予相应的处理或处分。

第三十六条 学院根据社会发展水平和自身财力状况，按国家政策逐步提高教职工福利待遇。学院制定并实施以岗位职责为基础，以业绩、贡献为导向的内部分配制度。

第三十七条 学院建立健全教职工成长激励机制，全面推行竞聘上岗、按岗聘用，分类管理、分类评价制度。

第三十八条 学院制定并实施教职工继续教育管理制度和专任教师进企业实践以及社会实践制度，鼓励广大教职工通过各种渠道参加继续教育，对接新标准更新知识技能，提升教育教学能力，不断提高自身的知识水平和综合素质。

第三十九条 学院尊重和爱护人才，维护学术民主与学术自由，为教师及其他专业技术人员开展教学、科学研究和社会服务等活动，提供必要的条件和保障。

第四十条 学院建立健全教职工创新制度，鼓励教职工主动参与社会服务，积极与行业企业合作开展应用技术研究和创新。

第四十一条 学院设立教职工申诉处理委员会，受理教职工在职务晋升、评优评先、职称评聘、福利待遇、纪律处分等方面的申诉，维护教职工合法权益。

第四十二条 教职工离退休以后为离退休人员。学院对于离退休人员依法按照国家政策和学院有关规定进行管理和服务。

第四十三条 学院对具备条件的企业、事业单位经营管理和专业技术人员，以及其他有专业知识或者特殊技能的人员，经教育教学能力培训合格的，可以聘请担任专职或者兼职专业课教师；取得教师资格的，可以根据其技术职称聘任为相应的教师职务。

兼职教授、名誉教授、客座教授、进修教师等其他教育工作者，在本院从事教学、科研、进修活动期间，依据政策法律规定、学院规定和合同约定，享受相应的权利，履行相应的义务，学院为其提供必要的条件和帮助。

第五章　治　理　结　构

第四十四条　中国共产党湖南高速铁路职业技术学院委员会（以下简称学院党委）按照中国共产党章程和有关规定，全面领导学院工作，支持院长独立负责地行使职权。学院党委承担管党治党、办学治校主体责任，把方向、管大局、作决策、抓班子、带队伍、保落实。主要职责是：

（一）宣传和执行党的路线方针政策，宣传和执行党中央以及上级党组织和本组织的决议，坚持社会主义办学方向，依法治校，依靠全院师生员工推动学院科学发展，培养德智体美劳全面发展的社会主义建设者和接班人。

（二）坚持马克思主义指导地位，组织党员认真学习马克思列宁主义、毛泽东思想、邓小平理论、"三个代表"重要思想、科学发展观、习近平新时代中国特色社会主义思想，学习党的路线方针政策，学习党的基本知识，学习业务知识和科学、历史、文化、法律等各方面知识。

（三）审议确定学院基本管理制度，讨论决定学院改革发展稳定以及教学、科研、行政管理中的重大事项。

（四）讨论决定学院内部组织机构的设置及其负责人的人选。按照干部管理权限，负责干部的教育、培训、选拔、考核和监督。加强领导班子建设、干部队伍建设和人才队伍建设。

（五）按照党要管党、全面从严治党要求，加强学院党组织建设。落实基层党建工作责任制，发挥学院基层党组织战斗堡垒作用和党员先锋模范作用。

（六）履行学院党风廉政建设主体责任，领导、支持内设纪检组织履行监督执纪问责职责，接受同级纪检组织和上级纪委监委及其派驻纪检监察机构的监督。

（七）领导学院思想政治工作和德育工作，落实意识形态工作责任制，维护学院安全稳定，促进和谐校园建设。

（八）领导学院群团组织、学术组织和教职工代表大会。

（九）做好统一战线工作。对学院内民主党派的基层组织实行政治领导，支持其依照各自章程开展活动。支持无党派人士等统一战线成员参加统一战线相关活动，发挥积极作用。加强党外知识分子工作和党外代表人士队伍建设。加强民族和宗教工作，深入开展铸牢中华民族共同体意识教育，坚决防范和抵御各类非法传教、渗透活动。

第四十五条 学院党委由党员代表大会选举产生，每届任期5年。学院按期召开党员代表大会，选举产生党的委员会，党委对党员代表大会负责并报告工作。教学院（部）级部门根据工作需要和党员人数，经学院党委批准，设立党的总支部委员会、支部委员会，由党员大会选举产生。教学院（部）党组织每届任期一般为5年。

教学院（部）级以下部门设立党支部，应当与教学、科研、管理、服务等机构相对应。教师党支部一般按照院（部）内设的教学、科研机构设置，学生党支部一般按照年级班级或者专业设置。管理、后勤等部门的党支部一般按照部门设置。将离退休教职工党员编入党的组织，开展党的活动。

注重选拔党性强、业务精、有威信、肯奉献的党员学术带头人担任教师党支部书记。注重从优秀辅导员、骨干教师、优秀学生党员中选拔学生党支部书记。管理、后勤等部门党支部书记一般由本部门主要负责人担任。

第四十六条 党委实行民主集中制，健全集体领导和个人分工负责相结合的制度。凡属重大问题都应当按照集体领导、民主集中、个别酝酿、会议决定的原则，由党委集体讨论，作出决定；党委成员应当根据集体的决定和分工，切实履行职责。

党委书记主持党委全面工作，负责组织党委重要活动，协调党委领导班子成员工作，督促检查党委决议贯彻落实，主动协调党委与院长之间的工作关系，支持院长开展工作。

第四十七条 学院党委会由党委书记召集并主持。会议必须有半数以上党委委员到会方可召开；讨论决定干部任免等重要事项，必须有三分之二以上党委委员到会。党委会会议议事和决策实行民主集中制，在充分讨论的基础上，按照少数服从多数的原则形成决议或决定。如对重要问题发生较大意见分歧，一般应当暂缓作出决定。党委书记、院长应当最后表态。党委会会议讨论决定重要事项时应当进行表决，表决可以根据讨论和决定事项的不同，采用口头、举手、无记名投票或者记名投票等方式进行，赞成票超过应到会党委委员半数为通过。未到会党委委员的意见可以用书面表达，但不得计入票数。会议讨论和决定多个事项，应当逐项表决；决定多名干部任免时，应当逐人表决。

第四十八条 中国共产党湖南高速铁路职业技术学院纪律检查委员会是学院的党内监督机构，由党员代表大会选举产生，在学院党委和上级纪委双重领导下开展工作。学院纪委是学院党内监督专责机关，履行监督执纪问责职责。主要任务是：

（一）维护党章和其他党内法规，检查党的路线方针政策和决议的执行情况，协助学院党委推进全面从严治党、加强党风建设和组织协调反腐败工作。

（二）经常对党员进行遵守纪律的教育，作出关于维护党纪的决定。

（三）对党的组织和党员领导干部履行职责、行使权力进行监督，受理处置党员群众检举举报，开展谈话提醒、约谈函询。

（四）检查和处理党的组织和党员违反党章和其他党内法规的比较重要或者复杂的案件，决定或者取消对这些案件中的党员的处分；进行问责或者提出责任追究的建议。

（五）受理党员的控告和申诉，保障党员权利不受侵犯。

学院纪委应当严格按照职责权限和工作程序处理违犯党纪的线索和案件，把处理特别重要或者复杂案件中的问题和处理结果，向学院党委和上级纪委报告。

第四十九条 设立学院纪检监察室，协助学院纪律检查委员会监督学院党委履行全面从严治党职责，履行监督执纪问责职责。

第五十条 院长是学院行政主要负责人，在学院党委领导下，组织实施党委的有关决议，履行高等教育法等规定的各项职责，全面负责学院的教学、科学研究和其他行政管理工作。院长通过院长办公会行使职权，依法接受监督。院长的职权是：

（一）组织拟订和实施学院发展规划、基本管理制度、重要行政规章制度、重大教学科研改革措施、重要办学资源配置方案。组织制定和实施具体规章制度、年度工作计划。

（二）组织拟订和实施学院内部组织机构的设置方案。按照国家法律和干部选拔任用工作的有关规定，推荐副院长人选，任免内部组织机构负责人。

（三）组织拟订和实施学院人才发展规划、重要人才政策和重大人才工程计划。负责教师队伍建设，依据有关规定聘任与解聘教师以及内部其他工作人员。

（四）组织拟订和实施学院重大基本建设、年度经费预算等方案。加强财务管理和审计监督,管理和保护学院资产。

(五)组织开展教学活动和科学研究,创新人才培养机制,提高人才培养质量,推进文化传承创新,服务国家和地方经济社会发展,把学院办出特色、争创一流。

(六)组织开展思想品德教育,负责学生学籍管理并实施奖励或处分,开展招生和就业工作。

(七)做好学院安全稳定和后勤保障工作。

(八)组织开展学院对外交流与合作,依法代表学院与各级政府、社会各界和境外机构等签署合作协议。接受社会捐赠。

(九)向党委报告重大决议执行情况,向教职工代表大会报告工作,组织处理教职工代表大会、学生代表大会和团员代表大会有关行政工作的提案。支持学院各级党组织、民主党派基层组织、群众组织和学术组织开展工作。

(十)法律法规规定的其他职权。

第五十一条 院长办公会是学院行政议事决策机构,坚持全面贯彻党的教育方针,坚持社会主义办学方向,落实立德树人根本任务,紧密围绕学院改革发展稳定、科学决策、民主决策、依法决策,推进学院人才培养、科学研究、社会服务、文化传承与创新、国际交流合作等工作。

院长办公会主要研究提出拟由学院党委会讨论决定的重要事项方案,具体部署落实党委会决议的有关措施,研究决定教学、科研、行政管理工作。

院长办公会由院长召集并主持,院长不能参加会议时可委托副院长召集并主持。会议成员一般为学院行政领导班子成员,党委书记、副书记、纪委书记等可视议题情况参加会议。会议议题由院长提出,也可由学院领导班子其他成员提出、院长综合考虑后确定。重要议题院长应当在会前听取党委书记意见,意见不一致的议题应暂缓上会。会议必须有半数以上成员到会方能召开。院长应在广泛听取与会人员意见的基础上,对讨论研究的事项作出决定。如对重要问题发生较大意见分歧,一般应当暂缓作出决定。

第五十二条 学院设立学术委员会,并以学术委员会作为学院最高学术机构,统筹行使学术事务的决策、审议、评定和咨询等职权。学术委员会职权如下:

(一)对下列事项进行审议或者审议并决定:

专业及教师队伍建设规划,以及科学研究、对外学术交流合作等重大学术规划；自主设置或者申请设置专业；学术机构设置方案，跨专业协同创新机制的建设方案、专业资源的配置方案；教学科研成果、人才培养质量的评价标准及考核办法；学历教育的培养标准、人才培养方案、招生的标准与办法；学院教师职务聘任的学术标准与办法；学术评价、争议处理规则，学术道德规范；学术委员会专门委员会组织规程，专业委员会章程；学院认为需要提交审议的其他学术事务。

（二）对下列事项的学术水平进行评定：

学院教学、科学研究成果和奖励，对外推荐教学、科学研究成果奖；高层次人才引进岗位人选、名誉（客座）教授聘任人选、推荐国内外重要学术组织的任职人选、人才选拔培养计划人选的学术水平；自主设立各类学术、科研基金、科研项目以及教学、科研奖项等；需要评价学术水平的其他事项。

（三）对下列事务提出咨询意见：

制订与学术事务相关的学院全局性、重大发展规划和发展战略；学院预算决算中教学、科研经费的安排和分配及使用；教学、科研重大项目的申报及资金的分配使用；开展中外合作办学、赴国（境）外办学，对外开展重大项目合作；学院认为需要听取学术委员会意见的其他事项。

（四）受理有关学术不端行为的举报并进行调查，裁决学术纠纷：

调查学术不端行为，组织具有权威性和中立性的专家组，从学术角度独立调查取证，客观公正地进行调查认定。专家组的认定结论，当事人有异议的，学术委员会应当组织复议，必要时可以举行听证。对违反学术道德的行为，学术委员会可建议相关部门撤销当事人相应的学术称号、学术待遇，并可同时向学院、相关部门提出处理建议。

第五十三条 学术委员会设主任委员1人，副主任委员、委员若干人。主任委员主持学术委员会工作。主任委员、副主任委员由委员会议选举产生。学术委员会委员的产生，经自下而上的民主推荐、公开公正的遴选等方式产生候选人，由民主选举等程序确定。学术委员会成员一般应由学院不同专业的正高或部分副高专业技术职务的人员组成，并应有一定比例的青年教师和校外专家。学术委员会人数与学院的专业设置相匹配，为不低于15人的单数。其中，担任学院及职能部门党政领导职务的委员，不超过委员总人数的1/4；不担任党政领导职务及二级学院（部）主要负责人的专任教授、副教授，不少于委员总人数的1/2。学术委员会委员由院长聘任。学院支持学术委员会按其章程开展工作。

学术委员会议事决策实行少数服从多数的原则，重大事项应当以与会委员的 2/3 以上通过，方可通过。学术委员会会议审议决定或者评定的事项，一般应当以无记名投票方式作出决定；也可以根据事项性质，采取实名投票方式。学术委员会作出的决定应当予以公示，并设置异议期。在异议期内如有异议，经 1/3 以上委员同意，可召开全体会议复议。经复议的决定为最终结论。

第五十四条 学院实行以教师为主体的教职工代表大会（以下简称教代会）制度，教代会是学院教职工依法行使民主权力、参与民主管理和监督的基本形式和制度，是学院管理体制的重要组成部分。教代会的主要职责是：

（一）听取学院章程草案的制定和修订情况报告，提出修改意见和建议。

（二）听取学院发展规划、教职工队伍建设、教育教学改革、校园建设及其他重大改革和问题解决方案的报告，提出意见和建议。

（三）听取学院年度工作、财务工作、工会工作报告以及其他专项工作报告，提出意见和建议。

（四）讨论通过学院提出的与教职工利益直接相关的福利、院内分配实施方案以及相应的教职工聘任、考核、奖惩办法。

（五）审议学院上一届（次）教代会提案的办理情况报告。

（六）按照有关工作规定和安排评议学院领导干部。

（七）通过多种方式对学院工作提出意见和建议，监督学院章程、规章制度和决策的落实，提出整改意见和建议。

（八）讨论法律法规规定的以及学院与学院工会商定的其他事项。

教代会每五年为一届，每届教代会换届时选举主席团主持会议。教代会的意见和建议以会议决议的方式作出。

第五十五条 学院工会委员会（以下简称学院工会）是在学院党委和上级工会领导下教职工自愿参加的群众组织，按照《中华人民共和国工会法》《中国工会章程》开展工作，履行工会职责。

学院工会为教职工代表大会的工作机构。

学院教代会根据《学院教职工代表大会规定》开展工作。学院建立健全沟通机制，全面听取教代会提出的意见和建议，并合理吸收采纳；不能吸收采纳的，应当做出说明。院长应及时向教代会报告工作，教代会应尊重和支持院长依法行使职权。

第五十六条 中国共产主义青年团湖南高速铁路职业技术学院委员会（以下简称学院团委）在学院党委和上级团委领导下，按照《中国共产主义青年团章程》开展活动，发挥思想政治教育、维护青年合法权益以及引导青年、组织青年、服务青年的作用。

学院设立学生工作委员会，半数委员由学生担任，支持学生直接参与学院民主管理，通过听证会、座谈会等形式，鼓励学生对学院的工作提出意见和建议。

学生会组织按照民主集中制的组织原则，在学院党委领导和学院团委指导下，依据国家法律法规、学院规章制度和学生会章程及相关规定独立自主地开展工作。

第五十七条 学生代表大会（以下简称学代会）是学生会的最高权力机关，全院学生通过学代会依法行使民主权利、参与学院治理和监督。学代会制度是学生会组织自我教育、自我管理、自我服务、自我监督的重要制度，依据《高校学生代表大会工作规则》及相关规定开展工作。

学代会代表由各二级学院经班级、二级学院学生会组织选举产生，每届任期一年。学代会每年举行一次，特殊情况经学院党委同意可提前或延迟召开。

学生会是学代会的工作机构，在学代会闭会期间根据其授权履行相关职责。学院支持学生基于共同兴趣爱好、成长成才需要组织学生社团。学生社团在院团委的指导下依照学院有关规章开展活动。

第五十八条 学生代表大会的职责是：

（一）制定或修订学生会组织章程，监督章程的实施；

（二）听取、审议上一届学生会组织的工作报告；

（三）选举产生新一届学生会组织主席和主席团成员；

（四）选举产生新一届学生代表大会常设机构；

（五）选举产生出席上一级学联学生会组织代表大会的代表；

（六）征求广大同学对学院工作的意见和建议，合理有序地表达和维护同学正当权益，及时反馈处理落实的整体情况，参与学院治理；

（七）讨论和决定应由学生代表大会决定的其他重大事项。

学代会的意见和建议以会议决议的方式作出。

第五十九条 学院各民主党派、社会团体依据各自章程开展活动。各民主党派成员、无党派人士、社会团体成员和各级人大代表、政协委员、政府参事，参与学院民主管理和监督。

第六十条 学院根据精简、统一、效能的原则和实际工作需要，制定机构和编制设置方案，设置党政职能机构，决定其权责配置。

学院党政管理机构根据学院授权履行管理、服务、协调和对外联络等职能。学院根据工作需要设置专门工作委员会或领导小组等临时性协调机构，协调和处理有关事务。

第六章　教学科研单位

第六十一条　学院实行校、院（部）两级管理体制。

学院根据人才培养和专业建设需要，设置若干教学院（部）及其他独立建制的教辅、科研机构。

第六十二条　教学院（部）及其他独立建制的教辅、科研机构是学院组织实施人才培养、科学研究、社会服务、文化传承创新和国际交流合作的基层单位，在学院授权范围内实行相对独立的自主管理；学院按照本章程及学院有关规定，科学设计与规范其运行、决策机制。

教学院（部）的基本职能：

（一）全面负责教学院（部）的教学、科研和师生的思想政治工作，组织制定内部工作规程和管理办法，保证本部门工作的正常运行。

（二）在学院核定的编制内，提出教学院（部）教师及其他人员调动计划或意见，管理本部门教师及工作人员。

（三）按照学院的总体发展规划，拟订教学院（部）的事业发展规划、专业设置及年度招生计划，推荐学生就业。

（四）负责教学院（部）的专业建设、课程建设、师资队伍建设、实习实训基地建设及人才培养方案的拟定与实施。

（五）负责教学院（部）学生的教育与管理，对本部门学生的奖惩提出具体意见。

（六）严格执行财务预决算制度，科学管理和使用学院核拨的办学资源和各项经费，负责教学院（部）内部资产管理。

（七）负责教学院（部）教师专业技术职务评审资格的推荐工作，组织本部门与国内外同类专业的学术交流。

（八）学院党委赋予的其他权利。

第六十三条　教学院（部）院长（主任）是教学院（部）的主要行政负责人，全面负责教学院（部）的教学、科研和行政管理工作。副院长（副主任）协助院长（主任）开展工作。

第六十四条　教学院（部）按规定设立党的组织。教学院（部）党组织应当强化政治功能，履行政治责任，保证教学科研管理等各项任务完成，支持教学院（部）行政领导班子和负责人开展工作，健全集体领导、党政分工合作、协调运行的工作机制。主要职责如下：

（一）宣传和执行党的路线方针政策以及学院党委的决议，并为其贯彻落实发挥保证监督作用。

（二）通过党政联席会议，讨论和决定教学院（部）重要事项。召开党组织会议研究决定干部任用、党员队伍建设等党的建设工作。涉及办学方向、教师队伍建设、师生员工切身利益等事项的，应当经党组织会议研究讨论后，再提交党政联席会议决定。

（三）加强党组织自身建设，建立健全党支部书记工作例会等制度，具体指导党支部开展工作。

（四）领导教学院（部）思想政治工作，加强师德师风建设，落实意识形态工作责任制。把好教师引进、课程建设、教材选用、学术活动等重要工作的政治关。

（五）做好本部门党员、干部的教育管理工作，做好人才的教育引导和联系服务工作。

（六）领导教学院（部）群团组织、学术组织和教职工代表大会。做好统一战线工作。

（七）培养教育学生中的入党积极分子，按照标准和程序发展学生党员。

第六十五条 教学院（部）实行党政联席会议制度。教学院（部）党政联席会议是教学院（部）重要事项的决策形式。党政联席会议根据不同事项由教学院（部）院长或党总支书记分别召集并主持，按照议事规则实施决策。

第六十六条 教学院（部）设立专业教学指导委员会，并接受学院学术委员会的指导。

第六十七条 教学院（部）设立工会组织，工会组织是教学院（部）教职工依法参与民主管理和监督的基本形式。

第六十八条 学院根据办学活动需要设置图书馆、继续教育学院、合作交流处、科研处（含职教研究所）等教辅、科研机构，为教学科研、行政管理等各项工作的开展提供公共服务保障。

第七章 经费、资产和后勤

第六十九条 学院经费来源包括财政补助收入、上级补助收入、事业收入、经营收入、附属单位上缴收入、社会捐赠及其他收入等。

学院鼓励多渠道依法筹措办学经费，并依法自主严格管理和合理使用经费，不断提高教育投资效益。

第七十条 学院实行"统一领导、集中管理"的财务管理体制。

第七十一条 学院建立健全财务预算、核准和审计制度，完善监督机制，严格遵守财经纪律，规范财经行为，防控各类财务风险，保障资金运行安全。

第七十二条 学院支出是指学院开展教学、科研及其他活动发生的各项资金开支。学院专项资金管理贯彻"专款专用"原则。

第七十三条 学院资产包括用国家财政资金形成的资产、国家无偿调拨给学院的资产、按照国家政策规定运用国有资产组织收入形成的资产、接受捐赠等经法律确认为国家所有的其他资产，其表现形式为流动资产、固定资产、在建工程、无形资产和对外投资等。

学院对拥有的资产享有法人财产权，依法依规进行自主管理、保护和使用。

第七十四条 学院依法占有、合理使用举办者划拨的土地、学院征用或租赁的土地。

第七十五条 学院实行"统一领导、归口管理、分级负责、责任到人"的资产管理体制，推动资产的合理配置和有效使用，确保国有资产的安全和完整。

第七十六条 学院建立健全国有资产配置、使用、处置管理制度，提高资产利用率。

学院建立健全建设项目的决策、管理、监督、制约机制以及依法实行招投标制度。

第七十七条 学院依据国家有关知识产权的法律法规，建立保护学院、教职工和学生知识产权的制度。

第七十八条 学院依法管理、保护、使用专利权、商标权、著作权、校名校誉等无形资产；鼓励利用专利、科研成果等实施科技成果转化。

第七十九条 学院建立公共服务与后勤保障体系，实行自办服务实体和购买社会服务相结合，引入竞争、评估机制，为本院师生员工提供优质、安全、便捷的保障和服务。

第八十条 学院建立和完善突发事件应急处置机制,有效预防和妥善处理突发事件,保障学院安全运行,建设平安和谐校园。

第八章 学院与社会

第八十一条 学院主动接受社会监督和评价,依法实行信息公开制度,及时向社会发布办学信息。

第八十二条 学院利用自身优势和办学条件,通过多种方式服务社会,利用南方高铁人才培养与技术合作联盟等校企合作组织,积极争取各方面的支持和帮助。

第八十三条 学院利用现代化教育手段和多样化办学机制,开展多种形式的高等学历教育和非学历教育培训,为社会提供多样化的优质教育服务。

第八十四条 学院依照《普通高等学校理事会规程(试行)》设置理事会,加强与社会的联系。理事会依据其章程,履行咨询、协商、审议与监督职责。学院积极发挥理事会密切社会联系、扩大决策民主、争取社会支持、完善监督机制的作用。

第八十五条 学院设立校友总会。校友总会依照国家有关法规及章程开展活动。学院以多种方式联系和服务校友,凝聚校友力量。学院鼓励校友参与学院的改革、建设与发展。

第八十六条 学院校友包括在学院及其前身学习或工作过的学生、学员和教职工,被学院授予荣誉职衔的中外各界人士,学院聘请的客座教授、兼职教师,学院授予校友会会员资格的个人。

第八十七条 学院设立教育基金会,接受社会捐赠,管理捐赠项目和基金,支持学院事业发展。

第八十八条 学院鼓励社会力量、行业企业以资本、知识、技术、管理等要素参与办学,鼓励专业技术人才、高技能人才在学院建设股份合作制工作室,推动集团化办学。

第九章 校徽 校旗 校歌 校庆日

第八十九条 学院校徽为圆形。上方是毛泽东书体中文校名,下方是英文校名"Hunan Technical College of Railway High-speed",中间将

"湖南"（高铁）英文字首"H"与飞驰的高速铁路列车形象融为一体，彰显了高铁行业的识别性和时代感；抽象的飞翼，象征志存高远、奋勇进取。图案简洁大方，给人以稳健、广博、奋发进取的视觉感，体现了高铁职院办学条件优越，师资力量雄厚，学院专业优势突出，人才成长之路畅通广阔的意象。

第九十条 学院校旗旗面为红色长方形，旗面正中缀中英文院名，院名文字颜色为金色，中文院名字体为毛泽东书体，英文院名字体为黑体。

第九十一条 学院校歌为《湖南高速铁路职业技术学院校歌》。

第九十二条 学院校庆日为每年的 5 月 23 日。

第十章　附　　则

第九十三条 本章程的制定与修订经学院教代会讨论、院长办公会审议、学院党委审定后，经衡阳市人民政府同意，报湖南省教育厅核准。

第九十四条 学院如发生分立、合并、终止，或者办学宗旨、发展目标、管理体制等发生重大变化时，可依据法律法规规定的程序，对本章程进行修订。

第九十五条 本章程是学院依法办学的基本准则，院内其他规章制度应依据本章程制定或修改，不得与本章程相抵触。

第九十六条 本章程由学院党委负责解释。

第九十七条 本章程经湖南省教育厅核准后生效，自学院公布之日起施行。

第二章

学习导航

第一节 职业生涯规划

职业生涯规划又叫职业生涯设计，根据中国职业规划师协会的定义为：职业规划就是对职业生涯乃至人生进行持续的系统的计划的过程。一个完整的职业规划由职业定位、目标设定和通道设计三个要素构成。

职业生涯规划，是指在对一个人职业生涯的主客观条件进行测定、分析、总结的基础上，对自己的兴趣、爱好、能力、特点等进行综合分析与权衡，结合时代特点，根据自己的职业倾向，确定其最佳的职业奋斗目标，并为实现这一目标做出行之有效的安排。

大学生的职业生涯规划，是指个人在大学期间按照自身的主、客观条件，初步认清个人职业发展目标，并为达成这一目标而自主选择从业岗位，围绕其前期实施计划和具体开展活动相对应的培训专项、工作计划等教育方案，通过实践不断实现职业生涯目标的过程。此外，一切事物都是运动发展的，由于个体的人与社会整体各方面的要素都在不断地运动并一直发展，因此职业生涯规划也是一个运动和静止相互交替的过程，而并非一成不变的。完善的职业生涯规划有4个特征：可行性、适时性、顺应性以及持续性。

大学生职业生涯规划是一种对学生以职业要求为目标的目标管理，通过让每一个学生明确其预期的目标，使之自觉地按预期目标的要求开发潜能，提高综合素质。

一 为什么要做好职业生涯规划？

从学校走向社会，大学生将会面对一个全新的世界。在这个社会里，大学生能够立足的是所选职业，职业不仅是生活的基石，更重要的是其体现出每个人存在的价值。

但调查发现，相当一部分大学生对于自己将来的职业没有非常明确的定位，不知道自己将来要做什么。从学校走向社会，许多人一开始根本没有考虑到今后的事业发展，在找工作时往往看重名气和待遇，而并没有考虑到自身的发展问题。因此，针对个人特点进行职业生涯规划，确立未来发展方向，对一个人的一生来说，显得格外重要。但职业怎么发展，是有章可循的，即职业生涯设计要遵循一定的过程或者方法。

大学生制定职业生涯规划，有利于自我定位、自我认识、自我了解，明确自己的方向及人生目标。因此，大学生及早制定自身的职业生涯规划是十分必要的，而制定职业生涯规划也需要遵循一定的原则。在全球化竞争下，每个人都要发挥出自己的特长。只有从事热爱的工作，才能得到满足和快乐，更容易在事业上取得成功。

相关案例

四只毛毛虫的故事

有四只毛毛虫都很喜欢吃苹果，它们长大了，决定去森林里找苹果。

第一只毛毛虫非常努力地寻找，前面出现了一棵苹果树，但它并不知道这里有苹果树，更不清楚上面会有可口的红苹果。当看到其他的毛毛虫往上爬时，它也稀里糊涂地跟着往上爬。没有目的，不知终点，更不知自己到底想要哪一种苹果，也没想过怎么样去摘苹果。它最后的结局呢？也许找到了一个大苹果，幸福地生活着；也可能在树叶中迷了路，过着悲惨的生活。有一点可以确定，这只毛毛虫过着没有意义的生活，即不知道自己生存的意义。

第二只毛毛虫很清楚自己的目标是一个大苹果，看见苹果树就努力地爬上去。但是它不知道大苹果会长在树的什么地方，它猜想只有大树枝才能承受大苹果。于是它就慢慢地往上爬，遇到分枝的时候，就选择较粗的树枝继续爬。于是它按这一思路一直往上爬，最后有一个苹果出现在它的面前。这只毛毛虫刚要扑上去大吃一顿，但是放眼一看，它发现这个苹果是全树上最小的一个，还有更多更大的苹果。更令它泄气的是，如果上一次没有选择这个分枝，而是另一个，那就会有一个更大的苹果。

第三只毛毛虫也很清楚自己需要一个大苹果，就研制了一副望远镜，并用望远镜搜寻了一番后才开始朝着最大的那个苹果前进。同时，它发现当从下往上爬行时，会遇到很多分枝，有各种不同的爬法；但若从上往下爬行时，却只有一种爬法。它很细心地从苹果的位置从上往下推算出爬行路径。于是，它开始往上爬，当遇到分枝时，它一点也不慌张，因为它知道该往哪条路走，而不必跟一大堆毛毛虫挤破头。按理说它已经有了一个计划，最后会得到那个大苹果，可是真实的情况往往是，这只毛毛虫由于爬行速度缓慢，它想要的苹果被别的毛毛虫吃掉，或者苹果已经腐烂。

第四只毛毛虫先给自己制定了一个计划，清楚自己要什么样的苹果，也清楚苹果的生长情况。因此当它拿着望远镜观察时，它的目标并不是一个大苹果,而是一朵含苞待放的苹果花。它计算着自己的行程,估计当它到达的时候,这朵花正好长成一个成熟的大苹果,而且它将是第一个钻入苹果中大快朵颐的。结果可想而如,那个又大又甜的苹果归它所有了。

如果是你,你觉得你是哪一只毛毛虫?你想做哪一只毛毛虫?

第一只毛毛虫根本就不知道这是一棵苹果树,没有目的,不知终点,并不知道自己需要什么,一生都没目标,是只没有人生规划的迷糊虫。大学新生中很大一部分人都是像第一只毛毛虫那样活着。

第二只毛毛虫虽然知道自己想要什么,但不知道该怎么去得到苹果,在习惯的正确标准指导下,做出了一些看似正确却使它渐渐远离苹果的选择,走上了人生的岔路。

第三只毛毛虫有非常清晰的人生规划和正确的选择,但目标过于远大而行动过于缓慢,成功对它来说已是明日黄花,机会、成功不等人。

第四只毛毛虫做事时有自己的规划,不仅知道自己想要什么,也知道如何去得到苹果,以及得到苹果应该具备哪些条件,然后制定清晰实际的计划,在望远镜的指引下,一步步实现自己的理想。

二 职业生涯规划的意义

职业生涯伴随着人的大半生,因此,职业生涯规划直接影响个人的前途和命运,职业生涯规划越早进行越好。大学是大学生从校门走上工作岗位的重要阶段,是人生事业发展的起点,第一步迈得如何,直接关系到今后职业生涯的成败。因此,为了能在毕业时选择一个理想的就业岗位,为将来的职业生涯打下良好的基础,大学生进行职业生涯规划是十分必要和适时的。

职业生涯规划的训练有助于全面提高大学生的综合素质,避免学习的盲目性和被动性;规划个人的职业生涯,可以使职业目标和实施策略了然于心,便于从宏观上予以调整和掌控,从而使大学生在职业探索和发展中少走弯路,节省时间和精力。同时,职业生涯规划还能对大学生起到内在激励作用,使大学生产生学习、实践的动力,激发自己不断为实现各阶段目标和终极目标而前进。

从就业角度出发,用人单位非常看重新进员工的职业生涯规划是否清晰,是否与公司的发展一致。有一位毕业生在自己的求职资料中简要描述了自己的职业生涯规划，乐意从最基层的工作做起，用三五年时间熟悉业务，获得相应经验，然后向更高的主管职位挑战。尽管其成绩在众多竞争者中很一般，但却应聘成功。因为只有少数求职者会写出自己的未来发展规划，而这些规划会让招聘者觉得求职者的求职意向是经过深思熟虑的。

职业生涯规划对自身的实际意义有以下几个方面：

（1）帮助大学生明确大学阶段的发展方向和目标。
（2）有利于实现大学生人生策划的最佳定位。
（3）帮助大学生发掘潜能，提升自身竞争力。
（4）有利于大学生实现人生目标。
（5）有利于提升大学生职业品质并树立正确的择业观。

因此，职业生涯规划应该从大学生入学时就开始培养、引导和训练，以便为学生的职业发展打下坚实的基础。

三 职业生涯规划的作用

（一）有助于确定职业发展目标

通过职业规划和分析，大学生可以认识自己、了解自己，估计自己的能力，找出自己的特点，明确自己的优势，设定自己的职业发展目标，并制订行动计划，使自己的才能得到充分发挥，最终实现职业发展目标。

（二）有助于鞭策自己努力学习

对于许多人来说，制定和实现规划就像一场比赛。随着时间的推移，一步一步地实现职业生涯规划，大学生的思维方式和工作方式也会渐渐改变，更有利于推动自我成长。需要注意的是，规划必须是具体的、可以实现的。

（三）有助于抓住重点

制定职业生涯规划的最大好处是有助于大学生安排日常工作的轻重缓急，能紧紧抓住工作重点，增加成功的可能性。

（四）有助于引导个人发挥潜能

职业生涯规划能帮助大学生集中精力，全神贯注于自己有优势并且有高回报的方面，有助于大学生充分发挥潜力，最终实现目标。

（五）有助于评估目前学习成绩

职业生涯规划的一个重要功能是为大学生提供了自我评估的重要手段，帮助大学生根据规划的进展情况评价目前取得的成绩。

四 职业生涯规划的类型

根据大学生职业生涯规划的特点及时间维度划分方法，大学生职业生涯规划可以分为两种类型。

（一）远期规划

远期规划是指规划时间年限在5年以上的大学生职业生涯规划。对职业生涯进行远期规划，能够使大学生明晰各个阶段的职业目标，保持整个职业生涯发展的连续性和持续性，使总体目标更循序渐进地达成和实现，进而产生最大的职业动力。

远期规划要求大学生对自我、对职业有比较充分的认识，同时对社会形势和客观环境有敏锐的观察力和超前的预测能力，需要大学生花费较长的时间对职业目标和职业要求进行深入的研究、调查、论证，并制定切实可行的完整实施方略。同时，由于远期规划的时间跨度较大，实施过程中会受到个人和环境不断变化的影响，这些因素使得远期规划目标的实现难度较大。

（二）近期规划

近期规划是规划时间年限与大学生生涯年限基本符合的职业生涯规划。大学生正处于职业生涯探索阶段，这个阶段的主要目的就是通过选择、尝试与磨合，找到适合自己的职业。大学生的职业生涯近期规划就是大学生根据这个阶段的主要特点和任务要求，在确立了总体目标之后，以实现就业为阶段目标，为自己的大学生涯制订相应的行动计划。

对大学生而言，近期规划更具针对性和可操作性。通过近期规划，大学生可以在认识自我、了解职业的基础上，从自身的条件和社会的需求出发，确定职业发展方向、明确职业目标，制订大学期间的学习、培训、实践计划，不断挑战自我、超越自我，为将来迈出校门、走向社会做好准备，为总体目标的实现打下良好的基础。由于规划的时间跨度不大，此近期规划也比较易于评估与修正。当学业生涯各个分阶段的目标未能达成时，大学生可以适时调整实施策略，不断修正、完善。由于近期规划与大学阶段的学习和生活紧密联系，因此，大学生在规划自己的职业生涯时，主要采用近期规划。

近期规划的局限性体现在由于近期规划以求职择业为阶段目标，对中期目标和长期目标缺乏详细、系统的规划，难以与远期目标完整衔接，缺失的部分需要等大学生真正进入职业生涯后再根据内部和外部的环境因素重新调整。

五 职业生涯规划的要素及步骤

大学生职业生涯规划的要素及步骤如下。

1. 确立合理的志向

确定一个长远的目标，制定达成目标的步骤，在这一基础上努力进取，并不断调整和修正理论与实践差距。

2. 进行自我评估

自己对自己的学识、技能、性格、兴趣、特长、智商、思维等综合素质进行评估的过程。自我评估是对自己的能力、行为和心理状态的认知，目的就是认识自己、了解自己。

3. 分析外部环境

主要包括市场与用人单位等因素。

环境因素对个人职业规划和发展有着较大影响。作为社会生活中的个体，只有顺应外部环境的需要，才能最大限度地发挥个人的优势，实现职业生涯的目标。如果缺乏对外部环境的了解和分析，职业生涯规划只能流于空泛。外部环境分析的主要内容包括分析社会政治环境、经济环境和组织环境，评估环境条件的特点、发展、需求与变化趋势，自己与环境的关系以及环境对自己的有利与不利因素等。

4. 细化目标

把目标设立为近期目标、短期目标、中期目标、长期目标，在实施过程中还要加以细化。

近期目标主要是指在大学期间设立的目标，如从事专业学习、社会活动、学生组织活动以及提高专项技能（如掌握外语能力、运用计算机能力）等，充分利用大学的良好环境充实自己，为以后的职业生涯打下坚实的基础；短期目标主要是毕业后两年左右的时间设立的目标，如怎样在自己职业生涯的初期充分学习，尽最大可能积累职业经验，以及怎样在职场环境中处理人际关系，特别是团队精神的培养；中期目标主要是指毕业两年以后的时间设立的目标，在有了一定经验或工作能力后，怎样对待升迁、婚姻、家庭、子女教育等问题；长期目标主要指毕业20年以后的时间设立的目标，这时除家庭、事业等因素外，还要考虑事业的繁荣、发展和转型等问题。

5. 制定路线

在确定了职业生涯规划后，要制定切实可行的路线，把目标分解成若干个小目标。当然，我们不可能将职业生涯规划的每一步都提前安排好，但可以通过下面五个步骤对职业生涯规划进行总体规划。

（1）仔细审视自己最终的职业生涯目标。

（2）找出自己与最终目标要求之间的差距。

（3）为缩短这一差距需要采取哪些行动。

（4）制订小目标的具体实施计划。

（5）将大目标与小目标综合在一起，给每个小目标加上合理的时间限制。

6. 规划的反馈与修正

需要结合实际情况不断对职业生涯规划的内容进行评估与修正。对大学生来说，反馈与修正的主要内容包括职业方向的重新选择、各阶段目标的修正、实施措施与计划的变更等。

六 职业生涯规划的内容

一份完整的职业生涯规划应包括6个方面的内容，即题目、职业方向、社会环境分析、行业和企业分析、自身条件分析、成功标准。而大学生群体的职业生涯规划内容有以下几个方面：

1. 理解职业生涯规划的内涵

调查显示约有54％的在校学生没有听说过职业生涯规划。而对此观念的掌握是更好地利用它服务于自身职业生涯发展的关键。

2. 设定职业理想

职业理想是指人们对未来职业表现出来的一种强烈的追求和向往，是人们对未来职业生活的构想和规划。大学生树立职业理想的过程，便是心目中进行职业生涯规划的过程，一旦在心目中有了自己认为理想的职业，就会依据职业理想的目标，去规划自己的学习和实践，并为获得自己认为理想的职业而做各种准备。

3. 自我评估与环境分析

自我评估是运用相应的测评体系对自己的兴趣、特长、性格、学识、技能、智商、情商，以及管理、协调、活动能力等的测评。其实质就是通过自我分析，认识自己、了解自己，诊断出个人问题所在。对于环境分析，则要依据现实的清晰把握，进行有针对性的规划实践。

4. 确定职业发展目标

对个人进行全面的分析以及对环境有了较深入的了解后，结合个人职业理想确定自己的职业发展目标。职业生涯目标指一个人渴望获得的与职业相关的结果。职业生涯目标的导向性表现为：①可以刺激高水平的努力；②可以给高水平的努力固定方向；③可以提高朝目标努力的支持性；④具体的目标有助于形成实现目标的战略；⑤可以衡量行为结果的有效性，向个体提供积极的反馈。

5. 设定特定学期的职业生涯目标

心理学家洛克提出著名的目标设置理论，他认为只要人们将目标上升为自觉目标，目标就会对人产生强烈的激励作用，成为完成工作的最直接动机。特定学期职业生涯目标的设定，是将学生的职业目标进行有效分解（最佳才能、最优性格、最大兴趣、最有利的环境等条件为依据），制定阶段性的努力目标，即学生的学期目标或事件目标，目标分解的过程也是职业能力要求的过程。这些都有利于学生充分挖掘个人的潜力，有序从容地提高自己的能力，推进个人条件与职业要求的吻合。

6. 制定并实践学期行动计划

围绕特定学期的职业生涯目标与自身条件，寻找其中的差距，制定行动计划，严格执行。主要行动路线在于，提高与理想职业相匹配的能力。比如：如何提高综合能力、如何改进不良习惯、如何培养特长、如何完善人格、如何改掉缺点、如何提高成绩、如何弥补差距等。学期的行动计划在学生的理想与现实间构建了通路，使得学生的职业生涯目标实现有了可能。

7. 自我评估与调整

经过一段时间的学习生活，有意识地回顾自己的行动，检验自己的目标，在实施过程中自觉地总结经验教训，评估自己的职业生涯规划。一般修订的内容包括：职业的重新选择、生涯路线的选择、人生目标的修正、实施措施与计划的变更等。

七 职业生涯规划中的常见问题

（一）自我评估中存在的问题

1. 认识自我的途径单一

大学生除了可以通过职业生涯测评系统来认识自己外，在制定职业规划时也可以多与周围熟悉的朋友、家人和老师沟通，多听取他们的建议，反复修正规划，从而更充分、清晰地了解自己。

2. 认识自我的内容不够全面

大学生在自我评估时主要分析个人的兴趣、爱好、特长、性格、价值观、优缺点，忽视了对自己情商、思维方式的分析，而这些因素对职业生涯有着非常重要的影响。美国哈佛大学心理学家丹尼尔·戈尔曼指出："真正决定一个人成功与否的关键是情商而非智商。"情商高的人，社交能力强，外向而愉快，不易陷入恐惧或伤感，对事业较投入，富有同情心，情感生活较丰富但不逾矩。思维方式是人们大脑活动的内在程式，它对人们的言行起决定性作用。思维是智力活动的核心成分，思维方式的不同体现了每个学生智力和能力的差异。所以，对个人情商和思维方式的认识是自我认识的重要内容。

（二）外部环境分析中存在的问题

1. 只有普遍性，忽视特殊性

在谈到外部环境时，大多数大学生都会介绍家庭、学校、社会等环境对自己的影响。但是谈到家庭环境时，他们则只着重介绍家庭经济情况的好坏、家庭期望，而没有介绍家族文化。对于学校环境，他们只简单介绍学校性质，没有介绍社会认可程度、校风、专业以及适合本专业的工作领域。对就业形势的评估，他们也只是从宏观的角度来分析问题，犯了"大而全"的错误，缺乏针对性。

2. 关注职位的能力不够，对行业、职位了解的途径单一

大学生对职位所需能力，即职位需要具备什么能力关注不够。很多大学生不清楚未来职业的工作内容、工作环境、任职条件（所需的知识能力、经验和证书等）以及与之相适应的职业类型。大部分人只是通过互联网对行业、职业进行了解，认识途径单一。其实我们还可以通过多种途径认识行业、职业，例如报纸杂志、人才招聘会、行业展览会、人物访谈，甚至可以对在职人员、该行业的领军人物、资深的职业生涯规划师进行访谈等。

（三）确立目标时存在的问题

除了定位分析不明和专业与职业关联度小外，有的大学生目标的确立过于理想化。大学生在确定目标时，最好根据自己的专业知识做出职业规划，要抱有积极、务实的心态，从基层做起，慢慢积累经验。

（四）制定路线时存在的问题

有些大学生制订计划时只是对未来职业的各个岗位进行具体描述，而且多是从互联网搜索得来的，并没有与实际相结合。大学生在制订计划时，应该多和社会职场人士沟通、交流，获取足够的行业、企业和职位信息，这样才能保证职业规划的现实性和可实施性。

（五）评估修正时存在的问题

有些大学生忽视了这个步骤，或者计划实施与备用方案间缺乏内在联系。还有些大学生在评估修正时过于简单化，并且没有切实可行的备用方案。

八 职业生涯规划的安排

成功人士最难能可贵的精神就是能够客观地、分阶段地实现目标。只

有懂得制定路线、阶段性朝着目标奋斗的人才容易成功。

（一）适应阶段

这一阶段主要要求学生完成从高中生到大学生的角色转变，熟悉校园环境，和同学友好相处，尽快适应大学的生活节奏。大学生在学好本专业基础知识的前提下，积极参加各种活动，锻炼自己的交际能力，建立自己的交际圈；同时，开始探索自我，利用各种方式和手段了解自己的兴趣、性格和特长，从而根据自身的特点和自己所学的专业，清晰制定大学生活、学习和职业生涯规划以及实施的具体步骤，紧紧围绕自己的人生目标和职业愿景，有目的、有选择地学习和积累知识和能力。

（二）发展阶段

这一阶段主要要求学生形成清晰的职业定位。大学生在这一阶段应该注重各种能力的培养，积极参加学生会或社团工作，培养自己的组织协调能力和团队合作精神，提升自己的综合素质；在加强专业知识学习的同时，考取与职业目标相关的职业资格证书；若有机会，可以到社会上做兼职或是实习，积累对应聘有利的职业实践经验，扩大校内外交际圈，加强与校友、职场人士的交往，通过各种途径了解自己所选职业的发展方向。

（三）冲刺阶段

这一阶段要求大学生根据实际实习情况，适当调整自己的就业目标，密切关注学校就业中心的通知和其他重要的招聘渠道，不遗漏招聘信息；学习求职技巧，学会制作简历、求职信，了解面试技巧和职场礼仪，了解劳动法规和政策，以便提前为求职面试做好准备，同时，在求职中要保持良好的心态。

第二节 做人和做事

人生有两件事：一是学做人，二是学做事。其中学做人更重要，做人是最基本的、最底层的建设，而做事是构建在做人的地基上的高楼大厦；如果不会做人只会做事，即便掌握了若干知识和技能，也未必能把事做好。做人通过做事来检验，做人是做事的道德基础。做事和做人二者是内在统一的，没有先后之分，但并非没有高下之别。做人是主导，做事是基础。没有做事，做人没有根基；做事是我们立身成人之本。

一、做人与做事

做人看态度。看什么态度？看对人的态度。一个人无论多聪明、多能干，背景条件有多好，都不可能独自完成所有事项，这就涉及与人交流、交往与交际的问题，也就是如何待人的问题。待人，很大程度上不是能力问题，而是态度问题。正义与仁慈是人类最基本的两种道德。正义，就是不损人；仁慈，就是帮助人。不损人、帮助人，就是求共赢、求和谐，共发展、共进退。有了最基本的道德观，就不会为了一己之私而去损害别人的正当利益，更不会置法律法规于不顾而铤而走险。

做事看能力。看什么能力？一是成功完成某件事情、某种活动所必需的个性心理特征。这种心理特征能够帮助我们透过现象抓住本质，从纷繁错乱的事务中理出矛盾的主线和发展的脉络。二是看技能。要做成一件事，必须有相应的本领，即技能。这两种能力既离不开理论的指导与知识的积累，又离不开思路的比较与实践的提升。

二、大学生如何做人与做事

从表面上看，做人与做事很简单，其实不然。例如：你当一名教师，你的主观愿望是当好教师，但事实上却不受学生欢迎；你当一名学生，你的主观愿望是当一名好学生，可偏偏挂科，又受到处分，甚至毕业后找不到工作。抛开这些表层现象，去发掘问题的症结，你就会发现，做人与做事的确是一门很难掌握的学问。大学生学会做人与做事主要体现在态度的养成、个人能力的提升和身心的健康发展等方面。

（一）态度的养成

1. 谦虚谨慎

谦虚谨慎是一种美德。古希腊哲学家苏格拉底曾说："谦虚是藏于土中甜美的根，所有崇高的美德由此发芽滋长。"谨慎，是三思而行、深思熟虑。只有建立在谦虚谨慎、永不自满的基础上的人生追求才是健康的、有益的，才是对自己、对社会负责任的，也一定是会有所作为、有所成功的。

2. 意志坚定

"有志者，事竟成，破釜沉舟，百二秦关终属楚；苦心人，天不负，卧薪尝胆，三千越甲可吞吴。"一个目标认准了，就撸起袖子加油干，要立志做大事。只有意志坚定的人，才会有动力和毅力，义无反顾，不计得失，勇往直前。

3. 惜时勤奋

鲁迅先生说："哪里有天才，我只是把别人喝咖啡的工夫都用在工作上了。"合理安排自己的时间，有效利用自己的时间，多一些努力，便多一些成功的机会。无数事实证明：成功的最短途径是勤奋。

4. 正直宽容

"己所不欲，勿施于人。"做一个正直的人，做一个人格健全、完善的人，受人崇敬。做人做事，心胸不可太狭隘。海纳百川，靠一颗宽容的心，宽容做人，宽容成事。

5. 积极快乐

我们不能改变世界，唯一能改变的只有我们自己。尽管生命无常，生活起伏，人生充满许多不如意的地方，但是有不少的东西是完全可以把握的，那就是我们对工作和生活的态度。积极的心态不仅可以调动一个人的心灵力量，而且可以不断挖掘潜在的心灵力量，使个人达到最好的状态，甚至是完美的境界。生活就是一面镜子，你笑它也笑，你哭它也哭。因此，让我们用积极的心态去快乐地学习和生活，收获美好的人生。

6. 文明礼貌

文明礼貌是处理人与人之间关系的一种行为规范，表现出个人的文化内涵和良好修养。在社会生活中，文明礼貌的言行举止是有效沟通的必要条件。有礼之人会做人，有人缘，朋友多；有礼之人会做事，注重形象，有教养，不树敌，成功路上事事顺。

7. 诚实守信

孔子曰："言必信，行必果""知之为知之，不知为不知"。有多少人信任你，你就拥有多少次成功的机会。信是一种人格力量，是了解、是欣赏。诚实守信是一个人最可贵的品质，是成功的基石。

（二）个人能力的提升

1. 加强专业学习，拓宽知识面

现在的社会需要复合型人才，大学生要跟上时代的步伐，适应不断变化的市场需求，就必须在学好本专业以外，拓宽自己的知识面。

（1）充分利用专业课老师的力量理解专业知识，加快入门步伐。专业课老师对专业知识的掌握并不局限于课堂，不要以为老师课堂上呈现出来的就是他的全部，他只不过是出于教学的目的将课程简化和分解，以便让大多数学生尽快了解将要学习的专业，并消除学生的畏难情绪。课后要多向老师请教，让老师帮助你更好地理解知识和学科前沿。

（2）利用好图书馆。李政道博士说："我是学物理的，不过我不专看物理书，还喜欢看杂七杂八的书。我认为，在年轻的时候杂七杂八的书多看一些，头脑就能比较灵活。"可见，我们既要有精深的专业知识体系，又要有广博的非专业知识。因此，大学生平时要十分注意资料的收集和知识的积累。

在收集、积累过程中要注意如下原则：第一，整体性，即专博相济，一专多通，广采百家为我所用；第二，层次性，即合理知识结构的建立，必须划分基础层次、中间层次和最高层次，从低到高；第三，比例性，根据培养目标、成才方向不同，决定各种知识在数量和质量之间的合理配比；第四，动态性原则，即所追求的知识结构必须不断进行自我调节，适应科技发展、知识更新、研究探索新的课题和领域、职业和工作变动等因素的需要。

（3）重视选修课，提升人文素养。大学不应只学会一种技能，更要培养一种精神。除了学习专业知识，平时应尽可能提升人文素养，通过学习文学、逻辑学、哲学、法学、经济学、心理学、美术、艺术、史学等，促进自身综合素质的提高，增强自身的社会责任感，树立正确的人生观、价值观、道德观、世界观，能够正确处理人与自然、人与社会、人与人之间的关系，有良好的品行和健全的人格。

2. 培养创新能力

创新已成为21世纪的时代精神最主要的特征之一。培养创新能力可从以下三个方面展开。

（1）树立创新意识。在学习过程中坚持多问几个为什么，坚持寻找多种途径解决问题。

（2）积极实践创新。培养创新能力更重要的是要在实践中进行，也就是实践创新。要把理论学习与实践活动结合起来，并在实践中有新的发现。

（3）做到思维创新。思维创新和思维定式是思维过程的两个方向。思维定式，又称思维惯性，是由先前的活动而造成的一种对活动的特殊的心理准备状态，或活动的倾向性。在环境不变的条件下，思维定式使人能够应用已掌握的方法迅速解决问题，但在情境发生变化时，则会妨碍人采用新的方法。消极的思维定式是束缚创造性思维的枷锁。我们要做的就是打破思维的枷锁，激发自己的创造力。

3. 提高综合素质

（1）积极参加各项活动。大学生活是丰富多彩的，种类繁多的学生活动是大学校园里的一道靓丽风景。有些学术类的活动，如辩论赛、知识竞赛、学术讲座和论坛等，起到辅助学习的作用，能够让大学生拓宽视野，锻炼口才，培养团队协作意识；有些文艺类的活动，如舞会、歌手大赛、各类晚会等，有助于大学生发现和培养自己的兴趣，在舞台上展示自己的才华；有些体育类的活动，如篮球赛、排球赛、轮滑等，有助于大学生磨砺意志和培养体育竞技精神。参加一些比赛类的活动，大学生还能获得荣誉证书，为以后的就业增光添彩。

（2）积极参加学校各级学生会、社团等组织的活动。高校的校园文化活动是非常活跃的，团委、学生会及各类社团经常会组织丰富多彩的文化、体育等活动，通过这些活动，可以锻炼培养大学生的政治素质，提高理论水平，增强集体观念、组织观念和效率观念。同时，还可以培养学生干部宽广的胸怀、宽厚容忍的风度、吃苦耐劳及勇于负责的工作作风。通过参加这些实践活动，可以大大提升大学生的职业素质。

（3）参加各种科技创新活动。即积极参加各种性质的科技讲座、科技理论研讨会、科技作品竞赛等科技创新活动，参加各种科技竞赛活动，如

"挑战杯"全国大学生课外学术科技作品竞赛、"挑战杯·创青春"创业大赛、"互联网＋"大赛、创业设计大赛等。这些科技活动，可以结合老师的科研课题或研发项目，在老师的指导下，全身心投入。而通过参加科技竞赛活动，可以锻炼大学生的学习能力、做事能力以及团结合作的能力，提高科学精神与创新能力，从而提升职业素质与能力。

4. 积极参与社会实践

社会实践是当代大学生自我完善、尽快成长的必由之路。通过社会实践，提高运用理论知识解决实际问题的能力，提升自己的职业素质。利用周末、五一、十一假期和寒暑假走向社会，了解自身专业发展的市场行情，了解社会和企业对毕业生的要求，积极参与社会调查、生产劳动、志愿服务、公益活动、科技发明和勤工助学等社会实践活动。在社会实践活动中受教育、长才干、做贡献，增强社会责任感。除参加由学校、学院和社会联合举办的有组织的见习活动外，还要利用自身社会关系，如朋友、亲戚等，联系适合自己的单位进行社会实践，使自己对社会和企业有一定的了解，为以后顺利走向社会、走向工作岗位打下基础。

高铁学子该如何提升自己？

（1）凡事做好规划，并且付诸行动。

在刚刚开学的时候，写一份愿望或规划，可以天马行空，把你想做的事情都写到纸上，比如兼职、英语成绩 A 级、拿驾照、考本科等，然后收到一个信封里。大学期间，一定要养成一个好的习惯，凡事做好计划，并且付诸行动！

（2）多读书，开阔视野。

想要提升自己，最简单的方式就是读书。可以从自己喜欢的领域开始，有的人喜欢读名著，有的人喜欢读小说，有的人喜欢读人物传记。多读书总没有坏处，还可以开阔视野。

（3）多运动，锻炼身体。

大学期间最好是能找到一项自己喜欢的体育运动，比如篮球、排球、羽毛球，实在不行，最简单的运动就是围着操场跑步。拥有一个健康的体魄，是进行其他活动的基础！

（4）认真学习，不要挂科。

你会遇到你不喜欢的课程或者老师，但这绝不是你挂科的理由！能不挂科就千万不要挂科，因为补考真的很痛苦，挂科太多直接影响就业、毕业。请认真对待学习，你学的知识，说不定哪天就会用上。

（5）社交活动适度参加。

学校里会组织各种各样的社交活动，请适度参加，不要报太多的社团，每个人的时间和精力都是有限的，请适度参加社团的活动。但必要的社交活动还是要有的，因为你总得走向社会工作，总得与他人相处。

（6）实习，提前规划未来。

积极参加社会实习、实践，即便是工资很低，也不要紧，你能有一份实习经历，对于你以后工作还是非常有帮助的。一定要提前规划自己的未来。

（7）多听报告和讲座。

大学里面最不缺的就是报告和讲座，挑一些自己喜欢的或者感兴趣的去听，只要你去，你就会有收获！如果学校里面没有你喜欢的报告和讲座，就自己从网上去找。

（8）积极考证，该有的证一定要有。

大学里面有很多证是必须要拿到的，如英语 A 级证书和计算机二级证书，积极考取所学专业的技能等级证书、机动车驾驶证等。总之，考取有含金量的证多多益善。

（9）多去旅行，增长见识。

有条件的同学还是多去旅行，去看各地的风景，体验当地的风土人情和美食。出去旅行也可以增长见识和人生阅历，趁着大学假期的时间比较充裕，尽量多去不同的地方走走看看。

（10）学一门技能，学会生活的本领。

大学期间，最重要的就是要学一门技能，学会生活的本领！有个一技之长，将来毕业，即便找不到好的工作或者工作不如意，你也不会害怕。

（三）身心的健康发展

身心的健康发展涉及"身"和"心"两个方面。如何拥有健康的身体？一是锻炼，二是养成好的生活习惯。锻炼即经常性地参加体育活动，如打羽毛球、跑步等，可以加快自身血液循环，加速新陈代谢，使心脏等各器官维持在健康的水平。可以说，运动是驱除疲劳、恢复精神和体力的最佳方式。好的生活习惯是指按时起床、睡觉，按时吃饭，尊重自己的生物钟，不吸烟、不喝酒、不赌博等。健康的身体是提高自身素养的前提。心理健康则需要大学生悦纳自我，培养积极的情绪和健全的人格。

新起点，再出发——高职高专大学生入学教育

知识拓展

与大学新生谈"做人"和"做事"

新学期来临，又有一大批学子将踏入大学。大学如何培养人，一直都是教育的大课题。我认为，大学生综合素质教育目标，应是培养志向高远、学术精深、体魄强健、心境恬美，富有社会责任感、创新精神和实践能力的社会主义建设者和接班人。

高远的理想——是一种积极、健康、向上的人生价值取向，是大学生应有的人生态度，是引导一个人锲而不舍、不断追求、不断攀登的引擎，是人生的动力。高远的理想应该与祖国和社会的需要联系在一起，要与脚踏实地的务实精神，以及自己的特点、长处、兴趣结合。

精深的学术——是宽厚基础与精专技能的有机组合，是每位大学生立身社会、服务社会之本，需要大学生具有乐于求知、敢于求真、勇于创新的精神和能力。大学生要在学好专业课程的同时，不断提高学习能力，要有勇于质疑和创新的科学精神，积极主动地去追求新知识。

强健的体魄——是大学生完成学业，更好地服务社会、报效祖国的重要基础，也是在激烈的社会竞争中发挥能力、展现才华的根本。要牢固树立健康第一的思想，通过强身健体的运动，磨炼坚强的意志和顽强的毅力，培养坚毅勇敢、吃苦耐劳和团结协作的精神，真正做到"每天锻炼一小时，健康工作五十年，幸福生活一辈子"。

恬美的心境——是大学生茁壮成长、快乐学习、幸福工作和生活的源泉。要有良好的人文素养和审美情趣，不断陶冶情操，保持对真善美的追求和美好未来的向往。要培养宽广的胸怀、宽容的态度，与他人和谐相处，学会做人，学会生存，学会生活，主动适应社会。

四者间辩证统一，体现了"做人"与"做事"、"身"与"心"等方面的完整发展、和谐发展。

资料来源：北京理工大学原党委书记郭大成演讲。

三 阅读与大学生发展

读书是人类获取知识、增长智慧的重要方式，是一个民族精神发祥、

文明传承的重要途径。中华民族自古以来都崇尚读书，把读书学习作为安身立命、修身立德之本。历代士大夫更是将读书学习作为从政之始、为政之基。《论语》开篇即言："学而时习之，不亦乐乎？"《荀子》第一篇是《劝学篇》，第一句话就是："君子曰：学不可以已。"中华民族在几千年的文明追求中积累了许多倡导读书的格言，留下了很多苦读成功的感人故事，如"囊萤映雪""凿壁偷光""韦编三绝"等，这些都已经积淀成为中华民族的文化传承。习近平总书记在2018年4月23日世界读书日谈及读书时称："读书可以让人保持思想活力，让人得到智慧启发，让人滋养浩然之气。"书籍是人类知识的载体，是人类智慧的结晶，是人类进步的阶梯。

（一）读书是做人的修养之道

1. 读书可以明志

志向从何而来？一个很重要的途径就是读书学习。一个人靠自己的实践获得真知极其有限，大部分的知识和经验需要靠读书学习间接获得。通过读书学习，超越自身经验范畴和当下的局限性，指向未来。通过读书学习，毛泽东立下"拯救斯民于水火"的鸿鹄之志；周恩来树立起"为中华之崛起而读书"的远大志向。可以说，读书是立志之所需。

2. 读书可以育德

古代先贤把"修身、齐家、治国、平天下"列在一起，说明人的道德修养直接关乎社会进步和国家危亡，而良好道德的养成很重要的途径就是读书学习。中华民族几千年的文明史，传统优秀文化典籍中蕴涵着做人育德的大道理。通过研读文学经典，以增加才情，做到"腹有诗书气自华"，提高品德修养和审美情趣；通过研读伦理经典，可以知廉耻、明事理、懂荣辱、辨善恶，培养健全的道德品格，弘扬传统美德。

3. 读书可以养心

古人曰："治天下者先治己，治己者先治心。"治心养心最直接、有效的方法就是读书学习。在人文缺失、人心浮躁、追名逐利等问题日益突出的今天，多读一些好书，特别是读经典，是非常有必要的。例如：书中"己所不欲，勿施于人"的换位思考原则，"和而不同"的存异思维，"道法自然"的敬畏自然与自然和谐相处的理念等，如涓涓细流般滋养着人们的心灵。

4. 读书可以增智

读万卷书如同行万里路，人的阅历会不断增长。大学生由于涉世不深，缺乏一定的社会阅历，读书学习无疑可以开阔视野、丰富知识、集聚智慧，为其成长成才添翼增效。

（二）大学生如何阅读

1. 读好书

当今时代，知识爆炸，知识总量呈几何级数增长，新知识、新事物层出不穷。面对这种情况，如果不广泛阅读，不加强学习，就可能跟不上形势的发展。大学生正值不断学习新知识、掌握新技能的阶段，需要多方面的知识积累，在学好专业的同时，还应认真研读古今中外优秀传统文化书籍，广泛涉猎哲学精品著作、文学名著、关注社会现实的作品，充满理论色彩的作品、史学专著、领导人著作等，了解学科最前沿的知识，特别是要善于学习各种新知识，以求知识的常新。

另外，对所读之书要有自己的独到思考和见解。古语有云："学而不思则罔，思而不学则殆。"大学生要在读书的过程中，不断丰富自己的人生经验和审美体验，这对发展自己的智慧、提升自己的创造力有莫大的好处。

2. 善读书

（1）要坚持阅读与思考的统一。要带着问题读书，边读书边思考，在阅读的基础上，思考现实中的疑惑。要在思考中发现新问题，在继承前人的基础上形成新认识。要通过理论的指导，利用知识的积累，洞察客观事物发展的规律。

（2）要坚持读书与运用相结合。要勇于实践，将知识转化为能力。要运用理论和知识着力改造客观世界，要运用理论和知识自觉改造主观世界。

（3）要锲而不舍、持之以恒，有效利用时间，养成习惯。青年大学生处于读书黄金时期，记忆力好、接受力强，应该多读对自己终身成长具有关键性作用和决定性影响的好书。

相关案例

清华大学、北京大学联袂推荐：大学生必读的30本经典书籍

旅行和读书，教会我们如何看待这个世界。进入大学之后，你将有更多时间来阅读自己喜欢的书，也有更多时间来找到你前行的方向。以下是清华大学、北京大学推荐的大学生必读的30本经典书籍。

第二章 学习导航

No.1《活出生命的意义》维克多·E. 弗兰克尔（著）

弗兰克尔是20世纪著名的心理学家。纳粹时期，作为犹太人，他的全家都被关进了奥斯威辛集中营，他的父母、妻子、哥哥全都死于毒气室中，只有他和妹妹幸存。本书的第一部分叙述了弗兰克尔的集中营经历，第二部分阐述了他的"意义疗法"。本书不仅适合于心理学爱好者，也适合面临挑战、希望寻找生命意义的人。

No.2《拖延心理学》简·博克/莱诺拉·袁（著）

你想要向拖延的恶习开刀吗？这两位加利福尼亚心理学家在她们治疗拖延者的实践中精准地捕捉到了拖延的根本原因。这本书可以帮助读者减轻拖延，更好地享受生活。

No.3《梦的解析》弗洛伊德（著）

本书被誉为精神分析第一名著。它通过对梦境的科学探索和解释，打破了几千年来人类对梦的无知、迷信和神秘感，同时揭示了左右人们思想和行为的潜意识。

No.4《如何阅读一本书》莫提默·J. 艾德勒/查尔斯·范多伦（著）

不懂阅读的人，初探阅读的人，读这本书可以少走冤枉路。对阅读有所体会的人，读这本书可以有更深的印证和领悟。本书介绍了阅读的三个层次，对每个层次都进行了细致的指导，是一本非常实用的读书指导手册。

No.5《影响力》罗伯特·西奥迪尼（著）

政治家运用影响力来赢得选举，商人运用影响力来兜售商品，推销员运用影响力来诱惑你乖乖地把金钱捧上。即使你的朋友和家人，不知不觉之间，也会把影响力用到你的身上。但到底是为什么，当一个要求用不同的方式提出来时，你的反应就会从负面抵抗变成积极合作呢？

No.6《红楼梦》曹雪芹（著）

如果说每个西方人心中都有一个哈姆雷特，那么每一个中国人心中都有他自己的贾宝玉、林黛玉、薛宝钗。这本书以宝黛爱情悲剧为主线，展开了一个繁复盛大的封建大家庭的世界。远不止此，儒家、道家、佛家的思想都在此体现，历史学家、文学家、哲学家都在书里看到了他们想要看到的。

No.7《设计心理学》唐纳德·A. 诺曼（著）

本书是对产品设计感兴趣同学的必读书。诺曼博士在本书中强调以使用者为中心的设计哲学，提醒消费者挑选的物品必须方便好用，易于理解，希望设计师在注重设计美感的同时，不要忽略设计的一些必要因素，因为对于产品设计来说，安全、好用永远是竞争的关键。

No.8 《小王子》安东尼·德·圣埃克苏佩里（著）

圣埃克苏佩里是一个传奇飞行家，他的书中以一位飞行员作为故事叙述者，讲述了小王子从自己星球出发前往地球的过程中所经历的各种历险。小王子孩子式的眼光，看到了成人的空虚、盲目和愚妄，记下了人类的孤独寂寞、没有根基随风流浪的命运。

No.9 《策略思维》阿维纳什·K.迪克西特/巴里·J.奈尔伯夫（著）

普林斯顿大学教授迪克西特和耶鲁大学教授奈尔伯夫的这本著作，用许多活生生的例子，向没有经济学基础的读者展示了博弈论、策略思维的道理。人生是一个永不停息的决策过程。这本书不仅适合对博弈论感兴趣的同学，也同样适合所有希望让生活决策更有条理的同学。

No.10 《无价》威廉·庞德斯通（著）

为什么免费的巧克力让我们疯狂？为什么百老汇剧场里价格越高的位置卖得越火？为什么100万美元带来的愉悦感，400万美元才能让它翻倍？为什么议价时，一定要抢先报价，而且一定要狮子大开口？威廉·庞德斯通告诉我们答案：价格只是一场集体幻觉。如果你想了解价格的秘密，就来读这本书吧！

No.11 《浅薄》尼古拉斯·卡尔（著）

"谷歌在把我们变傻吗？"当尼古拉斯·卡尔在发表于《大西洋月刊》上赫赫有名的那篇封面文章中提出这个问题的时候，他就开启了人们热切渴望的期盼源泉，让人急于弄清楚互联网是如何改变我们的。这本书会让你看到互联网对我们的影响的另一面。

No.12 《定位》艾·里斯/杰克·特劳特（著）

20多年前，美国《广告时代》杂志约请年轻的营销专家里斯和特劳特撰写一系列有关营销和广告新思维的文章，总标题就是"定位的时代"。系列文章刊载之后，引起全行业的轰动，定位成了营销界人人谈论的热闹话题。本书适合所有对商业感兴趣的同学阅读。

No.13 《史记》司马迁（著）

《史记》是一本丰富多彩的生动的人物画卷，其中有一定性格的人物形象不下100个，而这些人物形象又大都带有一种后代任何写人文学所没有的突出特点。面对这样一本记录中华之根的皇皇巨著，你还等什么？

No.14 《社会契约论》卢梭（著）

本书中主权在民的思想，是现代民主制度的基石，深刻地影响了逐步废除欧洲君主绝对权力的运动，以及18世纪末北美殖民地摆脱英帝国统治、建立民主制度的斗争。美国《独立宣言》和法国的《人权宣言》均体现了本书的民主思想。

No.15《目送》龙应台（著）

《目送》共由74篇散文组成，是为一本极具亲情、感人至深的文集。由父亲的逝世、母亲的苍老、儿子的离开、朋友的牵挂、兄弟的携手共行，写出失败和脆弱、失落和放手，写出缠绵不舍和决然的虚无。

No.16《欢乐的经济学》戴维·亨德森（著）

这是一本通过对作者亲身经历进行生动、有趣的分析，向读者普及经济学思维、传达自由至上理念的书。

No.17《一九八四》乔治·奥威尔（著）

《一九八四》是一部杰出的政治寓言小说，也是一部幻想小说。作品刻画了人类在极权主义社会的生存状态，犹若一个永不褪色的警示标签，警醒世人提防这种预想中的黑暗成为现实。历经几十年，其生命力益显强大，被誉为20世纪影响最为深远的文学经典之一。

No.18《孙子兵法》孙武（著）

《孙子兵法》是中国古典军事文化遗产中的璀璨瑰宝，是中国优秀文化传统的重要组成部分，是世界三大兵书之一。

No.19《Facebook效应》大卫·柯克帕特里克（著）

本书作者近距离地采访了与Facebook相关的人士，其中包括Facebook的创始人、员工、投资人、意向投资人以及合作伙伴，加起来超过130人。这是真切翔实的访谈，更是超级精彩的故事。该书值得所有希望了解互联网和新媒体的同学深入阅读。

No.20《资本论》马克思（著）

该书是马克思用毕生的心血写成的一部光辉灿烂的科学巨著。该巨著第一次深刻地分析了资本主义的全部发展过程，以数学般的准确性证明这一发展的方向必然导致社会主义革命和无产阶级专政的确立。研究各种学科的知识分子都应该读读这部巨著。

No.21《山海经》

中国先秦古书，富于神话传说的最古老的地理书，中国的许多传统古书根源都在《山海经》之中，其对古代历史、地理、文化、中外交通、民俗、神话等研究，均有重要的参考价值。《山海经》是一代又一代世人的启蒙书籍，也是我们这个时代的人回溯本源所应当读的。

No.22《牛奶可乐经济学》罗伯特·弗兰克（著）

为什么牛奶装在方盒子里卖，可乐却装在圆瓶子里卖？为什么很多酒吧喝水要钱,却又提供免费花生米?这不是一部让人读得头疼的教科书,而是一部点滴生活小智慧合集。作者擅长用经济学方法将生活中的故事娓娓道来,这是一部没有阅读门槛、却能从中获得生活智慧的另类经济学书籍。

No.23 《老人与海》海明威(著)

海明威最著名的作品之一,它围绕着一位老年渔夫与一条巨大的马林鱼在离岸很远的湾流中搏斗的故事。海明威电报式的简洁有力的写作风格,"冰山"原则指导下的荡人心魄的描写,都在这本书中得到了淋漓尽致的展现。海上捕鱼老人的拼搏、勇毅、不屈服,让每个人心中都波涛汹涌。

No.24 《国富论》亚当·斯密(著)

亚当·斯密并不是经济学说的最早开拓者,他较著名的思想中有许多也并非新颖独特,但是他首次提出了全面系统的经济学说,为该领域的发展打下了良好的基础。因此,完全可以说《国富论》是现代政治经济学研究的起点。

No.25 《百年孤独》加西亚·马尔克斯(著)

魔幻现实主义文学的代表作,描写了布恩迪亚家族七代人的传奇故事,以及加勒比海沿岸小镇马孔多的百年兴衰,反映了拉丁美洲一个世纪以来风云变幻的历史。作品融入神话传说、民间故事、宗教典故等神秘因素,巧妙地糅合了现实与虚幻,展现出一个瑰丽的想象世界。

No.26 《玩偶之家》易卜生(著)

娜拉是个具有资产阶级个性、思想解放的叛逆女性,伴随着一系列事件,她与丈夫海尔茂的矛盾逐渐激化直至两个人分手。她对社会的背叛和弃家出走,被誉为妇女解放的"独立宣言",易卜生高超的戏剧创作手法也在这部著作中得到体现。

No.27 《资治通鉴》司马光(著)

书中描绘了战国至五代期间的历史发展脉络,探讨了秦、汉、晋、隋、唐等时期政权的盛衰之由,生动地刻画了帝王将相们的为政治国、待人处世之道,以及他们在历史旋涡中的生死悲欢。时至今日,《资治通鉴》仍是一本了解和学习中国历史的必读之书。

No.28 《红与黑》司汤达(著)

小说围绕主人公于连个人奋斗的经历与最终失败,尤其是他的两次爱情的描写,广泛地展现了19世纪初30年间压在法国人民头上的历届政府所带来的社会风气,强烈地抨击了复辟王朝时期贵族的反动、教会的黑暗和资产阶级新贵的卑鄙庸俗、利欲熏心。

No.29《人性的弱点》戴尔·卡耐基（著）

本书被誉为"世界成功学第一书"，作者被誉为美国"成人教育"之父，他运用社会学和心理学知识，对人性进行了深刻的探讨和分析。他讲述的许多普通人通过奋斗获得成功的真实故事，激励了无数陷入迷茫和困境的人，帮助他们重新找到了自己的人生。不管成功学有怎样的缺陷，这些故事对于处于迷茫中的同学无疑是一种指引。

No.30《悲惨世界》雨果（著）

故事的主线围绕主人公冉·阿让获释并试图赎罪的历程，融进了法国的历史、建筑、政治、道德哲学、法律、正义、宗教信仰。文中真实的故事、丰富的人物内心和故事包含的深刻意义，使读者们体会到作品有一种深远的分量，也让一代代人深深感动。

资料来源：http：//www.sohu.com/a/48388961_334498.

第三节 学习指导

一 大学学习的特点

（一）什么是学习

在人的一生中，最普遍、最重要的活动莫过于学习了，但若问"什么是学习"，大多数人恐怕都难以清楚、明确地做出回答。人类的学习活动经历了一个由简单到复杂、由低级到高级的漫长发展过程。人们对学习的认识也经历了一个由片面到全面、由现象到本质的逐步深化的过程。

在我国古代，"学"与"习"两个字是分开使用和理解的。一般来说，所谓"学"，主要是指获取知识和技能，如接受各种感性知识和书本知识。它与"思""行"相对，有时又兼有"思"的含义。所谓"习"，主要是指巩固知识和技能，它一般包括温习、练习、实习三种含义。概括而言，古代所谓"学习"包括学、思、习、行，而学、思、习、行的过程就是学习的全过程。

现代意义的"学习"概念包含广义和狭义两个层面。从广义上说，学习是指人和动物在生活过程中通过练习获得个体行为经验的过程。按照巴甫洛夫的学说，凡能建立条件反射的有机体都有学习的行为。学习是人类和动物生活中的普遍现象。凡是通过行为方式的改变对新的条件、新的环境发生个体适应的地方就有学习。换句话说，凡是个体以自身经验发生的适应都是学习。从低等动物到高等动物，从婴儿到成人，都经常以个体经验的变化去适应其周围生活环境的不断变化。因此，广义的学习，既包括动物的习得行为，也包括儿童学习走路、说话，还包括学生在学校学习知识、技能、习惯、道德、品质等。

从狭义上说，学习专指学生在学校里的学习，是学习的一种特殊形式，即学习是学生在教师指导下，有目的、有计划、有组织、有步骤地获得知识、掌握技能、培养才智的过程。学生的学习在学习内容上以掌握前人经验和行为规范为主；在学习情境上以师生交往为主；在学习形式上是通过课堂教学，以语言为载体，通过他人传递，间接获取知识经验；在发展目标上，学生要德智体美劳全面发展；学习过程一般要经历感知、理解、记忆、应用等阶段。

（二）大学学习与高中学习的区别

走进大学，学生需要学习的第一堂课或许就是如何有效地进行大学学习以及如何适应大学课堂的变化。了解大学学习与高中学习的差别，能帮助大学新生及时找准定位、调整状态。

1. 学习目标不同

高中时代，学生的学习目标很明确，就是在高考中考出好成绩，进入理想大学。升学成为一切学习行为的目标，学习方向明确。通过高中的努力，学生进入大学，开始大学阶段的学习。大学是培养社会所需人才的地方。大学教育承担着培养合格大学毕业生的重要责任，所以大学的学习有着更为广阔的目标。在大学阶段，学生的学习目标应该是提升个人的综合素质，包括专业知识、实践技能和综合能力等，进而为服务社会做好充分的准备。

大学学习目标的广阔性，可能会让有些新生不知所措。如何适应学习目标的变化？这对很多同学来说是必须面对的问题。这时，大学新生只需将广阔的目标逐步分解成一个个小目标，问题就迎刃而解了。比如大学生要提升专业知识技能和综合能力等综合素质，针对其中每项内容，设置相应的学习目标，一步步实现。

2. 学习内容不同

大学之前，学生一直以通识教育为主。学生从语文、数学、外语这些熟悉的科目开始认识世界，不断了解世界。这些基础学科的启蒙，都是在为学生开始大学学习做准备。大学的学习内容更加丰富，也更加实际，包括知识的学习与运用、文化熏陶、方法训练和能力培养等。另外，如何将知识转化为能力，让文化融入自己的生活，也是大学学习的重要内容。

和高中相比，对于大学知识的解读有了更多的可能性。高中的试卷多半会给出标准答案，几乎每个问题都是确定的，甚至是理想化的。在大学，答案往往不再单一，有时候是可以讨论的，甚至是悬而未决的。另外，除了学习专业知识和专业技能外，大学生还要参与第二课堂的活动，从而陶冶情操、提升文化底蕴。

3. 学习方法不同

被安排、被要求和被监督，是大学以前学生们一直习惯的学习方式。高中教师很多时候充当着"超级管家"的角色，学生也习惯了这种被安排的方式。当学生开始大学学习的时候，大学老师更多的是充当指导性的角色，只为大学生指出一个大致的方向。

这时，有些新生会不知道该怎么开始，也不知道该怎么安排，突然间迷失了方向。因此，掌握自主权、发挥个人的能动性，是大学学习方法中最重要的一点。另外，在大学学习中，大学生还要拥有好奇、质疑的思想，只有这样才能充分体验自主学习的乐趣，收获更多。

4. 学习要求不同

在步入大学之前，对于学生的学习要求主要是理解和掌握知识。从大学开始，对于知识的学习有了更加深刻的要求。大学生要通过学习不断提升专业技术和技能，并使个性得到充分的发展。

二 大学学习的方法

找到正确、有效的学习方法，会让大学学习达到事半功倍的效果。当然，学习方法不是一成不变的，没有哪一种学习方法一劳永逸，关键是要找到最适合自己的学习方法。

（一）知识的学习

在科学的体系里，知识的定义是这样的：知识是指存在于语言、文字、符号或言语活动中的信息。换句话说，各门学科中的基本事实、概念、原理等就是所谓的知识。为了更好地了解不同知识的学习方法，我们可以将知识分为两类：陈述性知识和程序性知识。

1. 陈述性知识的学习

陈述性知识是关于事物及其关系的知识，主要用于区别和辨别事物。大部分的理论概念都是陈述性知识。这类知识主要用于回答世界是什么的问题，如道路运输的安全法规、马克思主义哲学等。针对陈述性知识，要注意以下学习方法：

1）注重内在联系，形成知识结构

在学习过程中，大学生不断接触新的知识，想要更好、更快地理解新知识，最重要的就是要将新的学习内容与头脑中已经存在的有关经验建立起联系。只有这样，才能真正理解所学知识。比如，高等数学中微积分的概念和高中数学中导数的概念之间有什么样的联系和区别？通过比较和了解，已有知识和新知识就会形成有意义的联结。当然，形成这样的联结还不够，大学生还需要将逐渐联结起来的知识进行归纳和整理，使之条理化、纲领化。

2）注重事物本质，善于生活发现

大学生需要通过学习找准事物本质的内涵。如何发现事物的本质？这就需要大学生将无关信息去除，仅保留主要特征。其实，去除无关信息的过程就是提炼句子主干和发现段落大意的过程。比如，管理的定义是指在特定的环境下，管理者通过执行计划、组织、领导、控制等职能，整合组织的各项资源，实现组织既定目标的活动过程。定义很长，但是通过提炼句子主干的方式我们发现，原来管理的过程就是管理者通过相应操作实现目标的过程。这样，对于枯燥的概念就有了简单的描述。当然这还不够，想要真正有深度地理解，大学生还需要在实际生活中有所发现。大学中会有很多大学生感兴趣的社团或者协会，如果想要加入其中进行管理，那么管理能力就成为大学生必备的能力之一。在实际生活中，运用管理、感受管理，这时候大学生的体验一定异常深刻。

3）端正学习动机，做好学习计划

动机是一个人完成一件事情必要的原动力。大学学习的内容很多，因此，如果学生缺乏学习动机，就很容易迷失方向。有些学生说专业不是自己选的，自己不喜欢这个专业，学习的动力不足。其实，即使是自己选的专业，也有相当一部分学生在真正接触到专业之后觉得和当初想的完全不一样。这就是典型的不平衡状态。打破不平衡状态只有两种办法：要么改变自己以接受现在的专业，要么换专业。但是，如果没有学习计划和目标，单靠换专业并不能打破这种不平衡状态。因此，大学生应该制订好学习计划，列出总目标，将总目标分为若干子目标，一步步地实现。在逐步实现目标的过程中，大学生会渐渐了解本专业，发现专业特色和个人兴趣。

2. 程序性知识的学习

程序性知识是关于怎样做的知识，即关于行为步骤的知识，是将程序内容转化为行动的过程描述，如物流操作规程、发动机故障检测等。对于此类知识，大学生可以尝试以下学习方法：

1）不断尝试，善于总结

学习就是一个不断尝试错误并最终找到正确方法的过程。在不断犯错、不断修正的过程中,学生积累了经验,这就是学习所产生的效果。即便是错误的经验也有其重要价值,它让学生知道曾经努力的方向是不对的,今后不应该再走同样的道路。

因此,大学生要勤于尝试,这是学习程序性知识不可缺少的步骤,并且在每次错误的背后认真总结经验、教训。

2)认真听讲,循序渐进

知识的学习就是在自己的头脑中建造一张学习的网络,每个知识点都是这个网络的一部分,虽然渺小但是至关重要。知识的积累首先源于课堂认真地听讲。课堂是学生最便捷、最省力的学习机会。但是,有些学生认为老师讲的自己都会,还有些学生觉得课堂学习太枯燥。这些观点大错特错。课堂一直是学生学习的根本:教师所有经验与内容的提炼在课堂,生动的例子和鲜活的示范也在课堂。所以,课堂是学生要充分利用的重要平台。有些学生虽然知道课堂重要,但是一上课就容易走神。其实,走神就是注意力分散了。想要集中精神,有三点需要注意:跟随老师思路、有眼神交流和远离无关设备。大脑是一部机器,不用是会"生锈"的,学习就是把神经之间的连接变成自动化的反应,而上课跟随老师的思路则是积极开动脑筋、建立神经之间连接的重要过程。同时,眼睛是心灵的窗口,多和老师有眼神交流,这样有助于注意到老师讲解知识的变化,对于知识的理解有很大的帮助。当然,学生还要远离无关设备,在上课期间不应该使用手机,这一方面是对老师的尊重,另一方面也是为了自己能集中注意力学习。

另外,要将程序性知识分为多个阶段,每个阶段都有标志性任务,学生每完成一个阶段的任务就会获得一定的成就感,这种美好的感受会促进自己继续探索未知的领域。简单来说,学生就是要学会拆分知识,将终极目标分解为若干行动步骤。学生自己掌控行动,其收获就会慢慢显现。

3)注重练习,及时反馈

大学学习相比于之前的学习,在练习方面有所不同。高中的练习更多是给定的习题集和练习册,题目繁多。而到了大学,练习这个概念则有所变化。教师会提供大体的方向,而练习的素材则需要学生自己去挖掘和整理。比如,学习道路桥梁工程技术的学生,如果现实生活中能够在不同的道路和桥梁上走一走进行体验,就可以把所学知识运用在实际的练习中,既有效又方便。

和老师沟通,是迅速提升学习效率的途径之一。在课堂以外的时间,大学生较少见到老师,但是沟通不一定是面对面的,也有很多线上的渠道可以达到沟通的效果。有了教师的及时反馈，学生学习的方向会更加明确，使学习少走弯路。

（二）技能的学习

人们常用"知"与"会"来区分知识和技能。知识学习的目的在于理解和记忆事实、概念和原理等，涉及"知道不知道、懂不懂"的问题；技能学习的目的在于掌握完成某种活动所要求的动作来解决问题，涉及"会不会、熟练不熟练"的问题。

1. 什么是技能

技能是指掌握并运用专门技术的能力，一般是指技术、能力。对于学生而言，技能尤为重要。技能的学习和掌握，更多是通过肢体动作实现。不管是哪种技能，都需要我们通过意识去控制自己的身体，只有这样才能达到良好效果。

2. 技能的学习方法

1）注重知识积累和经验获得

在学习的过程中，人们一直强调知识的积累。之所以重视知识的水平，是因为知识是指导行为发生的基础。学习者知识经验越丰富，技能的学习效果就越好。比如，对于计算机组装与维修这样的技术，我们首先要学习计算机相关知识，了解计算机的工作原理，只有这样才能完成组装和维修的工作。知识的丰富自然会帮助技能的学习，但是除了知识以外，经验也是技能学习的重要组成部分。

经验如何获得呢？经验可以通过观察学习的方法来获得。在技能学习中，观察占有重要地位。教师在讲授技能的过程中基本都会实际操作或者播放操作视频，这就是让学生通过观察获得间接的经验。例如，在学习如何进行报关操作时，教师除了讲解以外，还会带领学生到模拟实训室和港口查看报关流程以获得实际操作经验。

2）调整合适的抱负水平

作为大学生，我们确实需要有美好的抱负，但是这些抱负需要设置合理的水平。美国心理学家约翰·阿特金森做的关于抱负水平的研究发现，成就动机强的人，愿意在有适度把握又有适度冒险的情况下做出努力，他们的抱负水平是适中的。举例而言，如果我的数学很好，那我可以给自己设置一个目标——期末考试高等数学要达到90分以上；如果我的体育很好，那我就可以设置一个目标——运动会进入决赛。因此，对于能力还不成熟的同学，不建议一开始就设置很高的目标，而是需要适当调整预期的目标。

3）科学的指导和练习

大学学习虽然有很大的自主性，但是教师的指导仍然是学生最快捷的学习途径。对于技能学习来说，课堂的重点就是教师的示范和引导。每次课程中，教师都会强调技能的目标、程序和步骤、需要注意的事项等。根据教师的指引，学生可以有效调控自己的行为，对自己形成正确的评估。

"熟能生巧"就是对技能学习的经典概括，这体现了练习在技能学习中的重要性。作为技能学习的重要组成部分，练习单靠勤奋还不够，还需要有科学的、符合学习规律的练习方法。所以，针对练习，学生首先要设置合理的计划，明确练习的目标，提升学习的动机，排除干扰，提高练习效率。其次，学生要掌握正确的练习方法。如果技能的各个部分独立性强、结构复杂，则适合做部分练习，相反，则适合做整体练习。最后，学生还可以在头脑中反复思考动作的进行过程，这样可以显著提高技能练习的效率。

（三）学习策略

学习策略是关于如何学习的技能，是大学生提升学习效率重要的保障。大学生学习策略一般有以下几种：

1. 人为联想法

在学习中，有些学习材料比较枯燥，因此学生在记忆时往往很吃力。把那些枯燥无味但是又必须记住的内容赋予一定的意义，即人为联想法，这一方法会使记忆过程变得生动有趣，从而帮助记忆。

2. 标记注释法

在学习的时候，学生会发现一些较为重要的部分，或者多次都无法记住的内容，这时候就需要在相应位置做好标记和注释。这种方法的意义在于它能使重要的内容在学生头脑中留下痕迹，让学生更容易提取信息。教材是学生学习时必备的工具，而教材的空白部分就是做标记和注释的最好位置。学生应该在每本教材上都标注好学习的重要内容和难点内容，这样在复习的时候便会大大提高效率。

3. 归类纲要法

归类就是把材料分成小的单元，再将这些小的单元归到适当的类别里。例如，我们要买很多东西：葡萄、笔记本、中性笔、橘子、纸巾、自来水管、拖把、香蕉、文件夹……可以将它们分别归类为"水果""文具""工具"等类别，再分门别类地记忆。实验研究表明，分类记忆的效果明显优于未分类记忆的效果。

4. 卡片记忆法

以自主学习为主的大学生，如何有效地整理非系统的知识内容呢？建议先将零散的信息记录在卡片上，再分类处理，这样就会增强知识的系统性和结构性。卡片记忆法的要求和步骤是：一题一卡，在卡片上方标明分类内容，在卡片下方打孔方便整理。这种方式适合学习学科知识，配合复习使用。例如，学习英语单词，就可以在左边写上中文，右边写上英文，最后串联起来，每天分条目复习，会收到良好的学习效果。

5. 复习策略

1）及时复习

根据艾宾浩斯遗忘曲线，人的遗忘速度是先快后慢。所以，学完后10小时内复习10分钟的效果比5～10天后复习1小时的效果要好得多。

2）分散复习

学习内容很多，因此，学生在复习时要将学习内容分开，这样的效果要更好。一天的复习时间，与其集中在1小时，不如将时间分摊于早、中、晚。

3）过度学习

过度学习是指在学会、习得的基础上再多学习一会。但是学习时间并非越多越好，实验证明，过度学习的程度保持在50%～100%最好，超过这个程度，费时又没有明显的进步，低于这个程度，则达不到效果。

4）多感官、多方式的复习

学生学习时应充分调动个体的感官进行记忆和复习。人的信息接收1%通过味觉，1.5%通过触觉，3.5%通过嗅觉，11%通过听觉，83%通过视觉。这说明多感官的参与能有效增强记忆。

三 专业学习

每个学生在进入大学后开始专业的学习，并且大部分学生在毕业后可能从事与个人专业相关的工作，所以专业学习尤为重要。学好专业知识的第一步是了解、认识自己的专业。

（一）了解、认识自己的专业

1. 听取专家和教师的意见

入学之初，各个高校都会有很多关于专业介绍的讲座。刚到大学的新生，通过讲座能够宏观地感受本专业的大致情况。一般情况下，每个讲座都会有互动提问的环节。在这个环节，学生要抓住机会，将自己心中的疑问说出来，请行业专家做出权威、值得信赖的解答。对于新的专业，每个学生都会心存疑问，因此在听讲座前，也可先将问题分类，带着问题听讲座，这样做会让自己集中注意力，有明确的目标，效果会更好；如果疑问很多，也可以事先列一个问题清单，做好标记。

如果专家讲座没能完全解决问题，学生还想进一步了解、认识自己的专业，这时专业的教师便是最好的资源之一。每个专业都有不同研究方向的老师。针对自己的问题，学生可以选择几位老师分别谈谈自己的问题。在和老师的交流中，学生要想清楚自己的问题，不能漫无目的地谈，否则老师无法指导，而且问题越细致越好，不要太宽泛。

2. 听取学长、学姐的经验

在专业的解读上，专家和教师具有科学、宏观的指引作用。然而，在学习生活上，专家和教师与大学生的感受是有差别的。对于学习生活，自己专业的学长、学姐具有更贴近生活的指引优势。那么，能在学长、学姐这里得到什么样的学习信息呢？

1）专业教师上课的特色

学习一门课程，了解教师的特色是适应教师教学方式的重要途径。学长、学姐在专业教师的课堂上学习过，他们更清楚每个专业教师的特点，因此，听他们说能让自己对每位教师的特色有初步认识，也能对课程的学习有所准备。

2）学习课程的个人感受

在学习中，对于不同的课程，学长、学姐会有更加贴切的感受，具体体现在对于课程难易程度、学科性质、学习内容和课堂教师等方面的综合体验。学长、学姐的这些经验是最直观和实际的，可以帮助自己迅速进入状态。

3）专业学习的附加信息

每个专业都需要考取相应的证书或者参加相应的比赛。考取过这些证书以及参加过这些比赛的学长、学姐更清楚具体操作流程。因此，请教他们可以帮助自己获得专业知识学习外的很多附加信息。

从学长、学姐这里获取经验也要注意以下问题：第一，不能偏听偏信。虽然他们的感受非常直观，但是也非常主观，可能很多时候掺杂了太多的个人情感因素，比如对某一门课程或者老师的误解。第二，避免先入为主。在听到师长的见解之后，学生会在心中搭建起一个基本的框架，但是不要先给专业定性，保持中立的客观态度对自己更清晰地认识专业尤其重要。

3. 发挥网络的优势

在专业认识上，网络上的丰富知识可以为新生提供极大的便利。但是，想要在网络中寻找到合适的信息，需要注意以下几点：

1）选择合适的搜索引擎

如果要更深入和详细地了解情况，新生不应该拘泥于固定的网络搜索引擎，而应该尝试用更多专业性更强的搜索引擎，这样才能保证知识的权威性。

2）善于利用数据库

每个学校图书馆的数据库资源都是非常丰富的。在数据库中，新生可以查看最新最全的专业相关知识。数据库为新生提供了十分有效的检索方式。常用的中文数据库有中国知网、万方数据知识服务平台等，常用的英文数据库有 ScienceDirect、Wiley 等。

3）善于利用开放资源

很多国际知名的高校都有开放的公共资源，如哈佛大学的开放课程、牛津大学的免费学习资源等。对于专业的情况，新生可以看看世界排名靠前的几所学校，了解与自己相关专业的情况。同时，在检索数据库等网络资源的时候，学生也会看到该专业经常提及的国际名师的名字，可以尝试检索他们的个人学术主页，因为很多知名的专家都会将自己最前沿的学术资源免费提供给想要了解该领域的人。除此之外，微课、慕课等网络资源也可以帮助新生更好地了解自己的专业。

（二）专业课程的学习

专业课程的学习是大学学习中最重要的部分之一。专业课是指高等学校根据人才培养目标所开设的专业知识和专门技能课程。专业课的任务是使学生掌握必要的专业基本理论、专业知识和专业技能，了解本专业的前沿科学技术和发展趋势，培养分析、解决本专业范围内一般实际问题的能力。可见，专业课程的学习效果关系到个人专业素养的高低。开展专业课程的学习，需要从以下几个方面入手：

1. 不同学科性质的学习

学科性质决定了如何选择学习方式、学习资源配比等。概括来说，学科可以分为自然科学和社会科学两大类，如物理学是自然科学，管理学是社会科学；也有一些交叉学科，比如经济学包含自然科学和社会科学双重性质。

1）自然科学的学习

（1）自主学习。自主学习指以学生为主体，在学习过程中发挥个人的积极性和主动性，以学会学习为目标的一种学习形式。自主学习就是自己决定学什么、怎么学，自己总结和评价学习结果。自主学习是大学生必须学会的学习方式之一。开展自主学习的要点如下：

第一，观察。观察是我们认识世界的基础。在学习中，我们认识世界的主要方式就是观察。观察能让我们在了解事物的本质之前有感性的认识。例如，学生在学习汽车发动机的原理时，老师会让学生先看发动机、模型或者视频，这个时候就是发挥学生观察能力的契机。通过细致的观察和积极思考，学生会产生问题，引导自己继续深入学习。

第二，提出问题。爱因斯坦曾说过："一个问题的产生通常要比它的结论的得出更为重要。"这是因为，提出新的问题、新的可能性或从新的角度来分析一个老问题，需要带有创造性的想象力。在高中阶段，经常是教师提出问题，学生回答问题，此时学生处于被动的地位，缺少积极思考、主动提问的锻炼机会。而大学则不同，教师引导学生学习，有很多的未知知识需要学生主动去探索。

第三，解决问题。提出问题相对容易，而解决问题则较难。对于没有学过的问题，教师会给予学生解答。随后，学生要学会举一反三、触类旁通，在自主学习的过程中找到解决问题的方法，这才算是真正学会了自主学习。

（2）合作学习。合作学习是指在小组或团队中为了完成共同的任务，有明确责任分工的互助性学习。合作动机和个人责任，是合作学习产生良好效果的关键。专业实训和课堂报告经常会运用这种学习方式。对于自然科学的学习，合作学习的方式尤其重要。

（3）探究学习。探究学习是指从理论知识或现实社会生活中发现和提炼主题，通过调查、研究和解释来解决问题的学习过程。探究学习具有较强的实践性、参与性和开放性，可以帮助学生获得理智和情感体验，建构知识，掌握解决问题的方法，实现探究学习所要达到的目标。

2）社会科学的学习

（1）**联系实际**。社会科学的研究对象是社会、政治、经济、文化、生活中的各个方面，包括其性质、特点和规律等。社会科学是学生在学习和生活实践中，通过理性的思考、切身的体会而形成的认识。所以，学习社会科学要密切联系实际。例如，道路交通安全准则，是将之前的经验结合实际生活中出现的问题而不断完善的。在学习社会科学时，学生如果不注意联系生活实际，就不能深刻理解理论知识，今后也难以运用知识。

（2）**理论性研究**。对学科知识的深刻理解及运用，离不开理论上的深入认识与分析。教材所反映的学科知识具有一定的局限性，因此，通过教材掌握基本的理论体系后，学生还需要通过广泛的阅读接触最新的理论研究成果。

（3）**怀有质疑之心**。学生在学习时要带着自己的思考去看专业书、论文，听讲座，进行逻辑思辨，进一步形成理性认识。在社会科学领域，对某一现象、问题和观点的学习，要从基本理论和实践出发，以此为基础才能得到更加深刻的认识。质疑并不是对任何知识都不屑一顾，而是怀有求知善问的精神。例如，学生在学习商务谈判的步骤时就可以问：操作步骤为什么是这样的？解答之后，学生又可以问：如果突然发生异常情况怎么办？是否还有其他更好的操作步骤？在社会科学的学习中，学生经常质疑就会形成明确的价值观，锻炼自己的逻辑思维能力，只有这样才能学好社会科学。

2. 掌握学科框架

每个学科都有自己的框架结构，因此，掌握学科的知识脉络结构，对于开展专业学习具有重要的作用。专业课程的学习都是依据该学科的框架进行的，例如心理学专业，先要学习生理解剖学，掌握基础心理学和心理统计学，再学习实验心理学，最后学习各个不同方向的心理科学。掌握学科框架有很多种方法，最简单的方法是询问专业负责教师，因为他们十分了解学科的建设和发展，对学科目前的水平有充分的认识，给出的建议往往也非常有效。

3. 把握研究方法

研究方法是指在研究中发现新现象、新事物，或提出新理论、新观点，揭示事物内在规律的工具和手段。这是运用智慧进行科学思维的技巧，一般包括文献调查法、观察法、思辨法、行为研究法、历史研究法、概念分析法、比较研究法等。研究方法是人们在从事科学研究过程中不断总结、提炼出来的。从某种意义上说，有什么样的研究方法，就有什么样的科学研究。研究方法对于社会进步、学科建设和学术规范均有重要的作用。不同的学科有不同的研究方法，把握学科的研究方法对于学好该门专业课程具有重要意义。一般情况下，对于学习某个专业课程，教师会告知学生研究方法，学生针对该研究方法设置个人的学习方式。研究方法不是一成不变的，学生也可以有所创新，结合不同的情况运用多种方法。

（三）专业实践

1. 专业实践的种类

1）专业实训

专业实训是大学教学计划的一个有机部分，是大学学习阶段最重要的实践性教学环节之一，是专业实习的前奏。有针对性的、指导性较强的专业实训，不仅能够帮助学生更好地理论结合实践，强化专业知识，深入理解教育、教学的目标和策略，而且能使学生最大限度地发挥主观能动性，培养良好的学习习惯、探索精神和创新能力，通过教学实践中的摸索与探讨以及专业教师的协助与指导，逐步获得实践工作的能力。

2）顶岗实习

顶岗实习是指学生在基本完成教学实习和学过大部分基础技术课之后，到专业对口的现场直接参与生产过程，综合运用本专业所学的知识和技能，以完成一定的生产任务，并进一步获得感性认识，掌握操作技能，学习企业管理，养成正确劳动态度的一种实践性教学形式。顶岗实习要求学生履行其实习岗位的所有职责，且独当一面，因此，该专业实践具有很大的挑战性，对学生的能力锻炼具有积极作用。

3）毕业实习

毕业实习是指学生在毕业之前，即在学完全部课程之后到实习现场参与一定实际工作，通过综合运用专业知识及有关基础知识解决专业技术问题，获取独立工作能力，在思想上、业务上得到全面锻炼，并进一步掌握专业技术的实践教学形式。毕业实习是与毕业设计（或毕业论文）相联系的一个准备性实践环节。

2. 专业实践中的常见问题

1）心理反差

部分学生从小学到大学很少进行体力劳动，在参加专业实践时，对机器的轰鸣声、简单的重复劳动感到枯燥无味，加之加班加点，厌倦情绪油然而生，甚至产生抵触情绪。

2）吃苦精神

有些学生是在劳动密集型企业进行专业实践，这种工作属于简单的重复劳动，从上班到下班连轴转，体力消耗、时间消耗较多。有些公司在特殊时期为了完成订单任务，要求员工每天工作 10 个小时，一个星期下来，周末也只能休息半天到一天。有些学生感到工作过于辛苦，因而不愿参加顶岗实习等专业实践。

3）适应能力

从学校到企业，从课堂到车间，学生需要转变观念以适应社会和企业的要求。有的学生由于缺乏这种观念的转变，不理解顶岗实习的重要性，不明白毕业后的就业方向，对专业期望值过高，认为所学专业同实习企业不搭边，因此不能尽快适应企业要求，违规、违纪行为时有发生。

4）沟通能力

从学校到企业，工作、生活环境变了，要适应环境和工作要求，就离不开沟通。但在具体的顶岗实习中，部分学生由于缺乏必要的沟通能力，工作中经常抱怨学不到东西，与领导、同事关系紧张。因此，良好的沟通能力，是实习中提高工作效率、同他人交往的基础。

5）工作态度

专业实践为学生踏上工作岗位积累经验，因此需要学生虚心学习、踏实做事。但是有些学生在专业实践中消极怠工、敷衍了事，缺乏认真的工作态度和踏实的工作作风，因而收不到良好的学习效果。

3. 专业实践的学习内容

1）认真学习企业员工的爱岗敬业精神

俗话说："今天不爱岗明天就下岗，今天不敬业明天就失业。"在任何一家用人单位，爱岗敬业都是对员工素质的基本要求，要干一行、爱一行、专一行、精一行。每项工作都有特定的价值，犹如一台运转的机器，即使是一颗普通的螺丝钉，其作用也是不可忽视的。从一定意义上讲，爱岗敬业是企业稳定发展的基石，也是企业用人的基本要求。因此，学生在专业实践中，要认真学习企业员工的爱岗敬业精神。

2）认真学习企业员工的吃苦耐劳精神

吃苦耐劳是中华民族的优秀品质。吃苦耐劳、艰苦奋斗，是在逆境中磨炼人的意志，催人走向成熟。只有脚踏实地、吃苦耐劳、辛勤耕耘的员工才能成为企业骨干，才能得到企业重用，才能走向成功。同时，企业对员工的认同又激发员工对事业不断追求、迎难而上、奋发努力的热情。因此，学生要想在事业上获得成功，就必须在专业实践中学习和培养吃苦耐

新起点，再出发——高职高专大学生入学教育

劳精神。

3）认真学习企业员工严肃认真的工作态度

一个管理严谨的企业，其员工对待工作是严肃认真的，这是管理效应，是企业生产经营对员工职业素养的必然要求。在顶岗实习中，学生要从基层做起，从小事做起，认真做好每件事，这是必备的职业素养。只有具备了这种职业素养的员工，才能得到企业认同和重视。

4）认真学习企业员工诚信、守时的品质

做人诚信，是企业用人的第一尺度。人是第一要素，只有做好人，才能做好事。守时，就是自觉遵守企业的规章制度，按时上下班，不迟到不早退。在专业实践中的这种学习和锻炼，可以帮助学生在毕业后走入社会、企业时更好地做到诚信、守时。

5）认真学习企业的科学管理技能

管理是一门科学，更是一门学问和艺术。科学的管理，能给企业插上腾飞的翅膀。在顶岗实习时，选择一个好的企业，特别是管理科学的明星企业，无形中能培养学生科学、严谨的管理意识。

顶岗实习等专业实践学习在高职工学结合教学模式中，起着培养学生职业技能与职业意识的重要作用，对学生走出校园、认识社会起着桥梁作用。真实的企业环境有助于学生增强现场工作能力、了解最新动态、发展创新思维和团队合作精神、提高服务意识、建立良好的人际关系，具有传统课堂教学无法企及的优势。

（四）考取证书

大学生考证的过程就是督促自我学习的过程，是给自己不断充电的过程，是丰富和提升自己的过程。社会上有各种类型的证书，也有海量的教育机构提供各种考证信息。作为大学新生，一定要科学规划，要根据自己的兴趣爱好，结合自己的职业理想，考取合适自己的证书，要清楚所考取证书的用途和特性，以免浪费时间和金钱，甚至陷入诈骗陷阱。

1. 常见的证书类型

1）专业技术资格（职称）证书

从理论上讲，职称是指专业技术人员的专业技术水平、能力以及成就的等级称号，反映专业技术人员的学术和技术水平、工作能力和工作成就。就学术而言，职称具有学衔的性质；就专业技术水平而言，职称具有岗位的性质。专业技术人员拥有何种专业技术职称，表明其具有何种学术水平或从事何种工作岗位。

2）职业资格证书

职业资格是对从事某一职业所必备的学识、技术和能力的基本要求，反映了劳动者为适应职业劳动需要而运用特定的知识、技术和技能的能力。职业资格证书是表明劳动者具有从事某一职业所必备的学识和技能的证明。它是劳动者求职、任职、创业的资格凭证，是用人单位招聘、录用劳动者的主要依据，也是境外就业、对外劳务合作人员办理技能水平公证的有效证件。职业资格证书与职业劳动活动密切相关，反映特定职业的实际工作标准和规范。

3）执业资格证书

执业资格是国家对特殊行业规定资格准入的凭证，即没有此类资格证书不能从事这一行业，例如医师执业资格证书、药师执业资格证书、会计师执行资格证书等。

4）职业技能证书

职业技能证书是指在一定的职业培训活动结束后，经考核（考试）及格，由国家相应机关或由中央编制办公室直接认定的事业单位核发的、证明其职业技术能力等级的证明文件，其具有法律效力，各级机关、企事业单位在进行岗位聘任、加薪调级等方面给予承认。

2. 大学生可以考取的证书

1）英语证书

全国高等学校英语应用能力考试（PRETCO）是由教育部批准成立的高等学校英语应用能力考试委员会设计，供高职高专院校和成人高专院校学生参加的标准化考试，主要考核考生实际应用英语进行日常和业务涉外交际的能力，同时为用人单位提供对高职高专毕业生英语水平的评价标准。

高职高专学生一般参加全国大学英语四、六级考试。英语四级（CET-4）和英语六级（CET-6）是由教育部高等教育司主持的全国性教学考试，一般在每年 6 月、12 月各举行一次。大学英语四、六级考试的成绩，满分为 710 分，不设及格线。四级 425 分及以上获取证书并可以报考六级；六级 425 分及以上获取证书。

2）计算机证书

全国计算机等级考试是经教育部批准，由教育部考试中心主办，面向社会，用于考查应试人员计算机应用知识与技能的全国性计算机水平考试体系。

全国计算机等级考试设四个等级。它不以评价教学为目的，考核内容不是按照学校要求设定，而是根据社会不同部门应用计算机的不同程度和需要、国内计算机技术的发展情况，以及中国计算机教育、教学和普及的现状而确定的。它以应用能力为主，划分等级，分别考核，为人员择业、人才流动提供计算机应用知识与能力水平的证明。

3）专业证书

高职院校的学生虽然没有本科以上的学位证书作为职场求职的敲门砖，但是拥有专业证书和技术证书同样可以作为日后职业的通行证。

专业证书是一种实际认证信息，它的效用在于证明持证者在职业活动中的真实表现。如果说学历证书是求职者就业的一块敲门砖，那么专业证书就是求职者打开就业之门的通行证。这一通行证不仅反映求职者的受教育程度、培训背景、工作经历，还向社会展示出求职者个人对某个职业工种的一技之长或潜在的创造性。

四 高铁学子学习指导

1. 适应老师的讲课思路

大学的老师讲课不会像高中一样，从头开始给我们讲一遍，他们有自己的讲课方式和思路，所以你要学会适应，不要老师还没讲到一个地方，你就去翻阅课本寻找在哪里能够找到相应的知识点，而是要学会做笔记，就当课本不存在，课上把自己的精力全部放到老师的讲课中去。

2. 多听老师讲的方法和技巧

我们要从老师的讲课中了解老师们每天都在关注的事情，学习他们看待事物的态度和分析事情的能力，我们在大学里学习的不仅仅是课本上的知识，更多的是方法和技巧。

3. 多与老师进行交流

在大学的课堂上，老师更希望看到的是一群对所有事物存在新鲜感的孩子，对待事物都有一种好奇心和求知欲。所以在课堂上一定要将自己所有的问题都问出来，这样才能更好地学习，同时也能给老师留下一个好的印象，这样在以后的学习中能够更好地与老师进行沟通和交流。

4. 自主学习

大学生只有自主地学习、思考、探索和实践，培养和提高自学能力，才能在课堂上获得最大的收获。

第四节 行为规范和文明礼仪

行为规范是社会组织或个人在参与社会活动中所遵循的规则、准则的总称,是社会认可和人们普遍接受的具有一般约束力的行为标准,包括行为准则、道德规范、法律规定、团体章程等。

一 大学生行为规范

作为社会成员,大学生必须接受行为规范的指引和约束。教育部专门针对大学生制定了《高等学校学生行为准则》(教学〔2005〕5号)。具体内容如下:

1. 志存高远,坚定信念

努力学习习近平新时代中国特色社会主义思想,面向世界,了解国情,确立在中国共产党领导下走社会主义道路、实现中华民族伟大复兴的共同理想和坚定信念,努力成为有理想、有道德、有文化、有纪律的社会主义新人。

2. 热爱祖国,服务人民

弘扬民族精神,维护国家利益和民族团结。不参与违反四项基本原则、影响国家统一和社会稳定的活动。培养同人民群众的深厚感情,正确处理国家、集体和个人两者利益关系,增强社会责任感,甘愿为祖国、为人民奉献。

3. 勤奋学习,自强不息

追求真理,崇尚科学;刻苦钻研,严谨求实;积极实践,勇于创新;珍惜时间,学业有成。

4. 遵纪守法,弘扬正气

遵守宪法、法律法规,遵守校纪校规;正确行使权利,依法履行义务;敬廉崇洁,公道正派;敢于并善于同各种违法违纪行为做斗争。

5. 诚实守信,严于律己

履约践诺,知行统一;遵从学术规范,恪守学术道德,不作弊,不剽窃;自尊自爱,自省自律;文明使用互联网;自觉抵制黄、赌、毒等不良诱惑。

6. 明礼修身,团结友爱

弘扬传统美德,遵守社会公德,男女交往文明;关心集体,爱护公物,热心公益;尊敬师长,友爱同学,团结合作;仪表整洁,待人礼貌;豁达宽容,积极向上。

7. 勤俭节约,艰苦奋斗

热爱劳动,珍惜他人和社会劳动成果;生活俭朴,杜绝浪费;不追求超越自身和家庭实际的物质享受。

8. 强健体魄,热爱生活

积极参加文体活动,提高身体素质,保持心理健康;磨砺意志,不怕挫折,提高适应能力;增强安全意识,防止意外事故;关爱自然,爱护环境,珍惜资源。

二 大学生社交礼仪

1. 称呼礼仪

(1)称呼的分类。称呼可以分为职务性称呼、职称性称呼、行业性称呼、性别性称呼和姓名性称呼等类别。一个正确、恰当的称呼能反映一个人的文化素养,体现对他人的尊重。

(2)称呼要分清对象。对男士最普遍的称呼是"先生",以示对对方的尊重,"师傅""同志"也是常见的对男士的称呼。对女士的称呼要根据婚否进行选择:已婚女性称"夫人"或"太太";未婚女性称"小姐"或"姑娘";如不能判断婚否,可以称其"女士",以示尊重。

(3)称呼要分清场合。一般而言,称呼因场合的不同会发生变化。例如:一个人上班时下属称其为"×主任";聚会时,朋友直接称呼其名字;在家时,父母则直呼其小名等。

(4)称呼体现称呼者的修养和身份。能否正确运用称呼反映出一个人的修养,如称呼比自己学问大的人为"前辈",称呼自己年龄大的人为"哥哥""姐姐""叔叔"等。

(5)称呼中的注意事项。称呼中禁用错误称呼、不合时代的称呼、不当的行业称呼和绰号。

2. 介绍礼仪

1）自我介绍礼仪

（1）把握自我介绍时机。需在不妨碍他人工作和交际的情况下进行自我介绍。

（2）采用恰当的自我介绍方式。自我介绍分为应酬式、工作式、交流式、礼仪式和问答式5种方式，不同的场合应选取不同的方式。交流式和礼仪式是大学生常用的自我介绍方式。交流式适用于社交活动中希望与交往对象进一步交流与沟通。介绍内容包括介绍者的姓名、工作、籍贯、学历、兴趣及与交往对象的某些熟人的关系，如"你好，我叫××，在××工作。我是××的同学，都是××人"。礼仪式适用于讲座、报告、演出、庆典、仪式等一些正规而隆重的场合，介绍内容包括姓名、单位、职务等；同时还应加入一些适当的谦辞、敬辞，如"各位来宾，大家好！我叫××，是××学校的学生。我代表学校全体学生欢迎大家光临我校，希望大家……"。

（3）明确自我介绍注意事项。一要注意介绍的时间。自我介绍尽量简短，可以使用名片或者介绍信辅助进行自我介绍。二要注意介绍的态度，应友善、亲切。

2）介绍他人礼仪

（1）注意为他人介绍的顺序，为他人介绍遵循"尊者优先"的原则，常见的为他人介绍顺序有：将职位低的人介绍给职位高的人；将年轻者介绍给年长者；将男士介绍给女士；将主方人士介绍给客方人士；将未婚者介绍给已婚者；将晚到者介绍给早到者等。

（2）注意为他人介绍的时机，遇到以下情况时，有必要为他人介绍：与家人外出，路遇家人不认识的朋友或同事；本人的接待对象遇见了其不相识的人士，而对方又跟自己打了招呼；在家中或办公地点，接待彼此不相识的客人或来访者；打算推荐某人加入某一领域的交际圈；受到为他人做介绍的邀请；陪同上司、长者、来宾时，遇见了其不相识者，而对方又与自己打了招呼；陪同亲友前去拜访亲友不相识者。

（3）注意介绍他人的内容。介绍他人之前，应询问双方是否有结识的意愿。介绍中应以先询问的语气问尊者，尊者同意后再进行介绍，介绍内容包括姓名、单位、部门、职务和爱好等。

（4）注意神态和姿势。在为他人介绍时，介绍人要热情友好，语言简洁明快。使用手势时动作自然，掌心朝左上，四指并拢，拇指张开，胳膊略向外伸，指向被介绍的一方，并向另一方点头微笑，上体前倾15°；介绍时，被介绍人要起身站立，面带微笑。

3. 握手礼仪

（1）握手的次序。握手的次序遵循"尊者决定"的原则，具体情况涉及以下几种情况：年长者与年幼者握手，应由长辈首先伸出手来；长辈与晚辈握手，应由长辈首先伸出手来；老师与学生握手，应由老师首先伸出手来；女士与男士握手，应由女士首先伸出手来；已婚者与未婚者握手，应由已婚者首先伸出手来；社交场合的先到者与后来者握手，应由先到者首先伸出手来；上级与下级握手，应由上级首先伸出手来；职位、身份高者与职位、身份低者握手，应由职位、身份高者首先伸出手来。

（2）握手的姿势。两人手掌都处于垂直状态，距受礼者约一步，上身稍前倾，两足立正，伸出右手，四指并拢，拇指张开与对方相握。握手时应用力适度，上下稍许摇晃两三下，礼毕即松开恢复原状。

（3）握手的力度。握手时不可太用力也不可太轻。不同的对象力度要求不同。男士与女士握手，只握女士的手指部分或者轻轻地贴一下；女士与男士握手时，只需轻轻伸出手掌。

（4）握手的注意事项。握手均用右手，握手须站立，握手须脱掉手套，握手不宜超过3秒钟，握手时另一只手不可放在口袋里。

4. 电话礼仪

1）接电话礼仪

（1）及时接听电话。电话铃一响，应尽快去接，最好不要让铃声响过五遍。拿起电话应先自报家门，"您好，这里是……"；询问时应注意在适当的时候，根据对方的反应再委婉询问。一定不能用很生硬的口气说"他不在""打错了""没这人""不知道"等。电话用语应文明、礼貌，态度应热情、谦和、诚恳，语调应平和、音量要适中。

（2）记录电话信息。接电话时，对对方的谈话可做必要的重复，重要的内容应简明扼要地记录下来，如时间、地点、联系事宜、需解决的问题等。

（3）电话交谈完毕时，应尽量让对方结束对话，若确需自己来结束，应解释、致歉。通话完毕后，应等对方放下话筒后，再轻轻地放下电话，以示尊重。

（4）讲究接听艺术。接听电话时，保持嘴和话筒的距离为4厘米；把耳朵贴近话筒，仔细倾听对方讲话内容；左手接听电话，右手记录有用的信息；接听电话时面带笑容，嘴巴不嚼口香糖、不叼香烟；声音不大不小，吐字清晰，保证对方能听明白。

2）打电话礼仪

（1）做好打电话前的准备。打电话前准备好电话号码，确保周围安静，嘴里不含东西，琢磨好说话内容、措辞和语气语调。

（2）注意通话时间。如没有非常重要的事情，应避开休息时间、用餐时间和节假日打电话；通话时间应遵循"三分钟原则"，即不超过三分钟。

（3）注意态度。打电话时注意使用问候语，亲切的问候能使双方顺利展开对话；接通电话、确定对方的身份或名称，再自报家门，然后告知自己找的通话对象以及相关事宜；电话中不宜大喊大叫；拨错电话要道歉；结束通话要礼貌。

（4）注意用语。电话用语应文明、礼貌，电话内容要简明、扼要。

三 大学生校园公共场所礼仪

1. 课堂礼仪

（1）提前五分钟进教室准备上课，提前准备好上课所需资料，提前吃早饭，衣着整洁，精神饱满进教室准备上课，提前将手机关闭或调成静音。

（2）如果上课迟到，应先在教室外喊报告，经老师允许方可进入，回座位速度应快且轻。

（3）听讲保持安静，注意力集中。不胡乱讨论，不随意打断老师，不交头接耳，不嬉笑，不喧哗，认真听讲记笔记，保持课堂安静。

（4）积极回答问题，保证师生互动。课堂提问有利于检验专业知识学习效果，回答问题有利于建立自信，锻炼表达能力和组织语言能力。回答课堂提问，首先要有自信，其次要举手示意，再次要深思熟虑，最后要表达准确。

（5）主动参与课堂讨论。加深知识学习深度，问题讨论是智慧的交锋、思想的碰撞。首先弄清问题，其次主动参与，最后互相尊重、大胆表达，做到有理、有力、有节地讨论。

（6）善于提问。如有疑问应主动提问，首先示意老师，其次表达明确，最后表示感谢。

（7）不提前离开，按时下课，不早退。不影响公共秩序，尊重老师劳动成果。

（8）课堂结束，待老师示意下课后，起立行礼后有序离开；及时独立完成课堂作业，及时复习课堂知识，查阅资料阅读专著，拓宽专业知识面，加深专业知识厚度。

2. 图书馆礼仪

（1）入馆前注意个人仪表的整洁。图书馆是公共场所，读者应衣着得体，面容整洁，塑造良好的个人形象。忌穿拖鞋、吊带、短裤入馆。

（2）保持图书馆干净卫生。在图书馆阅读时，不乱扔纸屑，不吃零食，不随地吐痰；离馆时，将书放回原来位置，废弃纸屑扔到垃圾桶，并将椅子归位；雨天入馆，将雨伞放到指定地点，还要将鞋底泥水弄干净，以免弄脏图书馆地面。

（3）保证图书馆安静。在图书馆，轻、静是对读者最基本的要求。要求读者做到入座、起座动作要轻，说话要轻声细语，做事要轻手轻脚，翻看书刊要轻，移动椅子要轻。

（4）尊重图书馆工作人员。入馆借书应自觉排队，借、还图书应用双手将书递给工作人员；注意使用"您好""麻烦""请""谢谢"等礼貌用语；如果借、还书人较多，要耐心等待，不要催促工作人员。

3. 食堂礼仪

（1）有序用餐。有秩序进入食堂，不跑、不挤、不撞；排队购买饭菜，不插队。

（2）不占座位。不用书本、书包及其他物品提前占用座位，影响就餐秩序。

（3）自觉归还餐盘到指定位置。用餐结束，要主动将餐具放到指定地点。

（4）礼貌对待食堂工作人员。不当面抱怨食堂饭菜质量，礼貌地提出问题；不乱扔乱倒饭菜，珍惜粮食，尊重食堂工作人员劳动成果。

（5）保持桌面地面卫生。骨头、鱼刺等东西不要随地乱吐，可以放到餐具里或吐到自己准备的其他盛具里。

（6）不浪费，适量用餐。吃饭要讲文明，要爱惜粮食，要根据自己的食量来点饭菜。

知识拓展

> **"光盘行动"**
>
> 　　调查结果显示，中国消费者每年仅餐饮浪费的食物蛋白和脂肪就分别达 800 万吨和 300 万吨，至少倒掉了约 2 亿人一年的口粮。

2012年的世界粮食日，国家粮食局（现为国家粮食和物资储备局）首次向全国粮食干部职工发起倡议，倡导自愿参加24小时饥饿体验活动，以更好地警醒世人"丰年不忘灾年，增产不忘节约，消费不能浪费"。每个人当然不必都去重新体验饥饿，但人们的确要找回一种对于粮食的温暖与敬意。

在这样的背景下，"光盘行动"开始酝酿。"光盘行动"倡导厉行节约，反对铺张浪费，带动大家珍惜粮食，吃光盘子中的食物，得到了从中央到民众的一致支持，成为2013年十大新闻热词、网络热度词汇、最知名公益品牌之一。

"光盘行动"由一个热心公益的人发起，宗旨是：餐厅不多点，食堂不多打，厨房不多做。养成生活中珍惜粮食、厉行节约、反对浪费的习惯，而不只是一场行动，不只是在餐厅吃饭打包，而是按需点菜，在食堂按需打饭，在家按需做饭。

"光盘行动"试图提醒与告诫人们：饥饿距离我们并不遥远，而即便时至今日，珍惜粮食、节约粮食仍是需要遵守的美德之一。

4. 宿舍礼仪

（1）正确处理与室友的关系。学会正确处理与室友之间的关系，互相体谅，多包涵，友好相处。

（2）遵守学校规章制度。严格遵守学校宿舍管理规定，严禁私安、私接电源和使用超功率灯具、电炉、电饭煲、电热毯、电熨斗、微波炉等电器；严禁在宿舍炒菜做饭；用水用电要节约，超额要自觉付费。

（3）与宿管员、辅导员和后勤工作人员和谐相处。尊重宿舍管理人员，服从管理，积极配合他们进行安全、纪律检查。

（4）养成良好的生活习惯。养成良好的卫生习惯，保持宿舍内外的干净整洁；经常自觉打扫寝室卫生，每天主动整理好自己的内务，床上用品保持干净、整洁，被褥、衣服等叠放整齐，不要让床单露出床沿，床上也不要放置其他物品；蚊帐悬挂整齐一致；其他生活和学习用品都要摆放整齐，合理收纳；换下的脏衣服、脏鞋袜等要及时清洗；不要乱扔果皮纸屑，不要随地吐痰，不要乱贴乱画，不要乱倒废水。

（5）保持与其他宿舍的交流，积极参与社区活动。如果要到其他宿舍去串门，进门后，应主动跟同学打招呼，不要随处乱坐，不要乱翻别人的东西，更不要未经允许乱用别人物品；要注意时间的把握，不要待得太久，以免影响同学的正常作息；学校原则上是不允许进入异性宿舍的，如确需进入，要按学校规定办理手续，同时要注意，必须得到该宿舍同学允许后方可进去，并且要选择好时间；积极参与社区活动，加强与公寓其他同学的交流。

5. 演出类活动礼仪

（1）演出开始前一刻钟，观众提前进场，领取节目单和其他相关用品、寻找座位、熟悉环境；如果迟到，经过允许，方可在合适时间从规定地方入场，否则不得入场。

（2）观看演出过程中，遵守演出规则，不吃零食、不高声喧哗、不交头接耳、不乱扔垃圾、不随意走动、不影响他人观看演出、不挤占位置、不乱拍摄；演出适时鼓掌，送上鲜花适宜有序。

（3）演出未结束不得离场，演出结束应鼓掌以示祝贺，演出结束时有序离场并带走随身垃圾，演出结束向演出组织者表示感谢。

（4）根据不同的演出类别，恰当着装。

6. 比赛类活动礼仪

（1）参赛选手秉承友谊第一、比赛第二的原则。大学校园活动很丰富，应把比赛当成是结交朋友、学习知识的机会。坚持友谊第一、比赛第二；赛出水平，赛出风采。

（2）参赛选手应遵守比赛规则。大学生比赛类活动较多，常见的有体育比赛、社团演讲比赛、各类知识竞赛和文艺比赛等，不同的比赛有不同的规则，参赛选手应提前熟知比赛规则，比赛中不违规，如不小心违规，应主动承认错误，并乐意接受相应处罚。

（3）参赛选手间要相互尊重。比赛中既要自信满满，又要谦逊礼让，对竞争对手表示尊重，不讽刺对手，不嘲笑对手，虚心学习，共同进步。

（4）观众要遵守比赛秩序。提前进场，在指定地点文明观看比赛，不喧哗，不指责，不妄加评论。

（5）文明支持喜爱的参赛选手。对自己喜爱的选手，用恰当合适的方式表示鼓励和支持。

（6）有序离场。比赛结束有序离场，带走垃圾，保持场所整洁卫生。

7. 学术讲座类活动礼仪

（1）着装整洁。参加学术讲座类活动着装要整洁，最好穿正装，不穿拖鞋、背心、短裙、短裤进入会场。

（2）准时到场。参加学术讲座类活动不应该迟到，如果迟到，经工作人员同意方可进入会场，且应在后排就座，以免干扰他人；如果不允许进入会场就不能再进去；入场后将手机调为静音或振动，会场中不能接打电话。

（3）认真参会。认真听取报告或会议，记录重点；不交头接耳、不议论、不随意走动；中途不离场，如需离场，需经工作人员同意且动作要轻；发言结束，要鼓掌致意，不喝倒彩，不喧哗起哄。

（4）积极参与互动。报告会或讲座如有分组讨论或代表发言，应积极主动参与；如与他人有意见分歧，要态度平和地进行有效沟通；与他人交流时要注意态度谦虚。

 知识拓展

50个体现修养的处事细节

（1）与小孩子说话时，尽量蹲下。

（2）公共场合拉椅子时，把椅子抬起，而不是直接拖动，弄出很大的响声。

（3）离开图书馆时，轻轻把椅子放回原位。

（4）男士和女士走在一起的时候，男士主动走在靠近车道的一侧。

（5）等人或等车时，随身带一本书。

（6）认真接过路上兼职人员发的传单。如果有特殊原因不能接受，也报以微笑，表示感谢。

（7）上菜时对服务员或付款时对收银员说"谢谢"。

（8）进出公寓和公共场合的大门，帮他人扶住门，方便他们进出，尤其是带小孩的和手里拿着东西的人。

（9）推门、按电梯门时，让别人先出去。

（10）挂电话时，等对方先挂断。

（11）过马路认真等红绿灯，开车堵车的话让出人行道。

（12）吃饭不吧唧嘴、不翻菜、不剩饭。

（13）擦桌子的时候，要往自己的方向抹。

（14）对门房、迎宾人员有礼貌，点头微笑。

（15）遛狗的时候牵绳，打扫宠物的排泄物。

（16）不说脏话。

（17）在宿舍等公共场所，注意自己说话的声音或动作不影响他人。

(18) 公共场合洗完手不随意甩手，防止水溅到别人身上。
(19) 别人给自己倒水时，应用手扶住杯壁，以示礼貌。
(20) 在下雨天开车，减慢车速。车前面有老人、小孩、宠物，放慢车速。
(21) 轻声关门，主动让座。
(22) 递剪刀、刀子等物品时，把尖锐的一边朝向自己。
(23) 戴着耳机时不和别人说话，说话的时候拿掉耳机。
(24) 上下楼梯脚步轻；敲门一次敲 2~3 下，停 10 秒再敲第二次。
(25) 给女生递瓶装水或饮料的时候，把瓶盖拧松。
(26) 停车的时候，给车和人留出通道。
(27) 不要插队，如果实在有急事，应该向排在前面的人说明情况。
(28) 说话时看着别人的眼睛，对视的时候微笑。
(29) 去超市推购物车时，注意不要撞到、蹭到他人或者压到他人的脚，经过小朋友身边时，伸手护一下。
(30) 咳嗽、打喷嚏时捂住嘴巴。
(31) 不随便评论别人，尊重别人的不同甚至让你觉得难以理解的地方。
(32) 有人掉了东西，如果你离得近，帮对方捡起来。
(33) 乘坐手扶梯时，除非赶时间，否则自觉靠右站立。
(34) 克制优越感，即便有资本。
(35) 外出或回到家里，主动跟父母等长辈打招呼。
(36) 不乱动别人的东西，尊重别人隐私，开玩笑适度。
(37) 不在公共场合问别人工资。
(38) 守时，迟到对其他准时到场的人来说是不尊重的表现。
(39) 不随便打断别人的谈话，先听完对方的发言，然后反驳或者补充。
(40) 在同别人谈话的时候，保持注意力集中，而不是翻东西、看书报，心不在焉。
(41) 避免高声喧哗。
(42) 信守诺言，要竭尽全力完成所做的承诺。
(43) 关怀他人，不论何时何地，对妇女、儿童及上了年纪的老人，总是表示出关心并给予最大的照顾和方便。

(44) 大度，与人相处胸襟开阔，不斤斤计较。

(45) 富有同情心，在他人遇到某种不幸时，尽量给予同情和支持。

(46) 盛饭或端茶给别人时，如果中间隔了人，不要从别人面前递，而要从别人后面递。

(47) 去他人家里，不要坐在床上。

(48) 在酒桌上与他人碰杯，自己的杯子一定要低于对方，特别是当对方是长辈或领导时。

(49) 如果问他人话，他人不回答你，不要纠缠不休。

(50) 别人批评你的时候，即使他是错的，也不要先辩驳，等大家都平静下来再做解释。

四 高铁学子文明礼仪倡议

（一）践行"起立行动"，举止文明，礼仪规范

1. 守时准时和及时，时间观念排第一。
2. 垃圾入桶不乱扔，随地吐痰更不行。
3. 公共场合不喧哗，自觉关机走路轻。
4. 爱护环境不抽烟，文明礼仪我先行。

（二）践行"你好行动"，言语文明，礼貌大方

1. 保持微笑常点头，鞠躬行礼有礼貌。
2. 老师来了让个道，热情友好齐问候。
3. 同学之间常招呼，师生之间常交流。
4. 偶有冲突道声歉，干戈化作绕指柔。

（三）践行"弯腰行动"，着装文明，阳光健康

1. 只戴校徽和团徽，不戴耳环和耳钉。
2. 不爱染发爱黑发，健康自然更阳光。
3. 不穿奇装和异服，整洁朴素又大方。
4. 主动弯腰勤打扫，展示青春好形象。

（四）践行"光盘行动"，文明就餐，勤俭节约

1. 就餐文明又安静，学习生活好风尚。
2. 体谅他人不吵闹，就餐排队保通畅。
3. 厉行节约不浪费，自觉回收好餐具。
4. 光盘行动靠大家，勤俭节约好风尚。

第三章
规章制度

第一节 湖南高速铁路职业技术学院新生入学报到资格审查制度

第一条 为进一步规范我院新生入学报到资格审查，依据《普通高等学校学生管理规定》（中华人民共和国教育部令第41号）等文件精神，结合学院实际，制定本制度。

第二条 湖南高速铁路职业技术学院录取新生入学资格审查和学籍电子注册工作小组负责新生入学报到资格审查的领导工作，学生工作处负责新生入学报到资格审查的组织实施工作，各二级学院负责本学院新生入学报到资格审查的具体工作。

第三条 按国家招生规定录取为湖南高速铁路职业技术学院的新生必须持本院录取通知书和学院规定的有关证件，按期到学院办理入学手续。因故不能按期入学者，应当及时向学院请假，假期不得超过两周。未经请假或请假逾期者，除因不可抗力等正当事由以外，视为放弃入学资格。

第四条 新生来校报到之前，由招生就业处将当年所有按国家招生规定录取的新生的录取照片发至学生工作处学籍管理科。

第五条 学生在报到入学时需要提供本人的身份证原件、准考证原件、录取通知书原件。

第六条 二级学院组织辅导员根据学生提供的身份证原件、准考证原件、录取通知书原件对每一个来报到的新生进行初次审查比对。

第七条 学生工作处提供人像比对设备，利用设备再次组织新生进行人像比对。

第八条 在相应审查比对完成后，学生在审查比对结果名单上签字，辅导员在审查比对结果名单上签字，二级学院主管学生工作的领导在审查比对结果名单上签字并加盖二级学院公章。

第九条 辅导员在进行审查比对工作中，如发现新生的录取通知、考生信息等证明材料与本人实际情况疑似存在不一致情形的，首先应报告给二级学院主管领导，经再次确认后，以书面形式经辅导员、主管领导签字盖二级学院公章后及时上报至学生工作处学籍管理科。由学生工作处学籍管理科会同相关部门集体做出最终判定。

第十条 新生入学后，学院在3个月内按照国家招生规定进行复查。复查内容主要包括以下方面：

（一）录取手续及程序等是否合乎国家招生规定；

（二）所获得的录取资格是否真实、合乎相关规定；

（三）本人及身份证明与录取通知、考生档案等是否一致；

（四）身心健康状况是否符合报考专业或者专业类别体检要求，能否保证在校正常学习、生活；

（五）体育等特殊类型录取学生的专业水平是否符合录取要求。

复查中发现学生存在弄虚作假、徇私舞弊等情形的，确定为复查不合格，依法依规取消学籍；情节严重的，学院将移交有关部门调查处理。

复查中发现学生身心状况不适宜在校学习，经学院指定的二级甲等以上医院诊断，需要在家休养的，可以申请保留入学资格。

第十一条 本制度由湖南高速铁路职业技术学院学生工作处负责解释。

第二节

学生德智体美劳全面发展过程性评价办法（试行）

第一章　指导思想

第一条　以习近平新时代中国特色社会主义思想为指导，全面贯彻党的十九大和十九届二中、三中、四中、五中全会精神，全面贯彻党的教育方针，坚持社会主义办学方向，落实立德树人根本任务，遵循教育规律和学生成长规律，系统推进教育评价改革，发展素质教育，创新德智体美劳全面发展过程性评价办法，引导学生坚定理想信念、厚植爱国主义情怀、加强品德修养、增长知识见识、培养奋斗精神、增强综合素质，以培养"特别守纪律、特别能吃苦、特别能奉献、特别能适应"的"一守三能"技术技能型人才为目标，努力培养学生成为担当民族复兴大任的时代新人。

第二章　总　　则

第二条　根据中共中央、国务院《深化新时代教育改革总体方案》等文件精神，全面树立科学成才观，坚持以德为先、能力为重、全面发展，坚持面向人人、因材施教、知行合一，将德智体美劳全面发展过程性评价纳入人才培养方案，实现课堂教学与课后过程实践相结合，坚决改变用分数给学生贴标签的做法，创新德智体美劳全面发展过程性评价办法，特制定此办法。

第三条　重视在学生德智体美劳全面发展过程中，将素质提升作为评价结论的重要参考；重视学生发展质量"自我诊断与改进"的主观能动作用；坚持学生自我诊改与评价评测并重、坚持过程培养和结果运用并重、坚持全员、全过程、全方位育人。

第四条　学生德智体美劳过程性评价采用定量与定性、纪实与评议相结合的方式，对学生成长过程按设定的指标进行现实评价，确保做到公开、公平、公正。

第五条 评价由思想道德素质(德)、学业技能素质(智)、身心健康素质(体)、人文艺术素质(美)、劳动技能素质(劳)五个维度的素质组成。各维度素质均按100分赋分,评价总分按照"2∶5∶1∶1∶1"的比例计算得出,即"德"占比20%,"智"占比50%,"体、美、劳"各占比10%。按此比例加权后得出学生德智体美劳过程性评价总分,评价总分为100分。

评价维度	总分	评价内容	评价数据来源	权重
德	100	班级评价	班级评议系统记录	20%
		政治素质		
		道德品质		
		日常表现		
		网络思政	易班、主流网络思政平台等	
智	100	学业成绩	教务系统	50%
		专业拓展	学工系统记录	
		双创活动		
		就业能力		
		技能考证		
体	100	体育测评	体育课、体能测试成绩	10%
		身体素质	学工系统记录	
		心理素质		
美	100	班级评价	班级评议或人文艺术课成绩	10%
		文艺竞赛	学工系统记录	
		文艺活动		
劳	100	班级评价	班级评议或劳动课成绩	10%
		志愿服务	学工系统记录	
		劳动实践		
		卫生整洁		

第六条 本办法适用对象为湖南高速铁路职业技术学院全日制大专在籍学生。学生得分应及时认定、实时动态录入、随时反馈,每学期综合评价一次,每学期开学四周内完成上学期评价。

第三章　评价指标内容及计分标准

第七条　德——思想道德素质。

（一）思想道德素质评价内容：包括"班级评价"（60分，含思想政治表现、品德修养、组织纪律，各项均占20分）和"纪实评议"（40分，含政治素质、道德品质、行为规范）组成。

（二）各项指标评价标准及加（减）分评价点。

1. 班级评价（60分）。

（1）思想政治表现（20分）：理想信念坚定，热爱祖国；认真学习马列主义、毛泽东思想、邓小平理论、"三个代表"重要思想、科学发展观和习近平新时代中国特色社会主义思想，积极参与社会主义核心价值观系列教育活动；关心时事，自觉维护安定团结，不发表不当言论；明辨是非，敢于与不良现象做斗争。

（2）品德修养（20分）：诚实守信，知行合一；礼貌待人，尊敬师长，友爱同学；仪表端庄，举止文明，爱护公物，助人为乐，遵守社会公德。

（3）组织纪律（20分）：遵守法律法规，遵守学生行为规范和校园文明行为规范，遵守学院各项纪律和管理制度，自觉维护校园学习生活秩序。

2. 纪实评议（最高加40分）。

（1）政治素质加（减）分评价点：积极参加入党积极分子培训和党（团）日活动；关心时事、主动学习党的路线方针政策等，提高政治站位、提升政治觉悟。

（2）道德素质加（减）分评价点：具有团队精神，关心集体，爱校爱班；诚实守信，考试不舞弊、无学术不端、如实申报各项学生奖助、不恶意拖欠学费等；乐于奉献，积极主动为同学服务，充分发挥桥梁和纽带作用等。

（3）日常表现加（减）分评价点：注重良好行为习惯的养成教育，积极参加文明修身主题活动，日常行为规范，严格遵守校纪校规，积极向上，树立正确的世界观、人生观、价值观。

（4）主流网络思政媒体活跃情况加（减）分评价点：积极参加易班等主流思政媒体举办的大型网络思政活动；关注易班发布帖子、话题、公众号文章、评论帖子、话题、点赞、分享帖子话题、参加投票、问卷；课程专题浏览、文化专题浏览、心理专题浏览等；积极参加学习强国、青年大学习等网络思政教育。

(5) 一票否决情况：有下列情况之一者，思想道德素质记 0 分：公开发表反党、反社会主义等不良言论；违法犯罪被公检法机关追究；加入邪教组织等。

第八条 智——学业技能素质。

（一）学业技能素质评价内容：包括学业成绩（80 分）和技能测评（20 分）。

（二）各项指标评价标准及加（减）分评价点。

1. 学业成绩评分：即课程学业成绩，主要考查学生学习的勤奋程度，学习质量和学习水平，计算公式为：

$$学业成绩 = \frac{C}{C_{max}} \times 80 - 不及格科目数 \times 2$$

其中：C 为个人各科成绩的加权平均分，由教务处提供，计算公式为：

$$C = \frac{\sum(A_i \times B_i)}{\sum B_i}$$

（注：A 为个人单科课程成绩；B 为课程学分；i 为课程编号）

C_{max} 为本班同学中加权平均分的最大值。

2. 技能评价分：技能评价是指在学业成绩之外的专业拓展加分。学生应自觉加强专业学习，努力拓宽知识领域、加深专业认识、提升技能水平。技能评价总分为各评价点得分累加和，最高不超过 20 分。各评价点根据性质分为四类，评价标准如下：

（1）专业拓展类加分评价点：积极拓展专业知识，包括专业竞赛、论文发表、参加报告会、专利证书及科研项目等。

（2）双创活动类加分评价点：勤于思考，有较强的创新意识；积极参与"挑战杯""黄炎培"杯、"互联网＋"等创新创业比赛，协助老师完成科研项目，取得发明专利等。

（3）就业能力类加分评价点：主动增强就业意识，树立正确就业观念，积极参加企业宣讲会、报名各单位面试及订单班，先就业再择业。

（4）技能考证类加分评价点：加强专业技能学习，在校期间完成计算机、英语等公共科目等级考试；根据专业人才培养目标，考取专业对口技能等级证。

第九条 体——身心健康素质。

（一）身心健康素质评价内容：由体育测评分（60 分）和身心健康素质提升测评（40 分）两部分构成。

（二）各项指标评价标准及加分评价点。

1. 体育测评分按下表计算。

学期	评分依据	计算公式
第一学期	体育课成绩	第一、三学期计算： $$体育测评分 = \frac{C_{体育}}{C_{体育\max}} \times 60$$
第二学期	体育课、体能测试成绩	
第三学期	体育课成绩	第二、四学期计算： $$体育测评分 = \frac{C_{体育}}{C_{体育\max}} \times 30 + \frac{C_{体能测试}}{C_{体能测试\max}} \times 30$$
第四学期	体育课、体能测试成绩	
第五学期	体能测试成绩	$$体育测评分 = \frac{C_{体能测试}}{C_{体能测试\max}} \times 60（该学期无体育课）$$
第六学期	体能测试成绩	

其中，$C_{体育}$为个人体育课得分、$C_{体育\max}$为本班体育课最高得分；$C_{体能测试}$为个人年度体能测试得分、$C_{体能测试\max}$为本班年度体能测试最高得分。

2. 身心素质提升评价点：由身体素质提升和心理素质提升两部分构成，各评价点加分不超过40分。

（1）身体素质提升加分评价点：学生应积极参加体育锻炼和体育赛事，养成良好的锻炼习惯，提高体质健康水平。加分项由新生军训任务、赛事获奖、体育活动、阳光晨跑等加分项构成。

（2）心理素质提升加分评价点：学生应按规定参加学院心理健康中心组织的心理普查，积极参加心理健康教育活动，有良好的抗压和自我情绪调节能力。加分项由心理普查、心理健康主题活动、自我情绪调节等加分项构成。

第十条 美——人文艺术素质。

（一）人文艺术素质评价内容：由人文艺术素质班级评价分（60分）和人文艺术竞赛及活动（40分）两部分组成。

（二）各项指标评价标准及加分评价点。

1. 人文艺术素质班级评价得分标准：积极参加各项文体活动、积极参加学生社团，掌握一定的艺术基础知识，服饰得体、姿态端庄，有创造美、表现美的欲望与能力。当学期有人文艺术课程时，以该课程得分计，计算办法同体育测评分；无人文艺术课程时，由班级按规则民主评议（60分）。

2. 人文艺术竞赛及活动：由参加文艺竞赛获奖及文艺活动参与情况加

分构成，合计加分不超过40分。

（1）文艺竞赛加分评价点：学生应积极参加各类文艺竞赛，提升对美的感受力、鉴赏力、创造力，增强人文艺术修养。该加分项主要依据为发表文艺作品及各类各级赛事获奖情况。

（2）文艺活动加分评价点：学生应积极参与各项文艺活动，培养抽象思维能力和形象思维能力，激发创新意识，提高自身综合文化素养。该加分项由人文讲坛、国学讲坛、中华诗词、经典话剧、经典歌舞等文艺品牌活动的参与情况，人文艺术素质培训参与情况、大型文艺活动参与等情况加分构成。

第十一条 劳——劳动技能素质。

（一）劳动技能素质评价内容：由劳动技能素质班级评价分（60分）和劳动技能素质加分（40分）两部分组成。

（二）各项指标评价标准及加分评价点。

1. 劳动技能素质班级评价得分标准：热爱劳动和劳动人民，积极参加各项公益劳动，珍惜他人劳动成果，能完成好教室打扫、宿舍、环境卫生等劳动任务，自觉维护公共卫生，有良好的卫生习惯，按质按量完成劳动教育课。当学期有劳动课程时，以该课程得分计，计算办法同体育测评分；无劳动课程时，由班级按照规则民主评议（60分）。

2. 劳动技能素质加分：由以下三个加分评价点构成，合计加分不超过40分。

（1）志愿服务加分评价点：学生应积极参加各项公益劳动和志愿服务，积极为班级、学院、社会贡献自己的力量。该加分项由担任辅导员和教官团志愿服务情况、参与春（暑）运志愿服务情况、三下乡活动、为省（市）级大型活动提供志愿服务及取得的荣誉构成。

（2）劳动实践加分评价点：学生应积极投身各类劳动实践，在实践中增长才干。该加分项由各类劳动实践参与情况及所获荣誉构成。

（3）卫生整洁加分评价点：在教室、宿舍及公共区卫生评比中，获得优秀称号等，以评比情况为据。

第十二条 计分说明。

（一）加减分细则见《湖南高速铁路职业技术学院学生德智体美劳全面发展过程性评价标准》。

学生德智体美劳全面发展过程性评价标准

（二）其他加（减）分未尽事宜由执行单位向学生处申请认定。

（三）同一项目只计最高分，不重复加分或减分。

（四）学科加权平均分以教务处提供成绩为准。

（五）经批准的缓考科目，成绩按照缓考分数计算，若学生德智体美劳全面发展过程性评价开始后暂未安排缓考，该科目不计算在内。

第四章　组 织 机 构

第十三条　校级领导机构。成立湖南高速铁路职业技术学院学生德智体美劳全面发展过程性评价工作领导小组，全面负责评价工作的组织，研究决定与评价工作相关的重大事项，成员构成：

组长：校党委书记、校长。

副组长：党委副书记、主管教学工作副校长、主管学生工作副校长、纪委书记。

成员：组织人事处、宣统处、学生处、教务处、团委、思政体育课部主要负责人，各二级学院党总支书记。

领导小组下设办公室，办公室设学生处，学生处处长兼任办公室主任。办公室负责全校学生德智体美劳全面发展过程性评价的日常工作。

第十四条　二级学院实施机构。各二级学院成立本学院学生评价工作组、各班成立民主测评小组。

（一）二级学院学生评价工作组负责各学院学生评价工作的具体实施，工作组成员构成：

组长：二级学院党总支书记。

副组长：二级学院党总支副书记、分管教学副院长。

成员：二级学院学生科长、辅导员。

（二）各班级成立班级民主测评小组，负责本班学生"思想道德素质"成绩测评，测评小组成员构成：

组长：辅导员。

副组长：班长、班级团支书、学习委员。

成员：体育委员、劳动（卫生）委员、文艺委员、学生代表（30人及以下班级3人；40人及以下班级4人；50人及以下班级5人；60人及以下班级6人）。

第五章　评 价 程 序

第十五条　班级是学生成长和发展的主要阵地，辅导员是学生德智体美劳过程考核的组织者和考核者，要负责制定班规班约，形成本班各具特色的考核细则，按时组织班级评议，为本班学生每学期德智体美劳成绩赋分，并对班级排名靠后同学进行帮扶，与家长进行沟通。

第十六条 德——思想道德素质成绩评价程序。经班级民主评测小组对全班每个同学的情况客观记录，公正评分，评分由班级集体审查，经辅导员审核公示5个工作日无异议后呈送学生处。

第十七条 智——学业技能素质成绩评价程序。

（1）学业成绩：由教务处提供加权平均分，学生处按既定规则计算得出学业成绩。

（2）技能测评成绩：即各评价点累加和，根据学工系统记录得出（学工系统建设竣工前，依据团委"到梦空间"系统记录为准）。

第十八条 体——身心健康素质、美——人文艺术素质、劳——劳动技能素质成绩：各项素质班级评价分均为60分，由班级根据规则民主评议或对应课程成绩测算得出；各项素质加分项均为40分，根据学工系统记录计算得出（学工系统建设竣工前，依据团委"到梦空间"系统记录为准），由学生自主在系统填报，由辅导员、二级学院分级审核后经系统报学生处汇总。加分项统计如下：

（1）动态录入：学生应及时根据《湖南高速铁路职业技术学院学生德智体美劳全面发展过程性评价标准》所示认定加（减）分标准及要求，主动及时录入加分项目到学工系统。

（2）成绩认定：每学期开学第二周时，学生经学工系统自主核对上学期加分记录，无误后提交审核。由辅导员、二级学院总支书记（或授权指定专人）、学生处依次审核通过后，系统生成该项目加分数。

第十九条 学生处按既定规则计算得出学生德智体美劳全面发展过程性评价总分。

第六章 评价结果及其运用

第二十条 总评等级：德智体美劳全面发展过程性评价结果按既定权重计算所得总分划为"优秀、良好、合格、不合格"四个评价等级，划分标准为：100分≥优秀≥86分；85分≥良好≥76分；75分≥合格≥60分；不合格＜60分。

第二十一条 单项等级：德、智、体、美、劳五项素质按单项划分为"合格、不合格"两个等级，划分标准为：合格≥60分；不合格＜60分。

第二十二条 评价结果是奖学金评定、评优评先、入党入团、选拔党（团）干部、用人单位认定学生在校表现的重要依据。其应用办法另行制定。

第二十三条 要将学生德智体美劳过程性评价纳入人才培养方案，评价结果作为获得实践学分重要依据。即深度融合课堂教学与课外素质提升，促使第一课堂与第二课堂教育教学相结合，坚决改变学生评价唯分数论的做法。相应地作如下规定：

（1）学分拆分：人才培养方案里每门课程的课程思政、社会实践等涉及德、智、体、美、劳素质培养的，都赋予相应学分，每门课程原有学分不额外增加，在原有学分体系中分解出一部分学分给予本方案过程考核的实践性内容。在保持总学分不变的基础上，将与德智体美劳各项素质培养相关的课程学分拆分为"课程学分"和"实践学分"，即"课程学分"对应理论知识教学的第一课堂，"实践学分"对应德智体美劳全面发展的第二课堂。该两类学分学生在校期间均必须修满。

（2）实践学分获取规则：学生德、智、体、美、劳单项考核为合格，即可获得对应学分。

（3）对体、美、劳单项评价中，获得省级及以上奖励（荣誉称号）或重大突出贡献得到政府（社会）认可的，该项目对应课程可予以免修。具体办法另行制定。

需要进行学分拆分的课程及拆分比例等以各专业人才培养方案规定为准。

第七章 监督预警

第二十四条 坚持立德树人导向，以德为先，对德育单项评价低于70分的（加权折算前）或总体评价分低于70分的学生，由辅导员进行谈话，指导学生争取更大进步，谈话记录记入辅导员工作手册。

第二十五条 对德育单项评价低于60分的（加权折算前）或总体评价低于60分的学生，要及时预警，下发书面预警通知单至相关学生，并以有效方式告知学生家长（监护人），预警情况记入辅导员工作手册。学生家长（或监护人）需向学院反馈意见共同做好学生的

预警通知单

教育工作。预警通知单见《湖南高速铁路职业技术学院学生德智体美劳全面发展过程性评价预警通知单》。

第二十六条 班级民主测评小组应严格按照评价标准中规定的加分

新起点，再出发——高职高专大学生入学教育

项目和条件评分，不得私自违反规定自行评分，各辅导员保留评分依据，学生处全程随机抽检监督。评价结果实行班级、二级学院和学院三级认证，各级认证（审核）结果均在对应范围内公示，公示时间为5个工作日，接受全校监督。对认证（审核）结果有异议的，可向学院学生权益申诉委员会申诉或向校纪委反映。对于徇私舞弊有失公允的个人或单位严肃追究责任。

第二十七条　学生德智体美劳全面发展过程性评价成绩出现原始数据错误、错录、漏录等情况的，由事故单位写明情况上报学生处，由学生处核查确定。

第二十八条　学院有关部门依据本方案制定相关规定。

第二十九条　本方案由学生处负责解释，本方案自2021年8月1日起施行。

第三节

湖南高速铁路职业技术学院
校院两级管理学生工作实施细则（试行）

第一章 总 则

第一条 为进一步深化学校内部管理体制和运行机制改革，明确学校、院部学生工作管理职责，规范学生工作管理，理顺学生管理工作的各种关系，提高学生管理效率和水平，保证人才培养质量，特制定本实施细则。

第二条 学校实行学生工作校、院两级管理体制，学校侧重于目标管理，各二级学院侧重于过程管理。学校学生工作是在学校党委领导下校长全面负责，分管学生工作的校领导主持日常工作。二级学院学生工作由本学院院长全面负责，学院党总支书记主持日常工作。

第二章 管理机构

第三条 学生处作为学校学生管理工作的职能部门，在分管校领导的领导下负责学校学生工作管理，履行"调查研究、策划协调、督查考核、政策指导、信息服务、制度完善"等职能，在队伍建设、学生思想教育、综合素质提升、日常事务、安全稳定、健康教育、国防教育、学籍管理、学生资助、宿舍管理、创新创业等方面开展工作。

第四条 团委负责全校共青团工作，在团的组织建设、团员青年思想教育、日常管理、社团文体活动、志愿者服务、创新创业类竞赛等方面履行指导、检查、督促等职能；负责制定学校年度团员发展计划、汇总学校团员人数、团籍注册备案管理、团费收缴工作。

第五条 组织人事处（党校）是学校学生党建、师资队伍建设、管理的牵头部门。负责全校学生党建、学生党员培养、组织发展、师资队伍建设规划、师资队伍制度、相关职务评审及聘任、管理等工作，牵头制订教师培养提高计划并组织实施。

第六条 思政体育课部承担全院思想政治理论课、体育课和艺术课的教学、科研工作及参与组织指导全院学生思想政治教育、体育活动。

第七条 招生就业处是负责统筹学校招生录取和毕业生就业工作的综合管理职能部门，按学校计划要求完成招生和新生录取工作，并代表学校指导、检查、督促各二级学院开展毕业生就业工作。

第八条 保卫处负责学校治安综合治理工作，做好校园治安防控和学生法制安全宣传教育；组织开展校园安全检查，排查安全隐患，督促隐患整改；负责对学生宿舍的消防安全工作进行指导、监督、检查和管理；统筹校园及周边环境整治，负责校园公共秩序管理工作；负责校园道路交通和车辆管理，协助相关部门做好重大节假日、学校大型活动的安全保卫工作。

第九条 后勤基建处主要负责爱国卫生运动、文明校园建设，教学设施和学生宿舍维修改造、水电供应、医疗保障、疾病预防、义务植树、餐饮住宿服务等工作，为学校师生员工工作、学习、生活提供后勤服务保障。

第十条 二级学院作为学校学生工作主体，是学生工作的具体实施单位，根据学校工作总体安排，全面负责本学院学生工作。院长是学生工作第一责任人，对本学院学生工作全面负责，党总支书记主持日常学生工作，学院设学生工作副院长，协助领导处理日常学生工作。

第十一条 团总支（支部）作为学校共青团工作基层组织，是共青团工作的具体实施单位，根据学校共青团工作总体安排，全面负责本级共青团相关工作，健全共青团的"三会两制一课"制度；根据团委下发的年度团员发展计划，做好本学院发展新团员和超龄团员的离团、团员档案管理汇总、团费收缴等工作，并按时上交团委备案。

第三章　管理责任与权限

第一节　学生思想建设与心理健康

第十二条 学生思想政治教育。

（一）学生处、团委主要职责：

1.学生处、团委根据党和国家的方针政策，围绕学校的工作重点，结合素质教育及校风建设需要，研究全校学生的思想政治教育工作，及时了解把握学生的思想状况，做出综合分析，提出对策和建议，并进行布置和组织实施。

2. 负责组织全校学生日常政治学习、新生入学教育、校风校纪教育、毕业教育等，组织开展一系列学生思想政治教育活动。

3. 负责学校国防教育、兵役登记、应征入伍、学生军训的宣传、组织工作。

（二）组织人事处（党校）主要职责：

1. 结合学校的中心工作，制定切实可行的党校教学计划和措施，并积极实施。

2. 负责举办培训班、轮训班、理论研讨班等，培训党员、干部、入党积极分子。

3. 指导二级学院设立分党校，形成两级党校密切配合、分层分类教育培训的工作体系。

4. 与基层党团组织和相关部门密切合作，认真做好学员的推荐、管理和考核评优工作。

（三）思政体育课部主要职责：

1. 完成思想道德修养与法律基础、毛泽东思想和中国特色社会主义理论体系概论、形势与政策、大学生社会实践、音乐欣赏、形体与舞蹈等课程的教学任务。

2. 组织、指导与思政课程相关的各种二课及社团活动。

（四）二级学院主要职责：

1. 负责组织实施学校学生思想政治教育工作，做到思想政治教育进班级、进公寓、进网络，有计划组织学生日常政治学习及校风校纪教育等。

2. 把握宣传导向，注意宣传质量，做好学生黑板报等的指导工作；组织形式新、影响好、同学参与面广、有特色教育的活动；根据各学院特点，对新生进行有计划、有组织的系统教育，对毕业生进行文明离校、就业等教育。

3. 协助学生处落实学校国防教育、兵役登记、应征入伍、学生军训的宣传、组织工作。

4. 在开展学生思想政治教育工作过程中，密切关注并掌握学生思想动态，出现异常情况及时向学校报告。

5. 协助、配合思政体育课部开展思政、体育、艺术类相关活动。

6. 建立二级学院分党校，主要承担入党积极分子及大学生预备党员、毕业生党员的培训。

第十三条 心理健康教育。

（一）学生处主要职责：

1. 负责开展学校心理健康教育与咨询中心日常工作，完善学生心理健康教育预防体系和工作机制。

2. 组织指导和检查各学院学生心理健康教育工作。

3. 组织全校学生心理咨询、教育及朋辈心理委员培训。

4. 组织开展新生心理状况调查。

5. 建立心理健康预警学生档案。

（二）二级学院主要职责：

1. 负责在心理健康教育与咨询中心的指导下开展本学院、班级心理健康教育及学生成长辅导工作。

2. 协同心理健康教育与咨询中心开展心理知识专题宣传、教育活动。

3. 组织落实新生心理状况调查。

4. 对心理健康预警学生采取相应的措施及时跟进干预。

5. 对工作中出现的新情况、新问题及时上报学校。

第二节 学生综合素质教育

第十四条 学生综合素质测评。

（一）团委主要职责：

1. 成立学校学生综合素质测评工作领导小组，负责制定学生综合素质测评相关规定，监督、检查、指导各二级学院开展相关工作。

2. 负责学校"第二课堂"成绩单平台的建设与管理，学生素质拓展类活动的组织协调，统筹安排、检查和督促各二级学院学生素质拓展类活动项目申报、实施、成绩评定审核与公布。

（二）二级学院主要职责：

1. 成立本学院学生综合素质测评工作小组，负责制定本学院学生综合素质测评相关规定。

2. 负责本学院"第二课堂"成绩单平台的管理，学生素质拓展类活动组织宣传、项目申报、实施、成绩评定审核，指导辅导员、班主任抓好本学院班级综合素质测评工作，做到严格审核，公开、公平、公正，学生综合素质测评成绩由本学院综合素质测评工作小组审核、公示后报学校团委汇总、公示。

第十五条 校园科技文体活动。

（一）团委主要职责：

负责组织开展全校性校园文化艺术、科技创新、社会实践、各项竞赛类活动。

（二）思政体育课部主要职责：

1. 完成体育课教学任务，组织校运会，牵头组织开展全院性体育活动，如阳光体育活动等。

2. 组织选拔学生组成竞技类校队训练，代表学校参加体育类的各级相关比赛。

（三）二级学院主要职责：

1. 积极配合、组织本学院学生参加校园文化艺术、科技创新、社会实践、各项竞赛类活动，并经常组织各类知识讲座和第二课堂活动，抓好班级文化建设。

2. 协助、配合思政体育课部开展思政、体育、艺术类相关活动。

第十六条 志愿者工作。

（一）团委主要职责：

1. 负责构建学校志愿服务体系，完善志愿者工作制度。

2. 负责搭建志愿服务工作平台，打造"三下乡""四进社区""防艾禁毒""无偿献血""绿色环保""脱贫攻坚""高铁礼仪"等志愿服务品牌。

（二）二级学院主要职责：

1. 在学校志愿服务体系下打造具有本学院特色的志愿服务体系，完善相关工作制度。

2. 组织学生参与学校搭建的志愿工作平台，积极开展具有本学院特色的志愿者服务活动。

第三节 学生管理工作

第十七条 工作计划及管理制度建设。

（一）学生处、团委主要职责：

1. 根据学校年度工作要点，组织制定学校学生处、团委工作计划。

2. 及时掌握学生处、团委工作中的新情况，调整、制定并完善学校学生处、团委管理制度。

3. 代表学校对二级学院学生工作、团总支计划及制度落实情况，进行检查、督促。

（二）二级学院主要职责：

1. 按照学校制定的学、团工作计划要求，结合实际制定本学院学生工作、团总支工作方案并组织实施。

2. 严格遵照执行学校出台的学、团管理制度。

3. 接受学校的检查和督促，并整改落实。

第十八条 入学管理。

（一）学生处主要职责：

1. 负责制定新生入学接待、新生入学教育及军训工作计划，统筹相关工作。

2. 负责抓好自训大学生教官团训练与建设，组织军训会操及新生入学典礼。

（二）二级学院主要职责：

1. 负责按计划落实本学院学生的入学接待、入学教育工作；配合自训大学生教官团选拔、训练与管理；配合教官做好学生军训期间的教育、管理、考核和推优工作，并将结果上报学生处。

2. 配合学生处做好军训会操及新生入学典礼的人员组织及其他相关工作。

第十九条 团学组织建设。

（一）团委主要职责：

1. 负责校级团学组织队伍建设（团学组织干部的培训、选拔、考核、任用），指导校学生会、校学生社团联合会、团校、团委宣讲团、综合团支部、二级学院团总支开展工作。

2. 负责全校社团的成立、登记、注册、注销；组织并指导各类社团开展各项校园文化、大学生创新、创业、创效类竞赛活动。

3. 负责学校团代会、学代会的筹备及召开相关工作。

（二）团总支主要职责：

1. 负责本学院团学干部队伍建设（团学干部的培训、选拔、考核、任用），指导本学院团学会、分团校、班委、班团支部开展工作。

2. 负责本学院学生社团的成立、登记，并报团委备案，组织并指导本学院各团学会、社团开展各类校园文化、主题团日活动、社会实践、大学生创新、创业、创效竞赛类活动，对班级团支部、团员日常管理及共青团工作进行常规检查。

3. 负责本学院团代会、学代会的筹备及召开相关工作。

第二十条 学生评奖评优工作。

（一）学生处、团委主要职责：

1. 负责制定和修改学生各类评奖、评优条例（办法）和实施意见。

2. 负责组织协调开展各类校级以上的评奖评优工作。

3. 对各学院评定结果的审核和院级及以上评奖结果的公示，受理学生对评奖、评优问题的投诉。

4. 学院评奖评优的发文和总结工作。

（二）二级学院主要职责：

1. 负责院级各类评奖评优的组织、评选、公示等工作。

2. 负责学院获奖集体、个人的宣传表彰和教育工作。

3. 组织参加学校的各类表彰宣传工作。

4. 负责院级以上各类评奖评优的材料准备和推荐工作。

第二十一条 学生违纪处理。

（一）学生处、团委主要职责：

1. 负责制定和修改《学生违纪处分管理规定》。

2. 负责学生行政处分、团内处分的审核、发文。

3. 负责学生重大违纪事件及跨学院学生违纪事件的协调、处理工作。

4. 配合学生申诉委员会受理学生对违纪处分结果的陈述、申辩。

（二）二级学院主要职责：

1. 负责调查认定学生违纪事实，对违纪学生处分提出初步建议与意见。

2. 将违纪处分决定及时送达到学生本人及家长。

3. 对违纪学生的教育引导工作及违纪处分文件的归档工作。

4. 减轻或撤销学生违纪处分的建议申报工作。

第二十二条 学籍管理。

（一）学生处主要职责：

1. 负责传达、解释国家及湖南省的学籍学历相关政策。

2. 负责制定学校学籍方面规章制度，并组织实施、审批、报批、监督、检查等管理工作。

3. 负责新生学籍电子注册工作。学生处负责编制新生学号、班级名称，下发录取名单到各学院；对各学院上报的新生名单进行复核，完成新生学籍的电子注册工作；做好新学期学生人数的统计、上报工作。

4. 负责在校生的学年电子注册工作，根据各学院上报的"注册学籍"和"暂缓注册"的学生名单办理学籍认可手续。

5. 负责编制休学、复学、转专业、转学、退学、学生信息修改等学籍异动手续的申报表格，对各学院上报的各种学籍异动手续进行复核、公示后报学校主管领导审批，并将审批结果及时通知各学院、相关职能处室。

6. 负责向上级教育主管部门备案学籍异动的审批结果，并在学籍学历管理平台中做好信息更改工作；做好全校相关学籍异动材料的整理、归档工作。

新起点，再出发——高职高专大学生入学教育

7. 负责协调、安排毕业班学生学历图像采集工作的相关事宜，制定学历图像采集的具体方案。

8. 负责制（修）订有关学生毕业管理条例或规定；负责毕业生毕业资格复核，毕业生数据的上报及学历电子注册工作。

9. 统筹学校毕业生离校工作，负责全校学生毕（结）业证书的订制、办理和发放工作；负责毕业生学历证明书、肄业证明书的办理工作。

（二）二级学院主要职责：

1. 负责组织报到新生对本人的学籍信息进行签字核对，确定本学院的新生名单，上报学生处备案。

2. 组织新生上网自查本人学籍，建立个人学信档案，校对学籍信息，打印个人学籍信息表。

3. 配合学生处做好在校生学年电子注册工作，做好新学期学生报到统计工作。

4. 做好每学期的学籍清查工作，对开学两周内未履行请假手续，长期未到校的学生，各学院根据学籍管理相关规定提出相关处理意见报学生处审批。

5. 负责对发生学籍异动的学生信息进行初审，做好学籍异动档案资料的收集、整理工作，并将相关材料及时报学生处。

6. 负责组织毕业班学生按时参加学校安排的学历图像采集，并保证图像采集工作的顺利开展。

7. 开展本学院毕业生的学历图像校对及毕业生毕业资格审查工作，拟定审查方案，确定毕业、结业学生名单，报学生处审核。

8. 负责本学院学生毕（结）业证书的领取与发放；负责本学院毕业学生的毕业教育工作。

第二十三条 宿舍管理。

（一）学生处主要职责：

1. 根据学校与二级学院实际，合理分配二级学院学生宿舍，做好全校学生公寓住宿状况的基本信息统计。

2. 制定全校性的公寓管理规定，并组织实施，监督、检查落实情况。

3. 组织各二级学院开展学生公寓（宿舍）文明创建工作。

4. 协助保卫处、后勤处组织全校性学生公寓（宿舍）安全隐患大排查活动，及时通报并督促各二级学院整改落实。

5. 负责制定学生走读手续制度，检查二级学院学生走读手续的审批工作。

6. 负责对宿管员的配备、培训、日常管理等事务。

7. 宿舍发生重大安全责任事故，配合相关部门调查，理清责任。

（二）二级学院主要职责：

1. 负责在学生处统筹安排下做好学生宿舍分配、调整工作。

2. 积极落实二级学院学生公寓（宿舍）文明创建工作，开展宿舍文化建设和"文明宿舍"的评比。

3. 经常性组织检查学生宿舍卫生、内务整理、晚归、夜不归宿情况。

4. 开展安全隐患大检查，排除安全隐患。

5. 落实学生处与保卫处日常巡查中涉及本学院的整改意见，并及时反馈整改结果。

6. 根据学校学生走读手续制度要求，负责走读学生手续的审批工作，并及时报学生处备案。

第二十四条 催缴学费工作。

（一）学生处主要职责：

1. 代表学校负责学生欠费的追缴工作。

2. 负责督促、检查各学院的欠费追缴工作。

（二）财务处主要职责：

1. 实时准确提供欠费名单及金额。

2. 为学生提供便利的缴费方式和条件。

（三）二级学院主要职责：

1. 做好欠缴学费的学生的跟踪调查，核实学生的家庭经济情况和在校生活情况，加强学生的诚信教育，做好学生学籍管理规定的宣传，具体负责学生欠费的追缴工作，及时向学生处反馈信息。

2. 对恶意欠费学生严格按学籍管理规定和学校相关规定处理。

第四节　学生服务工作

第二十五条 学生资助工作。

（一）学生处主要职责：

1. 制定学生资助工作计划，统筹组织学校"奖、勤、助、贷、减、免、补"工作，完善学生资助体系和工作机制。

2. 指导学院开展家庭经济困难学生认定、奖助学金评定、助学贷款、征兵补偿代偿、贫困学生的救助和勤工助学等日常管理工作。

3. 组织检查各学院学生资助工作开展情况。

4. 建立学校家庭经济困难学生数据库。

（二）二级学院主要职责：

1. 做好学生资助工作，协助学生处建立健全"奖、勤、助、贷、减、免、补"七位一体的学生资助体系。

2. 根据学校学生工作的总体部署,结合学院实际,制定本学院学生资助工作计划并组织实施,努力打造各学院特色资助项目。

3. 积极开展形式多样的资助政策宣传活动和"诚信、感恩、励志"主题教育活动。

4. 做好家庭经济困难学生心理疏导工作。

5. 建立学院家庭经济困难学生数据库。

第二十六条 学生保险工作。

(一)学生处主要职责:

1. 组织落实上级主管部门、衡阳市珠晖区医保中心及学校开展大学生保险工作的各项要求。

2. 办理学生城镇基本医疗保险、校方责任险和大学生实习保险参保手续。

3. 与保险合作单位日常业务联系和参保后的相关管理工作。

4. 组织各学院学生保险工作和保险政策培训。

5. 指导各学院完成学生保险报销工作。

(二)二级学院主要职责:

1. 根据学校工作要求组织学生开展学生保险的政策宣传活动。

2. 当学生患病或发生意外事故时,及时将学生送诊治疗,指导学生完成报案和保险报销工作,并报学生处备案。

第二十七条 新生入学体检。

(一)学生处主要职责:

1. 负责制定新生入学体检的方案,组织新生入校后统一体检。

2. 负责向医院提供新生体检场地及必要设施。

3. 负责将未参加体检的学生名单通知各学院。

4. 负责将体检中发现的身心健康状况不适合录取专业体检要求或不能保证在学校正常学习、生活的学生名单通知各学院。

5. 负责将新生体检结果放入学生档案。

(二)二级学院主要职责:

1. 根据学生处提供的新生入学体检方案,统一组织,落实本学院全部新生参加体检。

2. 根据学生处下达的未按时参加体检的学生名单,通知学生参加补检,并对无故拒绝参加体检的学生按学校相关规定进行处理。

3. 根据学生处下达的身心健康状况不适合录取专业体检要求或不能保

证在学校正常学习、生活的学生名单，根据学校《学生学籍管理规定》相关要求，进行甄别处理。

4. 对于有身体或心理异常现象但未能在体检中检查出来的学生，及时向学生处反映情况。

5. 发现疫情及时上报后勤基建处、学生处及上级防疫部门，配合后勤基建处做好现场或局部清毒工作。

第二十八条 学生档案工作。

（一）学生处、团委主要职责：

1. 制定校级学生（团员）档案管理制度，安排专人负责学生（团员）档案管理工作。

2. 制作、提供学生档案管理所需的档案袋、新生入学登记表、品德鉴定表、毕业生登记表等建档材料。

3. 指导各学院完成新生档案的建档工作，按时完成与各学院的新生档案的交接工作，双方签字确认新生档案材料的内容和数量，学生（团员）档案保存在学生处（团委）档案室。

4. 每学期安排好时间，组织各学院档案管理负责老师将本学院在校学生的奖惩材料、品德鉴定表、异动材料进行归档。

5. 完成毕业生档案的整理、排序、密封、保管和邮寄等工作。

6. 根据学生档案管理规定，配合相关部门做好学生（团员）档案的查阅工作。

（二）教务处工作职责：

1. 打印应届毕业生成绩单，按班级、姓名排序，放假前移交到学生处归档。

2. 档案整理当中不慎损坏或漏打的毕业生成绩单，由学生处提供名单，教务处负责补打。

（三）招生就业处主要职责：

做好应届毕业生的毕业资格审查工作，办理毕业生报到证，在学校放假前将毕业生报到证（白联）按班级、姓名排序，移交到学生处归档。

（四）二级学院主要职责：

1. 贯彻执行学校学生（团员）档案管理工作的政策和规定，接受学生处、团委的指导和监督。

2. 负责新生的建档工作。各班级辅导员（班主任）负责学生（团员）档案管理工作，接收、整理、分班汇总学生（团员）档案，做好与学生处、团委的交接工作。

3. 每学期根据学生处公布的时间,安排专人负责,及时将本学院在校学生的奖惩材料、品德鉴定表、异动材料归档到学校学生档案室。

4. 完成毕业生档案材料的整理、排序和交接工作。

第二十九条 证卡办理。

(一) 学生处主要职责:

1. 负责制定在校学生证、卡管理制度和补办规定。

2. 负责在校学生学生证、胸卡、火车票学生优惠卡的制作和购买。

3. 负责在校学生学生证的打印、补办,胸卡的补办以及火车票学生优惠卡的充值工作。

(二) 二级学院主要职责:

1. 宣传、传达学校证、卡管理制度和补办规定。

2. 为遗失证、卡的学生开具证明。

3. 学校办理火车票学生优惠卡期间,根据通知要求,向学生处提供学生准确的地址和乘车区间。

第三十条 创新创业教育。

(一) 学生处主要职责:

1. 宣传、贯彻国家和省有关大学生创业的方针、政策,制定和完善大学生创新创业工作的各类规章制度及实施细则。

2. 负责构建学生创新创业运转机制,完善创新创业教育体系。

3. 负责搭建创新创业平台,推进学生众创空间的建设。

4. 负责众创空间的运行及组织入驻众创空间项目遴选。

(二) 团委主要职责:

1. 负责牵头指导、组织开展各项大学生创新、创业、创效类竞赛。

2. 负责牵头组织开展大学生创新、创业、创效类竞赛作品校内评审工作,推荐学校优秀项目参加市、省、国赛。

(三) 二级学院主要职责:

1. 指导、组织学生进行创新创业项目的规划、设计。

2. 指导并推荐学生创新创业项目参评及入驻众创空间。

3. 指导、组织开展本学院各项大学生创新、创业、创效类竞赛,并推荐优秀项目参加校赛及市、省、国赛的遴选。

第三十一条 招生就业。

(一) 招生就业处主要职责:就业工作主要职责见《校园两级管理毕业生就业创业实施细则》,招生工作主要职责如下:

1. 负责制定、执行学校招生方面的规章制度、政策,部署招生工作,对招生工作实施具体组织管理。

2. 负责执行招生计划，开展招生宣传工作，负责普通全日制学生的录取工作。

3. 负责学校招生信息平台的建立，收集、发布招生信息。

4. 指导二级学院招生工作，每学年召开招生工作研讨会，研究、探索招生改革工作。

（二）二级学院主要职责：

1. 根据学院的办学条件及企业用人情况变化向招生就业处申请招生计划。

2. 建立学院招生网站，定期更新招生信息。

3. 协助招生就业处做好学院的招生工作，完成本学院招生任务，做好新生的专业咨询工作。

第三十二条 后勤保障。

（一）后勤基建处主要职责：

1. 制定爱国卫生运动年度实施方案，向二级学院下达实施计划，并对实施情况进行检查、考核、评价。

2. 负责餐饮服务和管理工作，负责对饮食卫生、饮食安全、服务质量的管理，提高餐饮服务水平。

3. 保障全校日常工作用水用电。

4. 定期（放假前，开学前）或不定期组织学生对学生宿舍、教学楼等进行物业清查，列出损坏物品清单，并组织维修。对非正常损坏的物品，后勤基建处进行甄别，下达到二级学院，收取相关学生维修费用。

5. 牵头组织全校师生的疾病预防工作，对班主任（辅导员）进行传染病防控技术培训，做好传染病学生的隔离、消毒工作。

6. 做好日常、军训期间师生医疗保障工作。

7. 牵头组织义务植树活动，提供场地、工具等植树必需物品。

（二）二级学院主要职责：

1. 组织学生，按学校下达的爱国卫生运动年度实施计划组织实施。

2. 开展学生文明就餐宣传教育，对学生就餐现场进行文明督导，及时向后勤基建处反映学生就餐感受。

3. 对学生开展教育，爱护公物，对正常损坏的物品，及时报修。

4. 做好因病缺勤学生跟踪登记、报告工作，及时向后勤基建处、学生处上报疫情。

5. 配合后勤基建处、学生处做好传染病学生的后续处理工作。

6. 加强义务植树的宣传，发动、组织学生参与学校组织的义务植树活动。

第三十三条 学校安全稳定与突发事件的处理。

（一）保卫处主要职责：

1. 在学校处置突发事件领导小组的统一指挥下，负责学校安全稳定工作和应对突发事件的组织和协调。

2. 制定学校安全维稳相关预案并进行论证、演练，指导各部门、各学院制定相关预案并督促完善及演练。

3. 负责相关突发事件的处置、人员抢救和疏散、现场警戒和秩序维护，同时加强门卫盘查和校园巡逻，对重点要害部位（水、电、气、热）和财务部门加强保卫等。

（二）后勤基建处主要职责：

负责对学校水、电、气、热进行控制，为现场处置提供必要的物资、车辆、通信、饮食等保障，积极开展现场救护等。

（三）学生处主要职责：

1. 参与学校对学生进行安全稳定的宣传和教育工作，参与组织与学生工作相关的安全检查与督查。

2. 配合保卫处建立健全学校学生突发事件处置预案，做好学生突发事件的处置工作和敏感时期、特殊时段主题教育工作安排。

（四）二级学院主要职责：

1. 配合保卫处与学生处做好学生安全稳定宣传和教育工作；组织落实学校制定的校园安全稳定工作方案，负责开展学院学生安全教育与管理活动。

2. 负责组织落实学校学生突发事件处置预案，做好学生突发事件的处置工作和敏感时期、特殊时段主题教育工作安排。

3. 负责学生家长来访接待、来信处理，负责落实辅导员值班及住校工作。

第五节　学工队伍建设及管理

第三十四条　辅导员队伍建设与管理。

（一）学生处主要职责：

1. 学校辅导员实行学校和学院双重管理。

2. 牵头负责辅导员的培养、培训和考核等工作，同时要与学院党总支共同做好辅导员日常管理工作，确保每名专职辅导员每年参加不少于16个学时的校级培训，每5年参加1次国家级或省级培训。

3. 制定辅导员工作考核的具体办法，健全辅导员队伍的考核评价体系。牵头组织人事处、二级学院党总支和学生共同参与对辅导员的考核评价。

4. 在校党委统一领导下与组织人事处、纪检等相关部门共同组织开展辅导员选聘工作。

5. 负责复审大学生素质拓展指导教师薪酬。

（二）组织人事处主要职责：

1. 根据辅导员职业能力标准，考核结果与辅导员的职务聘任、奖惩、晋级等挂钩。

2. 根据辅导员基本条件要求和实际岗位需要，确定具体选拔条件，通过组织推荐和公开招聘相结合的方式，经过笔试、面试、公示等相关程序进行选拔。

3. 将辅导员培训纳入学校师资队伍和干部队伍培训整体规划。负责学生师资队伍制度、相关职务评审及聘任、管理等工作。

4. 积极选拔优秀辅导员参加国内国际交流学习和研修深造，创造条件支持辅导员到地方党政机关、企业、基层等挂职锻炼，支持辅导员结合大学生思想政治教育的工作实践和思想政治教育学科的发展开展研究。鼓励辅导员在做好工作的基础上攻读相关专业学位，承担思想政治理论课等相关课程的教学工作，为辅导员提升专业水平和科研能力提供条件保障。

5. 积极为辅导员的工作和生活创造便利条件，根据辅导员的工作特点，在岗位津贴、办公条件、通讯经费等方面制定相关政策，为辅导员的工作和生活提供必要保障。

（三）二级学院主要职责：

1. 学院党总支负责对辅导员进行直接领导和管理。

2. 依据学校师资队伍建设规划，结合学院实际，设置专兼职辅导员（班主任），上报需求计划，由学校统筹考虑配备。

3. 负责辅导员的思想教育和日常培训工作；安排本学院专兼职辅导员（班主任）老师年度（学期）工作任务，分别报学生处、组织人事处等部门备案。

4. 负责辅导员日常工作的考评，每学期报送辅导员及班级量化考核结果，配合学生处、组织人事处做好辅导员的考核工作。根据考评结果按照优秀辅导员比例向学校推荐优秀辅导员人选。

5. 负责拟定、上报大学生素质拓展指导老师薪酬单。

第四章　管理过程与监督

第三十五条　学生工作运行与诊改。

（一）学生处主要职责：

1. 制定全校性的学生工作运行标准。

2. 经常开展日常学生工作检查。

3. 根据二年级学院学生工作进行运行。

（二）二级学院主要职责：

1. 制订并提交本学院的学生工作实施办法。

2. 依据学校职能部门工作反馈意见和本学院日常学生工作检查情况，制定整改方案，及时向学校报告并据此改进学生工作。

3. 配合学校职能部门开展学生工作运行情况的研判工作，落实学生工作改革。

第五章　附　　则

本细则由学生处负责解释，自 2018 年 9 月 1 日起施行，其他有关文件规定与本细则不一致的，以本细则为准。

第四节 学生学籍管理规定（修订）

第一章 总 则

为了全面贯彻执行党的教育方针，维护学院正常的教育教学秩序和生活秩序，保障学生合法权益，培养德、智、体、美、劳等方面全面发展的社会主义建设者和接班人，依据《中华人民共和国高等教育法》和《普通高等学校学生管理规定》（中华人民共和国教育部令第 41 号）以及有关法律、法规，结合我院实际，特制定本学籍管理规定。

第二章 入学与注册

第一条 按国家招生规定录取为湖南高速铁路职业技术学院的新生必须持本院录取通知书和学院规定的有关证件，按期到学院办理入学手续。因故不能按期入学者，应当及时向学院请假，假期不得超过两周。未经请假或请假逾期者，除因不可抗力等正当事由以外，视为放弃入学资格。

第二条 新生来校报到之前，由招生就业处将当年所有按国家招生规定录取的新生的录取照片发至学生工作处学籍管理科。

第三条 学生在报到入学时需要提供本人的身份证原件、准考证原件、录取通知书原件。

第四条 二级学院组织辅导员根据学生提供的身份证原件、准考证原件、录取通知书原件对每一个来报到的新生进行初次审查比对。

第五条 学生工作处提供人像比对设备，利用设备再次组织新生进行人像比对。

第六条 在相应审查比对完成后，学生在审查比对结果名单上签字，辅导员在审查比对结果名单上签字，二级学院主管学生工作的领导在审查比对结果名单上签字并加盖二级学院公章。

第七条 辅导员在进行审查比对工作中，如发现新生的录取通知、考生信息等证明材料与本人实际情况疑似存在不一致情形的，首先应报告给二级学院主管领导，经再次确认后，以书面形式经辅导员、主管领导签字盖二级学院公章后及时上报至学生工作处学籍管理科。由学生工作处学籍管理科会同相关部门集体做出最终判定。

第八条 每学年第一学期开学时，学生须按学院规定日期缴纳学费，凭学生证和收费凭证到所在二级学院学生工作办公室办理注册手续。未按学院规定缴纳学费或者有其他不符合注册条件的，不予注册。逾期两周不注册者按自动退学处理，依法依规取消其学籍。但家庭经济困难的学生可以申请助学贷款或者其他形式资助，办理有关手续后注册。每学年第二学期开学时凭学生证到所在二级学院学生工作办公室办理注册手续。

第九条 学院按照国家有关规定为家庭经济困难学生提供教育救助，完善学生资助体系，保证学生不因家庭经济困难而放弃学业。

第十条 学生入学后，学院在3个月内按照国家招生规定进行复查。复查内容主要包括以下方面：

（一）录取手续及程序等是否合乎国家招生规定。

（二）所获得的录取资格是否真实、合乎相关规定。

（三）本人及身份证明与录取通知、考生档案等是否一致。

（四）身心健康状况是否符合报考专业或者专业类别体检要求，能否保证在校正常学习、生活。

（五）体育等特殊类型录取学生的专业水平是否符合录取要求。

复查中发现学生存在弄虚作假、徇私舞弊等情形的，确定为复查不合格，依法依规取消学籍；情节严重的，学院将移交有关部门调查处理。

复查中发现学生身心状况不适宜在校学习，经学院指定的二级甲等以上医院诊断，需要在家休养的，可以按照第十一条的规定保留入学资格。

第十一条 新生进行体检复查患有疾病者，经二级甲等以上医院证明，短期治疗（不超过一年）可以达到健康标准者，本人申请，经各部门签章同意，报学生工作处审核，学院批准，可准许保留入学资格一年，保留入学资格期间不具有学籍。

（一）保留入学资格的学生，应回家或回原单位治疗，离校期间不享受在校学习学生的待遇，自通知办理离校手续之日起，半个月内无故不办理离校手续者，依法依规取消其入学资格。

（二）保留入学资格的学生，在下一届新生入学前向二级学院提出入学申请报告，并出具二级甲等以上医院复查合格证明，经批准后方可办理入学手续，入学手续与当年新生相同。审查不合格的，依法依规取消入学资格；逾期不办理入学手续且未有因不可抗力延迟等正当理由的，视为放弃入学资格。

（三）因参军入伍需要保留入学资格的新生按照《应征入伍普通高等学校录取新生保留入学资格及退役后入学办法（试行）》（湘教通〔2013〕359号）办理。新生到入伍地人民政府征兵办公室领取保留入学资格申请表，一式两份，签字盖章，与入伍通知书复印件一并交至或邮寄至学生工作处学籍管理科。

第三章　转专业与转学

第十二条　依据学院相关文件以及学院相关会议决定办理转专业手续。

第十三条　依据普通高等学校学生管理规定（中华人民共和国教育部令第41号）和《转发教育部办公厅关于进一步规范普通高等学校转学工作的通知》（湘教通〔2015〕294号）办理转学手续。

第四章　休学与复学

第十四条　学生因故可以申请休学，休学一般以一年为期，因病重或其他原因经学院批准，可连续休学两次，但累计不得超过两年（学生因创业或参军办理休学或保留学籍不受此条限制，具体参看第十六条第2、3款）。学生休学和保留学籍期间，学院为其保留学籍，但不享受在校学习学生待遇。因病休学学生的医疗费按国家及当地的有关规定处理。

第十五条　因病休学。

（一）因病经指定医院诊断，须停课治疗、病休时间在一学期内超过两个月的学生，应予休学。

（二）因病需休学的学生，本人提出申请，由二级甲等以上医院诊断证明，经学院各相关部门签署意见后，报主管副院长批准。

（三）学生因病休学申请一经批准，应立即停止校内一切活动，回家治疗休养，其往返路费自理。

第十六条　其他原因休学。

（一）学生要求中途停止学习，由学生本人申请，经学院各相关部门签署意见后，报主管副院长批准，可办理休学离校手续，学院保留其学籍。

（二）学院鼓励学生休学创业，每次休学时间为1~2年，可连续休学，休学期限到，应及时复学或续办手续，休学时间累计不得超过3年。

（三）新生和在校学生应征参加中国人民解放军（含中国人民武装警察部队与国家综合性消防救援队伍人员），学院保留其入学资格或者学籍至退役后2年。

学生参加学院组织的跨校联合培养项目，在联合培养学校学习期间，学院同时为其保留学籍。

学生保留学籍期间，与其实际所在的部队、学校等组织建立管理关系。

第十七条 复学。

（一）休学学生应于期满前两周提出复学申请，经学院各相关部门签署意见后，报主管副院长批准才能复学。

（二）因伤病休学的学生，申请复学时必须由二级甲等以上医院诊断，证明恢复健康，方可复学。

（三）休学学生原则上不能提前复学。

（四）学生休学期间，如有违法和严重违纪行为者，一经查明，依法依规取消其复学资格。

（五）休学期满不按时提出复学申请超过两周者，依法依规取消复学资格并按自动退学处理。

（六）复学学生一般应随原专业下一年级学习。其已修合格课程，可以申请免修。

第五章 退　　学

第十八条 退学。

学生有下列情形之一，学院依法依规给予退学处理：

（一）学业成绩未达到学院要求或者在学院规定的学习年限内未完成学业的。

（二）休学、保留学籍期满，在学院规定期限内未提出复学申请或者申请复学经复查不合格的。

（三）根据学院指定医院诊断，患有疾病或者意外伤残不能继续在校学习的。

（四）未经批准连续两周未参加学院规定的教学活动的。

（五）超过学院规定期限未注册而又未履行暂缓注册手续的。

（六）学院规定的不能完成学业、应予退学的其他情形。学生本人申请退学的，经学院审核同意后，办理退学手续。

第十九条 学生退学善后问题的处理：

（一）退学和因各种原因处理离校的学生，回家乡或抚养所在地落户。凡不按照规定离校的学生，产生的一切后果，学院概不负责。

（二）经二级甲等以上医院诊断，患有疾病或意外伤残无法继续在校学习者，由家长或抚养人负责领回。

（三）取消学籍或退学的学生，均不得申请复学。

（四）因故退学或提前结束学业的学生，学院根据学生实际学习时间，按国家规定计退剩余的学费和住宿费。

（五）退学学生应当主动将本人的档案邮寄地址以及收件人的姓名与联系方式告知学院负责学生档案管理的部门，以便将档案进行邮寄。如户口已迁至学院，应当按照国家相关规定迁回原户籍地或者家庭户籍所在地。

第六章　毕业、结业、肄业

第二十条　毕业。

具有正式学籍的学生，在毕业时作全面鉴定，其内容包括德、智、体、美、劳五方面，学生经鉴定合格，在学院规定学习年限内，修完教育教学计划规定内容并完成规定的实践性环节，成绩合格，达到学院毕业要求的，准予毕业，由学院在学生离校前发给毕业证书。根据《激励大学生参军入伍若干措施》（湘政发〔2020〕10号）的通知，对上半年入伍的毕业班学生，已完成教育教学计划规定内容并成绩合格、在服役期间完成毕业设计（论文）、达到学院毕业要求的，学院发给毕业证书。

第二十一条　结业。

（一）学生有下列情况之一者，可申请结业，发给结业证书：

1. 在学制年限内，修完教育教学计划规定内容，未达到学院毕业要求者。

2. 受到处分尚未解除者。

（二）凡因成绩不合格结业离校的毕业生，在毕业后三年内参加不及格课程补考，全部合格后，符合毕业条件者，可于规定时间在学生工作处以结业证书换取毕业证书。

（三）结业生申请重修（重考）必须由学生本人于每学期开学初到学院教务处查看课程安排表，办理重修（重考）手续。

（四）重修（重考）成绩合格后，可以换发毕业证，颁发毕业证书的毕业时间按发证日期填写。

（五）结业学生申请回校重修（重考），需按有关规定交费。

第二十二条 肄业。

（一）开除学籍的学生，无论学习时间长短，均不能发给肄业证书，只发给学习证明书。

（二）对退学学生，学院发给肄业证书或者写实性学习证明。

第七章 学业证书管理

第二十三条 学院严格按照招生时确定的办学类型和学习形式，以及学生招生录取时填报的个人信息，填写、颁发学历证书及其他学业证书。

学生在校期间变更姓名、出生日期等证书需填写的个人信息的，应当有合理、充分的理由，并提供有法定效力的相应证明文件。

第二十四条 学院执行高等教育学籍学历电子注册管理制度，完善学籍学历信息管理办法，按相关规定及时完成学生学籍学历电子注册。

第二十五条 对违反国家招生规定取得入学资格或者学籍的，学院依法依规取消其学籍，不发给学历证书；已发的学历证书，学院依法予以撤销。对以作弊、剽窃、抄袭等学术不端行为或者其他不正当手段获得学历证书的，学院依法予以撤销。

被撤销的学历证书已注册的，学院予以注销并报教育行政部门宣布无效。

第二十六条 学历证书遗失或者损坏，经本人申请，学院核实后出具相应的学历证明书。学历证明书与原证书具有同等效力。

第二十七条 本办法自2021年5月9日起施行。原《湖南高速铁路职业技术学院学生学籍管理规定》（湘高铁院办发〔2015〕90号）同时废止。

第二十八条 本规定由学生工作处负责解释。

第五节 湖南高速铁路职业技术学院学生学籍管理留级补充规定

为规范学籍管理，提高教育教学质量，促进优良学风建设，根据《普通高等学校学生管理规定》（教育部41号令）、《湖南高速铁路职业技术学院学籍管理规定》，结合学校实际，特对留级问题做出如下补充规定。

第一条 学生应当参加学校教育教学计划规定的课程和各种教育教学环节（以下统称课程）的考核，考核成绩记入成绩册，作为学生留级的依据。

第二条 学生思想品德考核、鉴定合格，学完本学年专业人才培养方案规定的课程，经考核成绩符合规定要求，准予升级。

第三条 学生有下列情况之一者，应予以留级：

（一）每学年课程补考结束后，考核不及格课程门数累计达5门及以上者。

（二）每学年课程补考结束后，学生因学习困难主动申请留级学习者。

第四条 学生留级时不及格课程门数的核算，按下列方式统计：

（一）一门课程分几个学期讲授，且每个学期都进行考核的，每学期均按一门课程计算。

（二）专业教学计划规定的实践性教学环节，如单独进行考核，则按一门课程计算。

第五条 学生每学期课程补考后，考核不及格课程门数累计达2门及以上者，二级学院及时通知学生及家长并予以学业预警。

第六条 预警与留级办理程序：

（一）每学期课程补考结束后，由教务处提供课程不及格学生名单，并以正式通知下发至各二级学院，由二级学院负责通知学生本人及家长予以警示。

（二）每学年补考结束后，学生处根据留级条件，提出留级学生（包括主动申请留级学生）处理意见，报校长办公会批准，公示期满后下发公文执行。

第七条　学生接到留级文件通知后，应在一周内到学生处领取《留级通知单》，凭《留级通知单》到指定班级报到。学生逾期未办理留级手续者，延迟一天按每天旷课 8 课时计算，按《湖南高速铁路职业技术学院学生违纪处分实施规定》相关条例给予违纪处分。

第八条　学生留级后，按所在年级专业重修所有课程，以及参加所在班级的各项活动。

第九条　留级的学生原则上在原专业进行学习，如遇没有连续招生的专业，可跟班试读。

第十条　学生在留级或跟班试读期间，如所学科目中不及格课程再次达到 5 门及以上的，做退学处理。

第十一条　毕业年级不留级，毕业补考后，仍有不及格课程者，按结业处理。

第十二条　凡因成绩不合格结业离校的毕业生，按规定只能在毕业后一年内参加一次不及格课程考核，全部考核合格后，符合毕业条件者，可于规定时间在学生处以结业证书换取毕业证书。

第十三条　本补充规定适用于学校全日制三年制高职学生。

第十四条　本补充规定自印发之日起执行，试行一年，由学生工作处负责解释。

第六节 湖南高速铁路职业技术学院学生奖励办法（修订）

第一章 总 则

第一条 为促进学生德、智、体、美、劳全面发展，鼓励学生刻苦学习，努力实践，奋发向上，培养学生争先创优、积极进取的精神，发挥榜样的引领作用，进一步提高学风建设，结合我校实际情况，制定本办法。

第二条 凡我校学生表现突出者，依据本办法给予奖励。

第三条 本办法适用于我校注册全日制学生和班级。凡未缴清学杂费、住宿费（家庭经济困难学生经学校批准者除外）的一律不得给予各种奖励。

第四条 学校对学生奖励的管理机构为学生工作委员会，办公室设在学生处，由学生处处长担任办公室主任，学生处其他人员为办公室成员，负责奖励相关工作。

第二章 奖励条件、评选比例、组织评审机构、评审程序、评审时间及奖励办法

第五条 全国、省级项目奖励条件以上级文件为准。全国、全省级项目由学生处审核后上报学校审核，并上报上级评审机构批准。

第六条 校级项目。

（一）奖学金。

热爱祖国，拥护中国共产党的领导，模范遵守大学生守则，品学兼优，综合素质好，成绩特别优秀者（详细评比条件见下表）。

等级内容	特等奖学金（学生标兵）	一等奖学金	二等奖学金	三等奖学金
奖励金额	2000元/学年	1000元/学年	400元/学年	300元/学年

续表

等级内容	特等奖学金（学生标兵）	一等奖学金	二等奖学金	三等奖学金
奖励比例（在校学生总数）	2‰	4‰	4%	10%
评定条件	1. 专业成绩排名为年级前5%名，综合测评成绩≥90分 2. 为学校做出突出贡献 3. 单科成绩不低于80分或优秀 4. 体育课成绩及格及以上	1. 专业成绩排名为年级前15%，综合测评成绩≥85分 2. 为学校做出较大贡献 3. 单科成绩不低于80分或良好 4. 体育课成绩及格及以上	1. 专业成绩排名为年级前20%，综合测评成绩≥80分 2. 班组中表现突出 3. 单科成绩不低于75分或良好 4. 体育课成绩及格及以上	1. 专业成绩排名为年级前25%，综合测评成绩≥75分 2. 班组中表现突出 3. 单科成绩不低于70分或良好 4. 体育课成绩及格及以上
评定时间	每年9月初评定	每年3月、9月各评定一次	每年3月、9月各评定一次	每年3月、9月各评定一次

各等级奖学金由各二级学院（部）组织评定，报学生处审核。

（二）单项奖。

单项奖指在上级职能部门主办的科技、文艺、体育、创新创业及学科竞赛中取得名次等给予的奖励和精神文明奖。

单项奖条件及奖励办法如下：

1. 在科技、文艺、体育、创新创业、学科竞赛等活动中获奖者，按获奖等次（分优胜奖、叁等奖、贰等奖、壹等奖、特等奖），市级奖200～600元，省级奖600～1000元，国家级奖分别为1000、2000、4000、6000、8000元。集体奖不论参赛人数多少，原则上以2人标准核发奖金。（单独人气之类奖项参照同级二等奖）。世界技能大赛等国际项目由学校商定；不设名次的比赛取中间值。

2. 学生以第一作者在正规刊物上公开发表学术论文、获国家专利、其他文学、艺术作品等参照学校科研奖励办法标准酌情给予奖励。

3. 精神文明奖：拾金不昧、舍己救人、见义勇为或在保护国家财产方面表现突出并产生一定社会影响者，可获精神文明奖（学校已奖励者不再申报），提交学校办公会议讨论，视其影响大小给予物质奖励 200～2000 元。

4. 单项奖中的项目或活动由学校主办或委托二级学院承办的，由学校给予奖励并颁发奖状，个人奖金最高不超过 200 元，集体奖最高不超过 400 元。

5. 单项奖中的项目或活动由各二级学院主办的，须报学生处备案；奖励标准参照校级活动标准减半，个人奖金最高不超过 100 元，集体奖最高不超过 200 元。

6. 参加行（教）指委组织的竞赛，参照学院教学科研成果奖励办法，根据获奖等次（分一等奖、二等奖、三等奖），分别按"单项奖条件及奖励办法"第 1 条对应的标准降一档后的 80％进行奖励。

7. 由学校组织参加的其他教育部、省教育厅下属的学会、协会举办的赛事，奖励金额参照教师竞赛和指导学生竞赛奖励标准 0～40％的比例、具体奖励标准由学术委员会讨论后执行。

校级以上单项奖原则上每学期评选一次，分别在 5 月底和 11 月底前申报，由学生处审核，报学校审批，财务处发放。

第三章　附　　则

第七条　社会团体、企业或个人在校设立专项奖学金，除设奖者有特殊要求外一般按综合奖，参照评比条件评发。

第八条　本办法规定的各种奖励，除集体奖外，其他学项奖由各学院填写登记表，一式两份，一份存入本人档案，一份学生处存档。各学院可视情节通报家长或有关单位。

第九条　本办法所列各种奖励，均应由主管或主办部门以文件形式公布。

第十条　毕业学年参加顶岗实习学期不参加奖学金的评定。

第十一条　本办法由学生处负责解释。

第七节 湖南高速铁路职业技术学院家庭经济困难学生认定办法（修订）

为认真做好学院家庭经济困难学生认定工作，公平、公正、合理地配置资助资源，切实保证国家、省、市、学院的各项资助政策和措施落实到位，根据《教育部办公厅关于进一步加强和规范高校家庭经济困难学生认定工作的通知》（教财厅〔2016〕6号），对我院原《湖南高速铁路职业技术学院家庭经济困难学生认定办法》进行修订，现予以颁布如下。

第一条 进一步提高思想认识。精准认定家庭经济困难学生是做好学生资助工作的重要前提，是决定资助政策落实效果的基础性工作。学院各部门要充分认识家庭经济困难学生认定工作的重要性，认定家庭经济困难学生应依据其家庭经济状况，不能加入其他非经济因素。要正确认识国家助学金、国家助学贷款等解困型资助项目对家庭经济困难学生"保基本、兜底线"的功能定位，坚决杜绝将"助学金"变成"奖学金"或用"助学金"代替"奖学金"的行为。

第二条 本办法适用于全体在校全日制学生。

第三条 本办法中家庭经济困难学生是指学生本人及其家庭所能筹集到的资金，难以支付其在校学习期间的学习和生活基本费用的学生。

第四条 家庭经济困难学生认定工作坚持实事求是、确定合理标准、学生本人提出申请、民主评议和学院评定相结合的原则。

第五条 实施四级资助认定工作机制，明确岗位职责，确保资助工作高效、有序、规范开展。

1.学院学生资助工作领导小组负责对全院家庭经济困难学生认定工作进行领导和监督。

2.学生资助科具体负责组织、审核、管理全院的认定工作。

3.各系成立以系主要领导任组长，教师代表、辅导员代表、学生代表担任成员的认定工作组，具体负责组织、审核本系的认定工作。班级辅导员（班主任）和系资助工作负责人为认定工作的主要责任主体，工作严重失误者将按国家相关文件进行问责。

4. 各系以年级（专业）或班级为单位成立民主评议小组，负责本年级（专业）或本班家庭经济困难学生认定的民主评议工作。

第六条　合理确定家庭经济困难学生的认定标准。

根据相关政策文件规定，我院家庭经济困难学生调整为三个等级：家庭经济特别困难、家庭经济困难和家庭经济一般困难。各等级认定标准如下：

1. 家庭经济特别困难。结合学生在校期间的各种消费情况，以下情况可认定为家庭经济特别困难学生：

（1）建档立卡家庭经济困难学生；

（2）农村低保家庭学生；

（3）农村特困救助供养学生；

（4）烈士子女；

（5）孤残学生；

（6）家庭遭遇自然灾害致使家庭财产损失较重的学生；

（7）突发变故致使家庭财产损失较重的学生；

（8）由于其他原因造成家庭经济特别困难的学生。

2. 家庭经济困难。结合学生在校期间的各种消费情况，有下列情况可认定为家庭经济困难学生：

（1）持有民政部门发放的低保证的城镇居民家庭子女；

（2）家庭收入以农业为主，有两名以上（含两名）子女同时在非义务教育阶段上学，家庭经济负担较重的学生；

（3）父母务农，家庭成员（一般只认可父母及兄弟姐妹）中有残疾或疾病而丧失劳动能力的学生；

（4）由于其他原因造成家庭经济困难的学生。

3. 家庭经济一般困难。结合学生在校期间的各种消费情况，有下列情况可认定为一般经济困难学生：

（1）父母双方下岗未再就业或父母一方因病丧失劳动能力，家庭无固定经济来源的学生；

（2）父母一方暂时失业，另一方收入不足以维持正常学习和生活的学生；

（3）来自偏远地区，家庭收入不足以支付正常的学习及生活费用的学生；

（4）由于其他原因造成家庭经济一般困难的学生。

第七条　家庭经济困难学生认定程序。

家庭经济困难学生认定工作每学年进行一次。学生资助工作领导小组、学生资助科、系认定工作组、年级（专业）或班级民主评议小组，按照认定工作程序和各自的职能分工，认真、负责地共同完成认定工作。

1. 全面部署每学年的家庭经济困难学生认定工作。招生就业处发放新生录取通知书时，寄送《高等学校学生及家庭情况调查表》；每学年结束前，需要申请认定家庭经济困难的在校学生可在学生处网站的"表格下载"中下载《高等学校学生及家庭情况调查表》，如实填写后持该表到家庭所在地乡镇或街道民政部门加盖公章，以证明其家庭经济状况。

2. 每学年开学时，学生资助科布置启动全院认定工作。各班辅导员组织学生填写《高等学校家庭经济困难学生认定申请表》，并负责收集《高等学校学生及家庭情况调查表》及相关贫困证明材料。

3. 年级（专业）或班级民主评议小组根据学生提交的《高等学校家庭经济困难学生认定申请表》《高等学校学生及家庭情况调查表》和相关贫困证明材料，对照认定标准，并结合学生日常消费行为，以及影响其家庭经济状况的有关情况，认真进行评议，确定本年级（专业）或本班各档次的家庭经济困难学生资格，报系认定工作组进行审核。

4. 系认定工作组要认真审核年级（专业）或班级民主评议小组申报的初步评议结果。如有异议，应在征得年级（专业）或班级民主评议小组意见后予以更正。

5. 系认定工作组审核通过后，要将家庭经济困难学生名单及档次公示5个工作日。如师生有异议，可通过有效方式向本系认定工作组提出质疑。系认定工作组应在接到异议材料的3个工作日内予以答复。如对系认定工作组的答复仍有异议，可通过有效方式向学生资助科提请复议。学生资助科应在接到复议提请的3个工作日内予以答复。如情况属实，应做出调整。

6. 学生资助科汇总各系审核通过的家庭经济困难学生名单，报学生资助工作领导小组审批。审批后，由学生资助科建立家庭经济困难学生电子信息档案。

第八条 学生资助科和各系认定工作组每学年定期对全部家庭经济困难学生进行一次资格复查，并不定期地随机抽选一定比例的家庭经济困难学生，通过信件、电话、实地走访等方式进行核实。如发现弄虚作假现象，一经核实，取消资助资格，收回资金。情节严重的，提交学生资助工作领导小组根据有关规定进行严肃处理。

第九条 家庭经济困难学生信息档案将作为精准分配资助名额、明确重点受助学生的重要依据，是学院评定国家励志奖学金、国家助学金、免学费、提供勤工俭学岗位、发放困难补助等资助的重要参照，对于未申请建立家庭经济困难学生信息档案的学生原则上将不予资助。

第十条 各级机构在开展调查认定工作中，要注意保护受助学生尊严。要通过大数据分析、个别访谈等方式，深入、直观地了解学生家庭经济状况，及时发现那些困难但未受助、不困难却受助的学生，及时纠正认定结果存在的偏差。公示家庭经济困难学生受助情况的内容，不能涉及学生个人及家庭的隐私；评定学生家庭经济状况时，不能让学生当众诉苦、互相比困；宣传学生励志典型时，涉及受助学生的任何事项，都应征求学生本人的同意；采用隐性的方式，避免大张旗鼓地发放款式相同、规格统一的资助物品，把困难学生与非困难学生割裂区分开。

第十一条 在认定工作中要进一步加强政策宣传和教育引导。

1. 提高政策的透明度。要有计划、有重点地做好学生资助政策宣传工作。同时，要提高资助政策及执行情况的透明度，主动接受社会监督。要进一步做到"四公开"：所有资助项目要公开，所有申请条件要公开，所有评审过程要公开，所有资助结果要公开。

2. 引导学生积极受助。要通过讲解国家制定资助政策的目的，为保证资金投入所做出的努力等背景情况，让家庭经济困难学生明白，国家资助是实现教育公平、促进社会公平的一种制度安排和重要举措。要帮助家庭经济困难学生树立正确的荣辱观，正确面对眼前存在的困难，引导他们积极主动地利用国家资助完成学业。

3. 加强对学生的诚信教育。要教育引导学生如实反映家庭经济困难情况，既不应隐而不报，更不能夸大虚报。对申请资助时弄虚作假的学生，要以适当方式予以惩戒。

第八节 湖南高速铁路职业技术学院勤工助学管理办法

第一章 总则

第一条 为加强和规范我院勤工助学管理工作，维护学生的合法权益，帮助经济困难学生顺利完成学业，根据《中华人民共和国高等教育法》第五十六条、《普通高等学校学生管理规定》第三章第三节的规定及教育部、财政部《高等学校勤工助学管理办法》，结合我院实际情况，特制定本办法。

第二条 凡我院具有正式学籍的学生均可参加勤工助学活动。

第三条 学院在学生处设立学生资助中心，安排并配备专职工作人员负责勤工助学工作的管理。其主要职责如下：

（一）负责学生勤工助学活动的组织、协调、管理和指导，积极拓展勤工助学岗位和途径。

（二）对参加勤工助学活动的学生进行必要的岗前培训，及时建立学生勤工助学资料库。

（三）对勤工助学活动实施监督，及时调解学生与用工单位或个人之间的矛盾和纠纷。

（四）筹措、管理和使用好勤工助学经费。

（五）建立和健全勤工助学活动的各项具体规章制度。

（六）实施其他有关学生勤工助学的管理和服务事项。

第四条 任何个人、团体或用人单位未经学院学生资助中心许可，不得在院内招录学生参加勤工助学活动。

第五条 学生参加勤工助学活动必须遵守国家法律、法规以及学校、用人单位的规章制度，履行勤工助学活动的有关协议，不得参加传销等国家明文禁止的以及有损大学生形象、有碍社会公德的活动。

第六条 学生不得私自从事商品贩卖活动。严禁学生个人或团体未经允许在校内进行各种商业活动,特别是各类商品传销活动。学生私自参加院外勤工助学活动,学院不承担相关责任。

第二章 岗位设置

第七条 院内勤工助学岗位设固定岗位和临时岗位。固定岗位是指岗位聘期为一学年,由学院出资或院内用工单位出资,为解决贫困学生经济困难而设立的岗位。临时岗位的时间不确定。

第八条 固定岗位主要由院内各部门提供,提供固定岗位的部门即用工单位。用工单位根据本部门的工作需要向学生资助中心申报用工计划,并填写《湖南高速铁路职业技术学院勤工助学岗位设置申请表》,经学生资助中心审核批准后确定。申报审批工作一般在每年10月份进行。临时岗位可随时申报审批。

院外用人单位招聘勤工助学学生须出示单位证明材料,经学生资助中心同意后方可招聘,并与学生签订用工协议。

第九条 岗位设立要求:
1. 用工时间不能与学生的学习时间产生冲突;
2. 要求安全、无毒、无害,学生力所能及;
3. 不能替代院内教职员工的本职工作。

第三章 招聘与录用

第十条 每学期初,学生资助中心根据各用工单位的需求确定勤工助学岗位数量、待遇及岗位要求后,将岗位需求在全院公示,需参加勤工助学的同学按通知规定的时间和要求到学生资助中心申请报名。临时岗位随时面向全院发布。

第十一条 学生资助中心应本着"公开、公平、公正"的原则,根据岗位要求进行公开招聘,择优录用。申请上岗的学生必须是品质好、敬业精神强、学有余力的贫困学生,同等条件下家庭经济特别困难的学生应优先录用。经审核、筛选后,被推荐的学生须填写《湖南高速铁路职业技术学院勤工助学申请登记表》,并交至学生资助中心备案。

第十二条 勤工助学岗位人员录用结果,由学生资助中心公开。因岗位不足而未录用的、符合勤工助学条件的学生,可以参加临时岗位招聘或由学生资助中心根据新的岗位需求推荐录用。

第十三条　学生一经录用，应当在规定时间内凭学生证到用工单位报到上岗。

第十四条　学生录用后因故不能按时上岗的，应当在规定时间内向学生资助中心作出说明，否则视为自动放弃岗位，且此后一年内，学生资助中心不受理其勤工助学申请。

第四章　岗位管理、考核及劳酬发放

第十五条　学生进行勤工助学，应限于假期和课余时间，不得以参加勤工助学为由缺勤，影响正常教学及集体活动。学生因勤工助学而影响专业学习的，学生资助中心有权调整或停止其勤工助学活动。

第十六条　学生如要停止勤工助学活动，需提前一周向学生资助中心提出书面离岗申请，并告知所在用工单位负责人，做好工作交接，否则扣发当月工资，此后一年内，学生资助中心不受理其勤工助学申请。

第十七条　学生上岗前，用工单位必须对其进行短期培训，进行安全、技术、岗位要求和职业道德教育。学生上岗后，必须遵守用工单位的劳动纪律，按要求完成工作任务。为了保证学生有足够的学习时间，原则上学生参加勤工助学时间每周不超过8小时，每月不得超过40小时。

第十八条　各用工单位负责对勤工助学学生进行管理与考核。每月的1日至3日，用工单位须将上月本部门勤工助学学生工作考核情况送交学生资助中心，报送《湖南高速铁路职业技术学院勤工助学学生工作考核表》，学生资助中心据此发放劳酬。

第十九条　固定岗位按月计酬。每月40个工时的酬金原则上不低于160元人民币，具体劳酬可依情况上下浮动。由学生资助中心进行管理的岗位，具体劳酬由学生资助中心根据岗位的工作时间、劳动强度、劳动性质确定；用工单位自行管理的，由用工单位根据实际工作情况自行确定劳酬并从部门支出，如需学生资助中心统一发放的，可提出拟付报酬的建议。临时性岗位依具体情况确定劳酬，原则上每小时不低于8元人民币。所有学生勤工助学支出款项必须到学生资助中心备案后才能交由财务处发放。

第二十条　学生资助中心将学生勤工助学岗位劳酬明细表报主管学生工作的副院长审批，由财务处统一经学生银行账户发放。

第二十一条　勤工助学基金的使用应遵守国家财经法规和学校财务

制度。

第二十二条 学生参加院外勤工助学岗位工作，报酬由对方按协议付给。

第五章 附 则

第二十三条 本办法由学生工作处负责解释。

第二十四条 本办法自公布之日起施行。原勤工助学管理办法与本办法不一致的，以本办法为准。

第九节 湖南高速铁路职业技术学院高校国家奖学金实施细则（暂行）

为激励在校学生勤奋学习、努力进取，在德、智、体、美等方面得到全面发展，由中央政府出资，设立了国家奖学金。为了加强对国家奖学金的管理，保证评审工作公平、公开、公正进行，根据《国务院关于建立健全普通本科高校、高等职业学校和中等职业学校家庭经济困难学生资助政策体系的意见》（国发〔2007〕13号）和财政部、教育部关于印发《普通本科高校、高等职业学校国家奖学金管理暂行办法》的通知（财教〔2007〕90号）等有关文件精神，结合学院实际，特制定本细则。

第一条 奖励对象。

国家奖学金的奖励对象为我院品学兼优的全日制专科二年级以上（含二年级）的学生。

第二条 国家奖学金的管理。

学校成立学生资助中心负责国家奖学金的评审等管理工作，由学生资助中心办公室具体负责组织国家奖学金的申报、宣传、报送、表彰等工作。

第三条 国家奖学金的申请条件。

我院在校全日制专科生申请国家奖学金须符合以下基本条件：

1. 热爱社会主义祖国，拥护中国共产党。
2. 自觉遵守宪法和法律，遵守校纪校规，无违纪违法行为。
3. 诚实守信，道德品质优良，学期综合素质测评成绩必须在85分以上。
4. 积极参加学校及系部组织的各项活动，关心集体，团结同学。
5. 在校期间学习成绩优异，参评学年综合测评成绩名列年级前列且每学期均获得学校一等以上（含一等）奖学金。
6. 社会实践、创新能力、综合素质等方面突出。

第四条 奖励标准及发放。

国家奖学金的奖励标准为每人每年8000元（以当年国家文件规定为

准），主要资助学生在校期间的学费、住宿费和生活费。国家奖学金款项不进学院账户，上级主管部门审核后直接发放到学生中国银行账户，具体发放时间以上级主管部门通知为准。

第五条　评审程序。

国家奖学金每学年评审一次，实行等额评审，坚持公开、公平、公正、择优的原则。

1. 学校每年关于国家奖学金的评定工作布置后，由符合条件的学生本人向所在系部提出书面申请并附相关材料。

2. 各系部根据申请学生在校综合表现，经民主研究、评定，确定推荐学生名单后，统一填写《国家奖学金评审表》并报学生资助中心办公室审核。

3. 学生资助中心对各系部上报的推荐名单统一进行审核，组织国家奖学金评审会，通过评委投票确定建议获奖名单，报学校学生资助工作领导小组审批通过后，在学校进行不少于5个工作日的公示。公示无异议后，进行上报审批。

第六条　在同一学年内，获得国家奖学金的家庭经济困难学生可以同时申请国家助学金，但不能同时申请国家励志奖学金。

第七条　获得国家奖学金的学生，凡有违法违纪行为，即刻终止享受原获得的国家奖学金并取消当年的国家奖学金的申请资格。

第八条　本细则由学生处和财务处负责解释。

第九条　本细则自2007年10月20日起开始执行。

第十节 湖南高速铁路职业技术学院高校国家励志奖学金实施细则（暂行）

为激励普通本专科高校、高等职业学校家庭经济困难学生勤奋学习、努力进取，在德、智、体、美等方面得到全面发展，国家设立了国家励志奖学金。为做好我院国家励志奖学金的管理工作，根据《国务院关于建立健全普通本科高校、高等职业学校和中等职业学校家庭经济困难学生资助政策体系的意见》（国发〔2007〕13 号）和财政部、教育部《普通本科高校、高等职业学校国家励志奖学金管理暂行办法》（财教〔2007〕91 号）等有关文件精神，结合学院实际情况，特制定本细则。

第一条 奖励对象。

国家励志奖学金由中央和地方政府共同出资设立，资助对象为我院全日制专科在校生中二年级以上（含二年级）品学兼优的家庭经济困难学生。

第二条 申请条件。

1. 热爱社会主义祖国，拥护中国共产党的领导。
2. 遵守宪法和法律，遵守学校规章制度。
3. 诚实守信，道德品质优良，学期综合素质测评成绩必须在 85 分以上。
4. 关心集体、团结同学，积极参加学校、系部组织的各项活动。
5. 在校期间学习成绩优秀。
6. 家庭经济困难，生活俭朴。

第三条 资助标准。

国家励志奖学金按学年申请和评审，奖励标准为每人每年 5000 元（以当年国家文件为准），由中央财政和地方财政共同出资，主要资助学生在校期间的学费、住宿费和生活费。国家励志奖学金款项不进学院账户，上级主管部门审核后直接发放到学生中国银行账户，具体发放时间和单次发放金额以上级主管部门通知为准。

第四条 名额分配。

根据上级教育主管部门下达的国家励志奖学金名额，学院按照各系部家庭经济困难学生人数进行具体的名额分配。

第五条 评定程序。

国家励志奖学金每学年评审一次，实行等额评审，坚持公开、公平、公正、择优的原则。

1. 由符合条件的家庭经济困难学生本人向所在系部提出书面申请并附相关证明材料。

2. 各系部根据申请学生家庭经济状况及在校期间综合表现，进行民主研究、评定，确定符合条件的初选学生名单，并统一填写《国家励志奖学金获奖学生建议名单》和《国家励志奖学金评审表》，报学生资助中心办公室审核。

3. 学生资助中心办公室对各系部上报的初选名单统一进行审核，报学校学生资助工作领导小组研究通过后，在学校进行不少于5个工作日的公示。公示无异议后，进行上报审批。

第六条 在同一学年内，获得国家励志奖学金的家庭经济困难学生可以同时申请国家助学金，但不能同时申请国家奖学金。

第七条 应当取消获奖资格的情形。

1. 有吸烟酗酒、铺张浪费及其他把资助金用于非生活所需的不适当开支行为者。

2. 不如实反映家庭经济状况和个人生活状况，弄虚作假，或通过不正当手段获得资助者。

3. 有违法违纪行为者。

4. 其他应当取消获奖资格的情形。

第八条 本办法由学生处和财务处负责解释。

第九条 本细则自2007年11月1日起开始执行。

第十一节 湖南高速铁路职业技术学院高校国家助学金实施细则（暂行）

为体现党和政府对普通本科高校、高等职业学校家庭经济困难学生的关怀，帮助他们顺利完成学业，激励他们勤奋学习、努力进取，国家对国家助学金政策进行了调整。为做好我院国家助学金的管理工作，根据《国务院关于建立健全普通本科高校、高等职业学校和中等职业学校家庭经济困难学生资助政策体系的意见》（国发〔2007〕13号）和财政部、教育部《普通本科高校、高等职业学校国家助学金管理暂行办法》（财教〔2007〕92号）等有关文件精神，结合学院实际情况，特制定本细则。

第一条 资助对象及目的。

国家助学金由中央和地方政府共同出资设立，资助对象为我院全日制专科在校生中的家庭经济困难学生。国家助学金主要资助家庭经济困难学生的生活费用开支。

第二条 申请条件。

1. 热爱社会主义祖国，拥护中国共产党的领导。
2. 遵守宪法和法律，遵守学校规章制度。
3. 诚实守信，道德品质优良。
4. 勤奋学习，积极上进。
5. 家庭经济困难，生活俭朴。

第三条 资助标准。

国家助学金按学年申请和评审，平均资助标准为每人每年3000元，分为三档：一等4000元/年，二等3000元/年，三等2000元/年（以当年国家文件为准）。国家助学金由中央财政和地方财政共同出资，主要资助学生在校期间的学费、住宿费和生活费。国家助学金款项不进学院账户，上级主管部门审核后直接发放到学生中国银行账户，具体发放时间和单次发放金额以上级主管部门通知为准。

第四条 名额分配。

根据上级教育主管部门下达的国家助学金名额，学院按照各系部家庭经济困难学生人数进行具体的名额分配。

第五条 评定程序。

国家助学金每学年评审一次并坚持公开、公平、公正的原则。

1. 由符合条件的家庭经济困难学生本人向所在系部提出书面申请并附相关证明材料。

2. 各系部根据申请学生家庭经济状况及在校期间表现，进行民主研究、评定，确定符合资助条件的初选学生名单，统一填写《国家助学金获资助学生名单》和《国家助学金申请表》，并报学生资助中心审核。

3. 学生资助中心对各系部上报的初选名单统一进行审核，确定资助名单，报学校学生资助领导小组研究通过后，在学校进行不少于5个工作日的公示。公示无异议后，进行上报审批。

第六条 在同一学年内，申请国家助学金的家庭经济困难学生可同时申请国家奖学金或国家励志奖学金。

第七条 应当取消受资助资格的情形。

1. 有吸烟酗酒、铺张浪费及其他把资助金用于非生活所需的不适当开支行为者。

2. 学习不努力，成绩严重下滑者。

3. 不如实反映家庭经济状况和个人生活状况，弄虚作假，或通过不正当手段获得资助者。

4. 有违法违纪行为者。

5. 其他应当取消受资助资格的情形。

第八条 本办法由学生处和财务处负责解释。

第九条 本细则自2007年11月1日起开始执行。

第十二节 湖南高速铁路职业技术学院学生创新创业激励基金管理办法（试行）

第一章 总则

第一条 为培养学生的创新意识、创业精神，提升学生创新创业能力，鼓励和引导学生开展创新、创业活动，全面提高人才培养质量，使优秀"双创"人才、成果脱颖而出，学院设立大学生创新创业激励基金（以下简称基金）。为保证基金规范运作，更好地发挥基金在学院创新创业活动中的作用，特制定本办法。

第二条 学院设立大学生创新创业激励基金，用于大学生创新创业教育启动基金。

第三条 基金资助的项目所取得的成果归湖南高速铁路职业技术学院和作者共享，项目成果参加各类比赛获得的奖品及奖金归作者所有，获奖项目的产权归学院所有。项目实现产业化后，所得年收益不少于5%作为学院大学生创新创业激励基金。

第二章 组织管理

第四条 学院成立创新创业工作小组。分管学生工作的副院长任组长，由学生处、教务处、发展规划与科研处、财务处、招生就业处、团委、各系部的相关负责人组成。主要工作职责是：

（一）审议学生创新创业工作年度规划和基金使用的年度预算；

（二）审议基金使用的管理办法；

（三）研究基金管理中的一些重大问题。

第五条 创新创业小组下设基金管理办公室。办公室设学生处，由学生处处长兼任办公室主任。办公室负责项目的组织、实施和日常管理工作。具体职责如下：

（一）提出学生创新创业工作年度规划和基金使用的年度预算；

（二）修订基金使用的管理办法；

（三）进行学生创新创业项目的组织发动和实施督查；

（四）组织评审专家组对基金项目进行评审、验收和成果认定；

（五）统筹学院大学生创新创业教育工作、大学生创新创业基地日常工作；

（六）进行创新创业活动年度总结；

（七）组织开展创新创业活动先进集体和个人的评比表彰。

第六条　成立"大学生创新创业活动专家组"，主要负责基金项目的立项评审、中期检查、结项验收和成果鉴定。专家组成员由校内和校外专家组成，校外专家不少于30％。

第三章　基金使用范围与方式

第七条　基金主要用于资助学生参加创新项目研究和参与相关创业竞赛，奖励学生在科技创新方面取得的实质性成果，奖励在相关创新创业活动中获奖的学生，扶持大学生创业基地建设，扶持开展大学生创业教育和创业实践活动。

第八条　基金以"立项资助"和"成果奖励"两种形式重点对学生创新项目、创业项目以及创新创业竞赛等三个方面进行激励。

第九条　创新项目重点资助学术思想新颖、目标明确、具有创新性、探索性、可行性的项目。主要包括：生产工艺革新、工作流程优化、管理创新、产品研发和改造、各类专利以及其他有价值的创新研究与实践项目。

第十条　创业项目主要支持学生撰写创业计划书及创业计划书的实施。

第十一条　创新创业竞赛项目主要支持学生组队参加校外各级竞赛的组织实施和成果奖励（由权威机构组织的、经学院认定有参加价值且有必要由学院统一组织的国际级、国家级、省级、市级、校级的创新创业竞赛）。

第四章　立项资助项目的申报和管理

第十二条　基金资助采用项目立项申报制度，遵循"自由申请、公平立项、择优资助、规范管理"的原则。

第十三条　项目实施周期一般不超过一年，正式在册的学生皆可向基金管理办公室提出项目资助申请（原则上不接受毕业学年学生申请），并按规定如实填写《湖南高速铁路职业技术学院大学生创新创业项目申请书》。

第十四条　申请者可以是个人，也可以是团队。个人不得同时在不同项目之间交叉申报。

第十五条　基金管理办公室组织有关专家进行评审，经公示无异议后，确定资助项目。

第十六条　项目负责人与基金管理办公室签署《湖南高速铁路职业技术学院大学生创新创业项目合同》后按程序划拨资助资金。

第十七条　每个项目都要进行一次中期检查，项目负责人填写《湖南高速铁路职业技术学院大学生创新创业项目进展报告》，并报基金管理办公室。

第十八条　通过专家组验收，视为项目完成。由项目主持人填写《湖南高速铁路职业技术学院大学生创新创业项目结题报告》报基金管理办公室，基金管理办公室组织专家进行评审验收。

第五章　立项资助基金的使用与管理

第十九条　项目资助经费必须合理使用。主要应用于项目研究过程中必须支付的费用，包括与研究项目相关的图书资料、复印、耗材、测试分析费等费用、调研过程中必需的差旅、住宿费用、专家指导费用（不超过总额的25%）等。

第二十条　资助项目分重大项目、重点项目和一般项目三类，重大项目每项资助不低于10000元，重点项目每项资助不低于5000元，一般项目每项资助不低于2000元。立项项目除取得资助经费外，取得的创新成果可以再进入成果鉴定，争取"成果奖励"。

第二十一条　项目资助经费分三次拨付，立项后首次拨付50%。项目执行半年时，接受中期检查，中期检查合格者，拨付30%；中期检查不合格者，终止项目资助。项目完成验收通过者，拨付剩余20%。

第六章　成　果　奖　励

第二十二条　通过验收的资助项目和没有立项资助但有创新成果的

团队或个人，均可提出"成果认定"申请。

第二十三条　凡符合奖励条件者，均可到基金管理办公室领取并填写《湖南高速铁路职业技术学院大学生创新创业成果奖励申报表》，附相关证明材料。经所在系创新创业教育工作领导小组审查签署意见后，报基金管理办公室。

第二十四条　基金管理办公室组织专家对申请成果进行认定。

第二十五条　成果认定的依据。

（一）专家组的鉴定意见；
（二）竞赛获奖证书或文件；
（三）发表学术论文的正式刊物；
（四）各类专利证书；
（五）其他证明材料。

第二十六条　成果奖励标准。

（一）学生创新创业成果奖励（针对一个成果）。

	特等奖	一等奖	二等奖	三等奖
国家级	6000元	4000元	2000元	1000元
省级	3000元	2000元	1000元	800元
市（院）级	1000元	800元	600元	400元

（二）学生创新创业成果指导教师奖励详见《湖南高速铁路职业技术学院关于教学科研成果奖励暂行办法的通知》。

（三）同一项目多次获奖或不同级别立项时，按照就高不就低的原则进行奖励，不累计计算。

第七章　基 金 监 督

第二十七条　基金管理办公室对立项项目进行监督检查，项目负责人须及时将项目进展情况及所取得的阶段性成果以文字材料报基金管理办公室备案。

第二十八条　因客观原因，项目负责人需对基金项目的目标、进度进行调整或撤销，须提出书面申请报基金管理办公室批准。

第二十九条　基金的资金使用、项目建设进展等情况需报送学院财务处。并接受学院财务处对项目实施过程和结果进行监控、检查和审计。

第三十条 学院资助的项目经费属于财政性资金必须专款专用，不得挪用、转让及用于其他方面，如有违反，取消此项目资助，追回原有资助款额，且项目负责人两年内不得再申请新项目。

第三十一条 如有违反相关财政纪律，将视其严重程度给予相应的处罚，涉及违法的将移交司法机构，追究相关法律责任。

第八章 附 则

第三十二条 本办法由基金管理办公室负责解释。

第三十三条 本管理办法自发布之日起实施。

附件：

1.《湖南高速铁路职业技术学院大学生创新创业项目申请书》

2.《湖南高速铁路职业技术学院大学生创新创业项目合同》

3.《湖南高速铁路职业技术学院大学生创新创业项目进展报告》

4.《湖南高速铁路职业技术学院大学生创新创业项目结题报告》

附件1：

| 批准号 | |

湖南高速铁路职业技术学院
大学生创新创业项目申请书

项目名称：_____

项目类别：_____

申 请 人：_____

学　　号：_____

班　　级：_____

所在系部：_____

指导教师：_____

联系电话：_____

E-mail：_____

申请日期：_____

新起点，再出发——高职高专大学生入学教育

一、基本情况

项目名称						
姓名		性别		联系电话		
所在系部			所在班级			
学号			身份证号			
申请金额		元	项目起止年月		年　　月至　　年　　月	
指导教师			联系电话			
申请人曾经参与科研的情况						
指导教师承担科研课题的情况						
指导教师对本项目的支持情况						
项目组主要成员	姓名	学号	专业班级	系部	项目中的分工	

二、项目研究的意义、目的和预期成果

三、国内外研究现状和发展动态

四、项目的创新点和特色

五、主要研究内容和拟解决的关键问题

六、项目研究进度安排

七、可行性分析

八、经费预算

开支科目	预算经费（元）	主要用途	阶段下达经费计划（元）	
			前半阶段	后半阶段
预算经费总额				
学院批准经费				

九、指导教师意见

签字：　　　　　　　　　　　　　　　　日期：

十、所在二级学院意见

负责人签字：　　　　　（单位盖章）日期：

十一、学院创新项目专家组意见

专家签名：　　　　　　　　　日期：

十二、学院领导小组审批意见

负责人签字：　　　　　　　　　日期：

附件2：

湖南高速铁路职业技术学院
大学生创新创业项目合同

合同编号：

甲　方：学院大学生创新创业基金管理办公室
乙　方：

为了确保湖南高速铁路职业技术学院大学生创新创业项目（以下简称项目）顺利进行，增强双方责任感，经甲乙双方协商，特制订本合同。

1. 乙方项目基本情况（注明项目名称、申报人姓名、系部、班级）

_____

2. 甲方提供政策支持，组织专家评审、开题报告、中期验收和结题验收。

3. 甲方按学院大学生创新创业激励基金管理办法规定提供经费支持。

4. 乙方保证项目按计划进行，按期交纳项目进展报告，主动配合中期检查和结题验收工作，达到预期成果。特殊原因，乙方项目可申请延期完成，但延期期限在项目申请人毕业之前。（以当年毕业证签发之日为准）。

5. 学院资助的项目经费属于财政性资金乙方必须专款专用，不得挪用、转让及用于其他方面，如有违反，取消此项目资助，追回原有资助款额，且乙方二年内不得再申请新项目。

6. 如有违反相关财政纪律，将视其严重程度给予相应的处罚，涉及违法的将移交司法机构，追究相关法律责任。

7. 乙方使用项目经费的所有票据必须为正式发票，票据上有项目负责人、指导教师签字，凭票报销。

8. 项目所取得的成果归湖南高速铁路职业技术学院和乙方共享，项目成果参加各类比赛获得的奖品及奖金归乙方所有，获奖项目的产权归湖南高速铁路职业技术学院所有。项目实现产业化后，乙方有义务捐赠所得收益的至少5％作为湖南高速铁路职业技术学院大学生创新创业激励基金。

9. 本合同从签发之日起生效。合同如有未尽事宜，甲乙双方共同协商，作出补充规定。补充规定与本合同具有同等效力。本合同正本一式两份，甲乙双方各执一份。合同副本一份，送学院财务处备案。

甲方签字（盖章）：　　　　　　乙方签字（盖章）：
联系方式：　　　　　　　　　　联系方式：
电子邮箱：　　　　　　　　　　电子邮箱：
电　　话：　　　　　　　　　　电　　话：

　　　　　　　　　　　　　　　签约日期：　　年　　月　　日

附件 3：

湖南高速铁路职业技术学院
大学生创新创业项目进展报告

项目名称：_____

项目编号：_____

负 责 人：_____

所在系部：_____

资助总额：____万元，已拨款额：____万元

执行年限：_____

填表日期：_____

填 写 说 明

1. 项目进展报告由正文和附件两部分组成,正文部分请按表格要求填写,并可根据需要加页,要求层次分明,内容准确。项目执行过程中的进展或研究成果、计划调整情况等,须在报告中如实反映。

2. 对不按要求填报进展报告,或项目执行不力,或研究内容调整不当而影响项目顺利进展的,中止拨款。

3. 所在系部认真审核,按时将资助项目的进展报告(一式两份)报送创新创业工作办公室。

一、项目主要进展和成果（附成果复印件）

二、下一步工作计划

三、下一步经费使用情况和经费安排计划

四、存在的问题、建议及需要说明的情况

项目主持人签名： 年　月　日

五、审核意见

系部 审核 意见	负责人签字： 年　月　日
学院 创新 创业 小组 审核 意见	负责人签字： 年　月　日

附件 4：

湖南高速铁路职业技术学院
大学生创新创业项目
结 题 报 告

项目名称：_____

项目编号：_____

负 责 人：_____

所在系部：_____

执行年限：_____

电　　话：_____

E-mail：_____

填表日期：_____

一、基本情况

	项目名称						
	成果形式			立项时间		年　月　日	
	完成时间	年　月　日		鉴定时间		年　月　日	
项目主要研究人员	序号	姓名	学号	专业班级	所在系部	项目中的分工	
	1						
	2						
	3						
	4						
	5						
	6						

二、研究成果简介

内容提示：该项目研究的目的、意义；研究成果的主要内容、重要观点或对策建议；成果的创新特色、实践意义和社会影响；研究成果、研究方法的特色和重要建树等。限定在 2000 字左右。

三、项目研究总结报告

内容提示：预定计划执行情况，项目研究和实践情况，研究工作中取得的主要成绩和收获，研究工作有哪些不足，有哪些问题尚需深入研究，研究工作中遇到的困难、问题和建议。限定在1000字左右。

四、经费使用情况

经费合计　　　元。其中，学院资助　　　元，其他经费　　　元。

经费支出情况：

五、系部审核意见

内容提示：项目主持人所在系部对结题的意见，包括对项目研究工作和研究成果的评价等。

负责人签章：
年　月　日

六、专家组审核意见

内容提示：专家组对项目研究的任务、目标、方法和研究成果水平等进行评价。

专家组组长签名：
年　月　日

第十三节 湖南高速铁路职业技术学院创新创业项目申请管理规定

第一章 总则

第一条 湖南高速铁路职业技术学院创新创业学院，规范众创空间的项目申请的管理，保证众创空间各项工作正常有序地开展，特制定本办法。

第二条 众创空间是学生的校内创新创业实践实训基地，为在校大学生提供创新创业实践平台；众创空间具有孵化器功能，为在校学生和学生毕业后三年之内提供创新创业服务。

第二章 组织机构及职责

第三条 众创空间由学校和创新创业学院管理，具体职责由创新创业学院承担。

第四条 创新创业学院职责。

1. 负责编制创新创业学院的发展规划；
2. 负责创新创业学院的对外宣传和联系；
3. 负责众创空间和创业团队的管理工作；
4. 负责受理创业团队的申请和组织专家评审工作；
5. 负责对创业团队进行创业辅导的组织，并提供相关咨询服务；
6. 负责对创业团队项目的实施过程进行监控，防止其出现转租或擅自改变申报项目等违规行为；
7. 负责受理接受顾客在创业团队经营商品质量和服务质量等问题的投诉，并进行指导纠正；
8. 负责入驻团队的考核和评比。

第三章 创业团队的入驻

第五条 学校众创空间场地划分为三大部分，分别为：

众创大楼一楼：创新创业体验中心；

第三章 规章制度

众创大楼二楼：创业中心；

众创大楼三楼：创新中心（初创区、中创区、成熟区）。

第六条 申请条件。

1. 创新创业团队负责人及其成员必须为湖南高速铁路职业技术学院全日制在校学生；

2. 创新创业团队自愿接受众创空间的相关管理制度，并遵守执行；

3. 创新创业项目应具有一定的创新性或良好的市场潜力，鼓励创业项目与专业相结合；

4. 创新创业团队应具备一定项目启动资金和承担风险的能力；

5. 创新创业团队入驻众创空间后，必须保证能在众创空间正常开展工作；

6. 创新创业团队应有指导教师；

7. 创新创业团队负责人开展创业活动需经过家长同意，团队成员开展创业活动需经所在学院同意；

8. 创新创业团队成员应成绩良好，学有余力。

第七条 申请和参与程序。

1. 创新孵化区项目入驻：

（1）创业团队提交《湖南高速铁路职业技术学院大学生创新创业项目申请书》、创业计划书和身份证、学生证复印件；

项目申请书

（2）创新创业学院邀请专家对创业团队进行评审；

（3）评审入围的创业团队经过公示无异议后，正式确定入驻；

（4）创业团队成员学习众创空间的管理规章制度，并通过考核；

（5）创业团队与创新创业学院签署入驻协议书、办理其他相关手续；

（6）在创新创业学院的指导下，进行装潢和企业文化建设；

（7）创业团队正式入驻开展创客活动。

2. 创业转化区项目入驻：

在众创空间创新中心孵化优秀的创业项目，可在孵化期满 1 年后，根据实际经营状况编写年度创业成果转化计划递交众创空间办公室，审批后可转化到创业中心专用场地进行入驻。

3. 创新创业体验中心的参与：

参与众创空间创新创业体验中心的人员必须为湖南高速铁路职业技术学院全日制在校学生，根据自身实际情况填写《创新创业岗位体验申请书》，申请体验岗位。

体验申请书

· 177 ·

第八条 评审标准。

1. 团队负责人在校综合表现良好，学习过相关创业课程，具有较强的组织协调能力；
2. 团队组织结构合理，成员目标一致，具有良好的团队精神；
3. 创业团队的项目具有创新性和市场潜力；
4. 创业计划书内容全面，并具有较强的现实操作性；
5. 创业团队的项目和专业结合紧密可优先。

第九条 经营管理。

1. 遵守国家的有关法律、法规，合法经营；
2. 遵守创新创业学院的各项规章制度和与创新创业学院签订的协议；
3. 各团队在创新创业学院的统一管理与指导下，实行自主经营，独立核算，自负盈亏；
4. 及时准确地向创新学院报送不涉及经营机密的报表和数据，支持创新创业学院完成相关的统计工作；
5. 创新创业学院针对团队经营过程中出现的困难和问题，邀请专家学者或企业家对其进行指导。

第四章 附 则

第十条 本办法未尽事宜，严格遵照国家有关规定和学校管理条例执行。

第十一条 本办法自发布之日起执行，由创新创业学院负责解释。

第十四节 湖南高速铁路职业技术学院大学生应征入伍工作管理办法

第一章 总 则

第一条 根据《中华人民共和国兵役法》《退役士兵安置条例》要求，为有效落实《教育部办公厅关于进一步做好高校学生参军入伍工作的通知》《湖南省普通高等学校征兵工作实施办法》文件精神，吸引更多高素质大学生参军入伍，切实提高学生应征入伍的数量和质量，结合我校实际，制定本办法。

第二条 本办法所称大学生是指湖南高速铁路职业技术学院全日制在校专科学生、应届毕业生和刚被录取的新生。

第二章 组织领导

第三条 学校成立征兵工作领导小组，党委书记任组长，分管学生工作的校领导任副组长，成员包括学校学生处、招生就业处、教务处、宣传统战处、财务处、纪检监察室、团委等部门负责人及各二级学院党总支书记。领导小组下设办公室，办公室设在学生处。学生处是学生应征入伍的归口管理部门和责任单位，负责大学生应征入伍的政策宣传、具体实施和工作协调，负责办理入伍学生学费补偿或国家助学贷款代偿工作，以及学生入伍和复学等相关政策的制定和执行，负责与上级武装部等有关部门联系，负责全校应征入伍学生的管理工作。各二级学院成立征兵工作小组，党总支书记为本学院征兵工作第一责任人，分管学生工作的副院长负责具体落实。

第四条 各二级学院是学生应征入伍动员的责任单位，负责入伍政策的宣传和入伍动员，组织学生做好兵役登记、网上报名等相关工作。安排专人负责预征对象在校期间表现和文化程度是否具备毕业资格、享受补偿代偿条件的认定。财务处是入伍学生学费管理的责任单位，负责办理学生入伍后学费的退还、学生复学后相关费用的减免以及奖励金发放等工作。教务处是入伍学生学籍、学习及成绩管理的责任单位,负责应征入伍学生课程免修认定、课程考核、实习认定及相关工作的开展。招生就业处负责招生时的征兵宣传和刚被录取新生的征兵资料寄发工作。宣传统战处、团委协助学生处开展国防教育、兵役法规以及优惠政策宣传,增强学生国防意识和入伍积极性。学校纪检监察室负责对学生应征入伍工作各环节进行检查和监督。

第三章 入伍条件

第五条 应征入伍对象为学校应届毕业生、在校生和刚被学校录取的新生。应征入伍学生的年龄、身体要求及政治要求等,按照国家相关规定执行。

第四章 入伍程序

第六条 每年征兵工作启动后,各二级学校通知学生登陆"全国征兵网"进行网上登记,并通知征兵对象到学校或者户籍所在地县(市、区)人民政府征兵办公室报名应征,打印填写《大学生预征对象登记表》《高校学生应征入伍学费补偿国家助学贷款代偿申请表》和《高校学生退役复学学费减免申请表》交学校或者县(市、区)人民政府征兵办公室。征集地为学校的,以二级学院为单位交至学生处。由学生处、财务处审查、汇签,并报上级武装部门审核,最终确定学校征兵对象。征兵对象经体检、政治考核后,由上级武装部门确定是否服役。

第七条 已批准入伍服义务兵役的学生,由学生本人或其亲属持入伍通知书到学校,学生处协调办理学籍保留、学费补偿等手续。

第八条 对没有在校办理征兵手续的学生,在户籍所在地县(市、区)人民政府征兵办公室报名应征入伍并回学校补办手续的,学校予以办理。

第五章 优抚政策

第九条 应征入伍学生在享有国家及湖南省制定的各类优抚政策的同时,学校在经济资助、学业保障、入党评优、专业调整上给予一定的扶持。

第十条 已确定入伍的学生,应征入伍时所在学期的未修完课程

（含所在学期重修课程）可以免试，由任课教师根据其表现情况给予成绩认定，成绩原则上给予 80 分或良好。成绩认定需填写《湖南高速铁路职业技术学院应征入伍学生成绩认定表》一式三份，经学生所在二级学院、学生处、教务处审核批准同意后，然后送教务处一份、学生所在学院一份、学生本人一份，成绩由教务处录入教务管理系统。

第十一条　学生退役复学后，根据在校表现，每学期综合测评总分原则上可加 5 分，参评学校学年奖学金时原则上可在已评定等级（不含一等奖学金）基础上提高一个等级。

第十二条　退役复学学生，经各二级学院党总支预审，在符合条件的情况下，可优先列为入党积极分子、发展对象。

第十三条　退役复学者，学校将编入相应年级就读，并修完专业人才培养方案中的相应课程，如人才培养方案有调整，原已修课程可以进行课程、学分置换（学分修满后方可准予毕业）。

第十四条　应征入伍及退役复学学生可以免修体育、军事技能训练和军事理论课程，直接获得学分，成绩原则上给予优秀。

第十五条　退役大学生士兵复学后为一、二年级的学生，参照《湖南高速铁路职业技术学院学生学籍管理办法》相关规定，按照本人意愿，结合自身学习能力，可在学校当年开设的专业中进行选择。转专业需经本人申请，履行相关程序后，可转入本校其他专业学习。

第六章　入伍管理

第十六条　因本人思想原因、故意隐瞒病史或违法犯罪等行为造成退兵的大学生，取消补偿学费或学费资助和代偿国家助学贷款资格，同时不享受相关优抚政策，两年内不得升（复）学。

第十七条　被部队退回的应届毕业生，其已补偿的学费或代偿的国家助学贷款本息资金由毕业生户籍所在地县（市、区）教育行政部门会同同级人民政府征兵办公室收回。

第十八条　被部队退回并取消补偿代偿资格的在校非毕业生，如退回学生返回其原户籍所在地，其已补偿的学费或代偿的国家助学贷款由学生户籍所在地县（市、区）教育行政部门会同同级人民政府征兵办公室收回；如退回学生返回学校，其已补偿的学费或代偿的国家助学贷款由学校学生处负责收回，并上缴全国学生资助管理中心。

第十九条 入伍新生在新兵检疫复查期间因身体原因被退回，可以持县级征兵办证明和高校录取通知书到学校办理入学手续；确因身体原因不宜继续在部队服役而中途退役，可以在退役当年入学期间到学校办理入学手续。如错过当年入学期间，可以顺延一年到学校办理入学手续。入伍后因政治原因或拒绝服兵役被部队退回，服役期间受到除名或开除军籍以及被依法追究刑事责任处分的入伍新生，所在部队有关部门负责通报其入伍地县级征兵办，县级征兵办告知录取学校后，学校取消其入学资格。

第二十条 依法服兵役是每名适龄大学生的责任和义务，适龄学生如拒不参加兵役登记或兵役登记结论为"拒征"的，视情节轻重给予警告、严重警告、记过或留校察看等处分，情节严重的可给予开除学籍或由有关部门依法追究其法律责任。

第二十一条 服役期间，受除名、开除军籍处分的不享受任何优待政策，给予开除学籍处分。

第二十二条 各二级学院和相关职能部门应积极落实上级下达给学校的征兵任务，确保兵员质量和数量。征兵任务完成情况将作为各二级学院学生工作考核以及辅导员个人考核的重要参考依据。

第二十三条 学校适时召开征兵工作总结表彰会，对在征兵工作中成绩显著的学院及个人给予表彰和奖励。

第二十四条 本办法自发布之日起实行，由学生处负责解释。

第十五节 湖南高速铁路职业技术学院学生成绩管理办法

学生成绩的评定是对教学效果作出价值判断的手段，也是提供教学活动反馈信息的途径。具有诊断、调节和强化作用。通过评定，也可以判断教学的质量水平，发现问题据以采取措施改进教学，激发学生学习积极性；是全面衡量学生掌握知识技能的广度、深度和熟练程度，运用知识于实际的能力。为了加强学生成绩管理，使学生成绩管理逐步实现科学化、规范化、信息化，从而促进我校教育教学质量的全面提高，结合我校教学实际情况，特制定本办法，现发布如下：

一、成绩管理的工作范围及流程

（1）每学期结束，按教学计划进行考试或考查，跨学期的课程按每学期一门记载成绩。

（2）课程考试期评成绩应符合以下要求：

①期评成绩由平时成绩，阶段测验，期末成绩综合评定，采用百分制。平时成绩包括回答问题、课堂讨论、课堂纪律等；阶段测验含作业、平时测验、课程实验。根据专业、课程特点可作适当变动，应在制订课程标准的考核标准与方式时明确规定；任课教师在课程教学中应公开课程考核标准与方法，尊重学生知情权。

②考试成绩一般应符合正态分布。

（3）课程成绩评定与录入：

①考试成绩的记分采用百分制。满60分及以上为合格，不满60分者为不合格。

②考查课（含实习实训课）成绩用四级记分制。四级记分制与百分制的折算方法为：

优秀：85～100分；良好：75～84分；

及格：60～74分；不及格：0～59分。

③由任课老师负责课程成绩的评价、录入。期末考试结束 3 天内完成考试课程成绩的评定录入工作，学期结束前一周完成考查课成绩评定录入工作。逾期未完成成绩录入，按教学事故认定办法处理。

④任课老师对成绩的准确性负完全责任。

若试卷出现错判，或期评成绩算错，在规定的成绩录入期内需改正学生成绩的，由任课老师报成绩管理员开放更正权限，由任课老师进行更改。在规定的成绩录入期后，确须更正成绩的，由任课老师在开学后两周内填写《学生成绩更正申请表》，经教研室、开课部门、教务处处长审核同意后，报成绩管理员更改；逾期不得作成绩更正。

任课教师录入成绩错误率超过 5% 或随意授权他人录入成绩者，一经查实按教学事故处理。

（4）技能考核。

①公共英语、计算机应用以取得规定的等级证书为标准。

②因考试不及格又未取得相应等级证书的，毕业前给予一次补考机会。

（5）鼓励学生参加与本专业培养目标相对应的职业技能考核或社会职业资格证书考试，合格后学校同类课程可免考或取代补考成绩。具体方案及取证要求由各系（部）提出，报教务处备案。

（6）学生成绩一经评定，任何人不得擅自更改，通过任何非法途径更改成绩者追究其责任。

（7）学籍异动前后的学生成绩对接由二级学院出具体方案，教务处审核并录入。

二 补考管理

（1）学生因故不能参加期末考试者，考前由本人申请，经系部同意，报教务处批准后，方可缓考。缓考学生均在下学期开学时与补考学生一起参加考试，考试成绩按正常记分，如缓考不及格或无故不参加缓考的，延至毕业补考。

（2）考试或考查课程成绩不及格的学生应在下学期期初补考一次。如补考不及格或无故不参加补考的，延至毕业补考。补考通过的成绩考试课程只能给予 60 分，考查课只能给予及格。

（3）考试中有舞弊行为者，其成绩按"0"分记载，注明"舞弊"字样,并按相关规定给予纪律处分,只能参加毕业补考。

(4) 期末考试无故缺席者,其成绩按"0"分记载,注明"缺考"字样,不予参加期初补考,只能参加毕业补考。

三 成绩单打印及存档

(1) 各课程成绩录入后,由任课老师打印课程成绩单一式三份,经本人和教研室主任签名后一份存开课系(部),一份本人留存,另一份由教学干事负责统一送交教务处。

(2) 不能直接在打印上报的成绩单上手工更改、增加学生成绩。系统中无法录入成绩的学生要认真核实原因,报成绩管理员更新名单,统一录入成绩后重新打印。

(3) 每学期初,成绩管理员需将上一学期成绩单整理归档并汇总,并按分年级分专业按学生平均成绩排名,打印分班成绩册交学生所在系(部)存档、查询。

(4) 毕业生成绩单由教务处统一出具交学生处和学院档案室。

(5) 应届毕业生就业应聘成绩单由学生所在的二级学院提供名单至教务处统一打印。原则上,教务处只汇总打印一次应聘成绩单,后续多次应聘,可提交教务处打印成绩单的复印件。

四 成绩数据安全维护

(1) 成绩由成绩管理员专人管理。

(2) 成绩管理员与部门签订保密协议,保证不外泄相关数据。

(3) 成绩管理员严格规范正方系统各项操作流程,不得随意变动相关数据。确需变动,须留下操作记录(电子记录或纸质记录)。

(4) 成绩管理员定期更改正方系统账号密码,不得有意或无意泄露,密码长度要超过8位,要使用数字、字符、控制符混合组成。

(5) 单独设置成绩管理账号,绑定 MAC 地址,客户端只能在指定的保密室电脑进行修改成绩。

(6) 成绩数据安全维护实行定期检查与不定期抽查相结合的方式进行管理,并记录在案。

（7）每学期期初，由成绩管理员采取抽查和通知系部教师普查的方式对上一学期课程成绩进行检查，如发现异常更改记录，应立即上报学院领导核查。违规、非法修改成绩者，一经查实，严加惩处。情节严重者，上报公安机关，追究其法律责任。

五 纪律要求及处理办法

任课教师要遵守学院《关于进一步加强教风学风建设若干规定》，在期末成绩评定时应公平公正，不得接受或索要学生及学生家长的请吃和礼物，不得刁难学生，学生发现任课教师接受或索要学生及学生家长的请吃和礼物、刁难学生，可以向学院纪委举报。

学生对自己的课程成绩有疑问或异议时，可向教务处或学生申诉委员会提出申诉，教务处或学生申诉委员会必须接受学生的申诉并给予明确的答复。

本修订办法自发布之日起试行，原"学生成绩考核与记载办法"废止，"考试管理规定"中与本办法相冲突条文同时废止，教务处负责解释。

第十六节 湖南高速铁路职业技术学院学生档案管理规定

档案管理是一项政策性强的严肃工作，为加强和改进学生档案管理工作，努力实现我院学生档案管理的制度化、规范化和科学化，结合学院实际情况，特制订本办法：

第一条 学生处是学院学生档案管理部门，设专人负责学生档案管理。

第二条 学生档案的内容。

学生档案主要包括《档案目录清单》《新生志愿表（初中或高中）》《新生入学登记表》《学生学期品德鉴定表》《学生奖学金登记表》《学生奖励登记表》《团员档案材料》《学生违纪处分材料》《毕业生鉴定表》《学生成绩汇总表》等。

第三条 学生档案的填写。

学生或部门填写相关档案材料必须本着实事求是的原则，使用蓝黑钢笔或签字笔填写，字迹工整，不允许涂改、污损。各相关部门要进行严格的审查和把关，对在档案中有弄虚作假或其他违纪行为的学生或部门，学院将严肃处理。

第四条 学生档案的转递、归档、保管和存放。

（一）录取的新生纸质档案由班主任收齐后以系为单位统一上交学生处进行建档。

（二）学生在校学习期间的档案材料，由各相关部门在规定时间交学生处。每学期末学生处统一组织，及时归入学生个人档案。对违反学院规定受到纪律处分的学生，违纪材料应装入学生档案。

（三）学生档案管理人员工作变化，要在学生处负责人监督下，完成交接手续，确保学生档案的完整。

（四）学生处设专门的档案保管室，对学生档案进行存放。保管室日常应保持干燥和通风，档案柜标识清楚，便于查阅。

第五条 学生档案的处理。

（一）学生档案不能由学生本人提取。

（二）开除和退学学生的档案，一律退回学生原籍。

（三）毕业生档案按照以下方式转递：

1. 已就业的毕业生单位同意接收档案，由招就处提供名单、邮寄地址，学生处统一邮寄。

2. 已就业的毕业生、暂时未就业的毕业生单位不同意接收档案，到工作地或生源地人才交流市场办理托管手续后，凭调档函到学生处办理邮寄手续。

3. 无法找到接收单位，学院可暂时提供保管，档案免费在学院保管一年，一年当中任意时间可凭单位或人才市场调档函到学院提取档案。

4. 档案在学院保管时间超过一年仍未提取，由学校统一转迁至衡阳市教育局衡阳市大中专毕业生就业管理办公室托管。

第六条 本办法由学生处负责解释。凡以前规定和本办法不一致的，以本办法为准。

第十七节 湖南高速铁路职业技术学院学生竞赛管理办法(试行)

为了加强对学生参加各级各类竞赛活动的管理,积极组织学生参加各级各类竞赛活动,有效达到"以赛促教、以赛促训、以赛促学、以赛促改"的目的,从而提高学生的专业技能水平,培养学生的创新意识、实践能力和团队精神,提高人才培养质量,扩大学校影响力,特制订本办法。

一、竞赛级别、分类和参赛原则

(一)竞赛级别

为便于管理,学校将竞赛分为教育行政主管部门举办的国家级竞赛、省级竞赛(或国家级行业学会或协会竞赛)、市级竞赛(省级行业学会或协会竞赛)和学校级竞赛四个级别,竞赛级别认定与竞赛名称没有对应关系。

(二)分类

学校将竞赛分为教育行政主管部门举办的专业技能竞赛、综合素质竞赛、行业企业举办的专业技能竞赛、思想政治类竞赛、体育竞赛、创新创业竞赛、科技创新竞赛。

(三)参赛原则

(1)必须参加的重要竞赛。学校重点支持参加有一定社会影响的省级及以上教育主管部门、行业学会(协会)等组织的竞赛,如教育部、省教育厅组织的全国和全省职业院校技能竞赛、全国和湖南省分赛区的各项大学生科技竞赛、市级及以上各类体育竞赛等。

(2)选择确定主要竞赛。各专业(或课程)应集中优势力量,有选择、有层次地参加各类竞赛。各专业（或课程）每年应选择确定主要竞赛项目，无主要竞赛项目的年份可参加次要竞赛项目，选择确定应依据以下原则：

①竞赛能够体现学生专业核心能力，促进学生对口就业和创业。

②促进学生掌握专业（或课程）核心知识，培养创新能力，提升学生综合素质。

③展示专业（或课程）优势，促进专业发展，促进学生能力提升。

（3）慎重参加新增竞赛。选择参加新的竞赛项目，所在二级院（部）应在准备参赛前报教务处履行审批手续。

二 竞赛组织与管理

（一）二级院（部）职责

（1）根据学校发展目标，人才培养目标，组织参加各类竞赛，制定参赛计划，明确参赛标准和要求。

（2）牵头将各类竞赛的内容纳入人才培养方案和课程标准，形成教学体系；把学生竞赛与日常教学、课程考核、技能抽查以及学生考取职业技能证书等工作结合起来，把学生竞赛作为学生课程考核方式之一，并制定成绩评定的标准和依据。

（3）安排好学生培训和参赛期间的正常学习。与大赛直接相关的必修专业课，学生本人提出申请，由任课教师和教研室审核后，经二级院（部）领导和教务处同意后可批准免试，免试成绩由任课教师根据竞赛成绩提出意见报二级院（部），由教务处认定。

（4）训赛分离，训练纳入常规管理，竞赛进行项目管理。训练主要以课堂教学、课外拓展为主，可以多种方式，如学生社团、集训队、兴趣组等，以课程化方式进行教学、训练，要确定基本课时或总课时。

（5）要建立培养体系、选拔体系，形成常态化训赛机制，组建教师、教练团队和学生选手队伍，制定和实施培训指导计划，组织做好竞赛准备工作，确认教师指导竞赛工作量等。

（6）负责选择确定参加哪些行业企业举办的专业技能竞赛。并统筹经费预算，协同财务处统一管理年度学生竞赛经费，实行专款专用。

（7）负责本部门建立学生竞赛和教师指导竞赛的档案、保留教师指导竞赛工作量统计的确认数据。

（8）积极举办院级竞赛，为参加省级、国家级竞赛发现和选拔选手。鼓励承办国家级、省级、市级各类竞赛。

（9）负责学院的学生竞赛获奖档案、教师指导竞赛获奖档案和教师指导竞赛工作量档案的建立和管理。

（二）教务处职责

（1）教务处根据人才培养方案、各部门制定的培训指导计划统筹全校学生各类竞赛教师指导经费，日常训练指导费从总课时费列支，竞赛集训指导费从竞赛项目经费列支。

（2）负责统筹教育行政主管部门举办的专业技能竞赛，组织竞赛参赛项目的审核、报名，落实相关竞赛经费，协同财务处统一管理年度竞赛经费，实行专款专用，按照学校有关文件对竞赛工作量进行审核，协调实训基地开放、图书资料开放、假期训练（后勤、保卫、住宿）等工作。

（3）督促二级院（部）做好竞赛准备工作，负责与上级主管部门的联系工作。

（4）负责协调跨二级院（部）组合队伍的参赛工作；负责组织带队参加同一赛区同时比赛的多个项目。

（5）受理二级院（部）的申请，负责审批和协调经学校批准的参赛项目培训期间的低值耗材的采购。

（6）负责参赛队竞赛费用借款和报销的审核。

（7）负责全校所有竞赛的统计工作。

（三）学生处职责

（1）督促各二级院（部）做好参赛学生训练和参赛期间的管理工作。

（2）做好假期学生训练住宿安排工作。

（3）牵头做好学生赛前心理辅导。

（4）做好获奖学生奖励工作。在学生评优、评先及操行考核中，对取得好成绩的参赛学生予以鼓励。

（四）团委职责

（1）负责统筹全校学生综合素质竞赛、创新创业竞赛活动的管理工作。组织学生各类综合素质竞赛、创新创业大赛竞赛参赛项目的审核、报名；按照学校有关文件进行竞赛工作量和竞赛奖励的审核等。

（2）根据学校每年度安排的预算额度，负责落实学生综合素质竞赛、创新创业大赛相关竞赛经费，协同财务处统一管理年度学生竞赛经费，实行专款专用。

（3）负责组织学生开展与各类竞赛相关的社团活动，并制定指导方案，确定工作量。

（五）财务处职责

根据学校的财力情况，每年安排一定专项资金用于参加各项学生大赛，审核竞赛资金使用，并做好各项资金管理报销工作。

（六）后勤资产处

负责省内参赛的交通、校内举办、承办各类竞赛的水电供应、培训楼住宿等后勤保障工作。

（七）保卫处职责

负责承办各类竞赛的交通管制、场地及参赛人员的安全保卫工作。

（八）科研处职责

（1）根据学校每年度安排的预算额度，负责落实科技创新竞赛相关竞赛经费，协同财务处统一管理年度竞赛经费，实行专款专用。

（2）负责全校科技创新竞赛活动的管理工作；组织科技创新竞赛参赛项目的审核、报名；按照学校有关文件进行竞赛工作量和竞赛奖励的审核等。

（3）做好获奖团队指导教师奖励工作。

（九）宣统处职责

（1）根据学校每年度安排的预算额度，负责落实思想政治类竞赛相关竞赛经费，协同财务处统一管理年度竞赛经费，实行专款专用。

（2）负责全校思想政治类竞赛活动的管理工作；组织思想政治类竞赛参赛项目的审核、报名；按照学校有关文件进行竞赛工作量和竞赛奖励的审核等。

三　竞赛实施程序

（一）赛前

（1）参加竞赛，在该次竞赛通知下达后一周内，需填写竞赛经费申请表（见附件1），同时递交比赛通知的纸质文件，经二级院（部）同意，由二级学院（部）报教务处履行审批手续。同时提交竞赛培训方案（见附件2）报教务处备查。

（2）获准参赛后，二级学院（部）依照实施方案落实竞赛培训工作，做好参赛准备。

（3）教务处按照竞赛通知要求组织报名，报名表存档，作为审核教师指导竞赛工作量的依据之一。

（二）赛后

（1）参赛队应在竞赛结束后一周内，填写学生竞赛总结（见附件3），提交到教务处。

（2）竞赛成绩公布后，教务处依据正式文件确认参赛成绩；没有发正式文件的，以获奖证书为准；比赛现场发奖的，参赛二级院（部）应在比赛结束后向教务处提交获奖正式文件复印件、学生获奖证书复印件和教师指导获奖证书复印件各1份存档。

（3）教务处按照二级院（部）提交的竞赛材料，统计教师指导竞赛工作量和奖励等，并经二级院（部）确认。未列入学院管理的竞赛，原则上不纳入学院竞赛费用报销、工作量、奖励等范围；未及时上交赛后材料（竞赛总结、获奖文件复印件、获奖证书复印件等）的竞赛，不予以工作量和奖励统计。

四　竞赛奖励

（一）学生奖励

参加列入学校管理的竞赛获得比赛等级的学生，经二级学院（部）申请和教务处审核，报学生处，按规定奖励。

（二）教师奖励

教师指导竞赛获奖的奖励，报科研处，按学校有关文件执行。

五 相关事项

（1）赛前集中培训一般应安排在课余进行，原则上不占用学生上课时间。如竞赛需要集中训练的，由二级学院（部）提出申请，教务处同意可停课训练。在停课训练期间，学院给予学生生活补助，补助的标准为：在本市室内训练的每天25元/人，室外训练的每天35元/人；在本市以外室内训练的每天35元/人，室外训练的每天45元/人。

（2）参加省级及以上竞赛，在本市以外参赛期间，指导教师按学校财务规定的标准报销差旅费。学生两地交通费和住宿费学校给予报销，每天的补助按照教师标准予以补助。

（3）学校级竞赛面向全院，由教务处批准或确定承办单位。承办单位负责制定竞赛实施方案，经教务处审批后予以实施。

本办法自颁发之日起执行，如与以前相关文件发生冲突，以本文件为准。由教务处负责解释。

附件：1.《湖南高速铁路职业技术学院竞赛经费申请表》
2.《湖南高速铁路职业技术学院竞赛培训方案》
3.《湖南高速铁路职业技术学院学生竞赛总结》

附件1：

湖南高速铁路职业技术学院竞赛经费申请表

竞赛名称			
主办单位			
竞赛时间		地点	
参赛对象		人数	
竞赛级别	□国际级 □国家级 □省级 □市级 □院级		
指导教师			
经 费 预 算			
序号	预算项目	预算金额（元）	计算依据及理由
1	报名费		
2	器材费		
3	交通费		
4	住宿费		
5	学生补贴		
6	差旅费		
7	指导课时津贴		
	合计		
系部审核意见	负责人： 日期：		
教务处意见	教务处负责人签字： 日期：		
主管院领导意见	院领导签字： 日期：		

备注："报名费"根据通知要求填写；"学生补贴"是指学生参加竞赛期间的生活补贴；"指导课时津贴"指外聘及校内教师费用。

附件2：

湖南高速铁路职业技术学院竞赛培训方案

竞赛项目名称				申请时间		
竞赛时间			竞赛地点			
竞赛举办单位			竞赛级别	□国际级□国家级□省级□市级□院级		
参赛部门			指导教师			
参赛学生	班级		姓名	申请免试课程及学分		
竞赛实施方案	包括选拔竞赛选手和指导教师的方法、指导学生的培训计划等，可另加附页。					
竞赛经费预算	项目					合计（元）
	金额					

注：1. 此表一式两份，申报同时附上技能竞赛举办通知；

2. 此栏目为必填项目，申报单位可依据实际情况增加新栏目。

附件3：

湖南高速铁路职业技术学院学生竞赛总结

竞赛项目名称				
竞赛时间			竞赛地点	
竞赛举办单位			竞赛级别	□国际级 □国家级 □省级 □市级 □院级
参赛部门			指导教师	
参赛学生	班级	姓名	获奖等级	免试课程及确定的分数

总结内容（包括该竞赛参加范围、人数和参赛准备工作、培训，以及竞赛得失、经验等）：

第十八节

湖南高速铁路职业技术学院学生宿舍管理条例

第一章 总 则

第一条 根据《普通高等学校学生管理规定》《教育部关于进一步加强高等学校学生宿舍管理的若干意见》等文件精神,为加强学生住宿的管理,维护学生宿舍正常的生活、学习和休息秩序,营造一个文明、整洁、安全、有序的育人环境,特制定本条例。

第二条 学生宿舍是学生在校期间生活、学习、娱乐和休息的基本场所,同时又是学院对学生进行教育和管理的重要阵地,宿舍管理部门要不断提高教育、管理和服务水平,健全管理制度,做好育人工作,加强宿舍建设,逐步实现宿舍管理制度化、规范化、科学化。

第三条 学院成立宿舍管理委员会,下设学生宿舍管理办公室,具体负责本条例的实施和宿舍内学生的思想教育精神文明建设及综合管理等。

第二章 入住及退宿

第四条 入住。

(一)凡入住宿舍的学生凭入学通知及有关证件、证明,交纳住宿费。按所在系部的安排到学生管理中心办理住宿手续,并按指定房号和床号入住。

(二)住宿学生按系部、班级分男女相对集中宿舍。

(三)为了确保学生宿舍安全,对宿舍钥匙发放与保管作如下规定:

1. 宿舍住宿学生人手一把门锁钥匙,其余由各宿舍值班室掌握。

2. 新校进校登记注册后领取钥匙,学生毕业办理离校手续时根据钥匙使用登记册交还全部钥匙。

3. 学生不准私自更换门锁和配钥匙。由于管理不善,钥匙丢失要速报宿舍值班室,如不报而导致宿舍失窃,由遗失钥匙者承担全部损失。

4. 学生毕业时要交还全部钥匙，如交还的钥匙和所用锁不配套者，每把钥匙需交工本费 20 元。

5. 无特殊情况，各宿舍值班室备用钥匙不外借，必须借用值班室备用钥匙的，需凭借申请人使用有效证件登记，然后再经证明人（辅导员或班主任）确认为借用钥匙宿舍的住宿人员后才予以办理。

（四）学生入住宿舍时，应检查家具配置是否完好，在宿舍物品点验单上签字确认。学生在住期间不得擅自丢弃、租借、增减、拆卸和转移房间内的家具及设施，对宿舍内的所有公物均应细心使用，妥善管理。发现家具及设施损坏，应及时向所在宿舍管理人员报修。

（五）学生入住宿舍后，不得擅自更换房间和调整床位。如有特殊情况，须由学生本人向所在系部提出书面申请，经所在系部与宿舍管理服务部门协商同意后，方可更换或调整。

（六）为优化学生住宿资源配置和校园整体布局，宿舍管理服务部门有权对学生住宿进行调整，在住学生应自觉服从，并积极配合做好搬迁工作。

（七）寒暑假期间，未经宿舍管理服务部门同意，学生不得滞留宿舍。如有特殊情况，须经学生书面申请交予系部。由系部和宿舍管理部门协调后再作决定。在此期间，水电费用由住宿者负担。

第五条 退宿。

（一）毕业、结业、休学、退学、转学的学生以及因体检复查未通过而保留入学资格的新生在离校前需办理退宿手续。调换房间的学生也需办理退宿、入住手续。

（二）办理退宿手续流程：

1. 退宿学生提出申请，填写退宿审批表。

2. 退宿学生交清水电费用、住宿费等相关费用。

3. 宿舍管理员查验家具设施等公物是否保存完好，如有损坏或丢失，住宿者需照价赔偿。如果责任不清，则由本宿舍同学均摊，对拒不交纳赔偿费者，学生宿舍管理服务部门不予办理退宿手续，并通知有关部门处理。

4. 退宿学生将钥匙交还给宿舍管理员，由宿舍管理员查验并签字后办理退宿手续。

5. 凭退宿审批表到学籍科办理学籍、档案交接手续。

（三）退宿后超过规定期限滞留在房间内的物品，学院有权视为无主物品进行处理。

第三章 日常管理

第六条 住宿学生应服从宿舍管理员的管理,在规定的开门时间内出入宿舍楼并应佩戴校徽,或随身携带学生证,以便宿舍管理人员检查。凡拒绝检查,或没有有效证件者,宿舍管理员有权不允许其进入宿舍。

第七条 住宿学生要遵守作息制度,按时就寝;午休及晚上就寝时间后不得大声喧哗或播放音响、弹奏乐器等,要保持宿舍的安静。晚上要按时归宿,超时归宿者要主动出示证件,履行登记手续,说明晚归原因。

第八条 文明住宿。学生不得在宿舍楼内生火煮东西、踢球、打球;不得酗酒、赌博、吸毒,不得有传播、复制、贩卖非法书刊和音像制品等违反治安管理规定的行为。

第九条 讲究卫生。各寝室的值日生按时打扫卫生,并将垃圾放到指定的垃圾桶;不得随地吐痰,乱丢果皮纸屑,不得在走廊等公共区域堆放杂物;不得在宿舍内燃烧废弃物。

第十条 注意安全。要妥善保管好个人和公共财物,不急用的现金应及时存入银行;个人贵重物品要妥善保管;离开宿舍应锁好抽屉、关好门窗;发现门、窗损坏要及时报修。

第十一条 未经批准,不得在宿舍楼内摆卖、存放物品。

第十二条 节约水电,爱护公物,不得违章用水用电。

第十三条 寒暑假需要住宿的学生应报所在系和学生处宿舍管理中心批准。

第十四条 宿舍作息时间按学院作息时间执行。

第四章 卫生管理

第十五条 学生宿舍公共卫生如楼梯、天井由学院派人打扫,学生宿舍内及走廊的清洁卫生由住宿学生自己负责清扫。

第十六条 宿舍的清洁卫生由寝室长负责安排,轮流值日。一天两小扫,一周一大扫。

第十七条 不得在走廊、天井、卫生间内乱倒剩饭菜,剩饭菜要倒到指定的塑料桶中,不得随地吐痰,不得乱丢纸屑、瓜果皮,不得在走廊、阳台或楼上往下倒水,扔砸东西,不得在墙壁上乱写乱画,保持环境美观干净。

第十八条 内务卫生标准。

（一）地面卫生。

1. 地面无纸屑、果皮、烟头、杂物，拖净见白。
2. 卫生间便盆无污垢，刷洗见白。
3. 洗漱台干净、无污物。
4. 室内四周无污迹、灰尘，屋顶无蜘蛛网。

（二）门窗卫生。

1. 门窗玻璃擦拭干净、无污迹、灰迹。
2. 窗台无杂物、灰迹。

（三）物品摆放。

室内物品按规定摆放整齐，做到一方四线，即

一方：被子折叠方正。

四线：毛巾晾晒一条线；洗漱用具摆放一条线；鞋子床下一条线；盆、桶整理一条线。

门前三包：

1. 宿舍门前走廊拖净见本色。
2. 消防水带箱、电器开关盒擦拭无灰迹。
3. 前护栏杆、墙裙擦拭无污垢和灰迹。

第五章　宿舍消防、安全规定

第十九条　宿舍管理员要做好日常安全管理工作，加强安全防范，加强门卫管理和宿舍区域内的巡视，做到预防为主，防患于未然。

第二十条　学生应自觉树立安全防范意识和提高应急能力，自我接受消防、治安安全、法规法纪的教育和管理，认真学习有关知识和常识，爱护消防设施。

第二十一条　住宿学生应妥善保管好个人财物，现金应及时存入银行，寝室无人时要关门。

第二十二条　学生宿舍区不准闲杂人员进入，学生亲友来访需经过宿舍管理员的同意，并办理登记手续方进入，宿舍管理员有权对进入本区的一切人员查询。

第二十三条　学生宿舍原则上不准外来人员留宿，特殊情况须经过宿舍管理中心批准，在宿舍管理员处登记后，方可留宿。

第二十四条　男女生不得进入异性宿舍，确因工作需要，需经过管理员同意，并办理登记手续方可进入。

第二十五条　携带公物或私人贵重物品出宿舍者，宿舍管理员有权查询。

第二十六条　不得攀越围墙、栅栏。

第二十七条　宿舍内不得点蜡烛和油灯，不得在床上吸烟。

第二十八条　宿舍不得使用明火，不得使用电炉、电热毯等大功率电器，不得私拉电线。

第二十九条　学生宿舍内不得携带有毒有害和易燃易爆物品；不得搞封建迷信、邪教活动；不得张贴大小字报、各类广告；不得推销、传销。

第三十条　不得随意动用或损坏消防器材，发现火情应立即向管理人员报告，采取措施扑救。学校报警电话：0734-2522669 或 0734-2548839。火警电话：119。

第三十一条　发生安全事故应及时向有关部门报告。发生政治、刑事、盗窃案件和火灾，管理人员和住宿学生应立即向保卫处、学生处报告，同时要保护好现场，维护好秩序，并协助公安和有关部门调查处理。

第六章　处　　罚

（详见《湖南高速铁路职业技术学院学生违纪处分实施规则》）

第三十二条　违反治安管理规定及违反法律规定的行为，移交公安司法部门处理。

第三十三条　函授生及各种短训班的学生入住宿舍的，参照本办法执行。

第三十四条　本条例由学生处负责解释。

第十九节 湖南高速铁路职业技术学院学生请假管理办法

第一章 总　则

第一条 为进一步规范我校学生请假制度，维护学校正常教育教学秩序，强化学生日常安全管理工作，促进优良学风建设，依据教育部《普通高等学校学生管理规定》，结合我校实际情况，特制定本办法。

第二条 本办法适用于我校就读的所有学生。

第三条 学生请假必须遵守本办法的相关规定并及时办理相关手续。

第二章 请假条件

第四条 凡因事、因病、因公或其他特殊原因不能按期入学、报到注册，不能参加学习、劳动、军训、集会、早操、自习等考勤范围内的活动者，应事先办理请假手续，办理请假手续时原则上不得事后补假。

第五条 请假分病假、事假、公假三种。

（一）病假：学生因病不能参加考勤范围内活动者，可请病假。

（二）事假：学生因急事不能参加考勤范围内的活动者，可请事假。

（三）公假：学生因参加各项活动不能参加考勤范围内活动者，可请公假。

第六条 凡我校录取的新生，须持录取通知书和有关证件，按期到校办理入学手续。因故不能按期入学者，应电话联系或写信并附相关证明，向学校请假。请假一般不得超过两周。

第七条 每学期开学时，学生必须按校历规定日期到校办理注册手续方可取得本学期学习资格。注册手续不得由他人代办。因故不能如期到校注册者必须履行请假手续。请假一般不得超过两周。

第三章　请假审批程序

第八条　批报权限：

（一）请假一天以内由辅导员批准。

（二）二至三天内辅导员签署意见，二级学院分管学生工作领导批准。

（三）四至七天内由院系审批后，报学生处审批。

（四）七天以上经各相关部门签字后，报主管学生工作副校长审批。

学生请假单

第九条　请假程序：请假需由学生本人详细填写《学生请假单》并附上有关证明，学生课外活动需填写《学生课外活动请假单》，再按有关规定办理手续，经批准后，方能生效。具体如下：

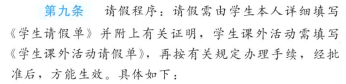

学生课外活动请假单

（一）病假：须持学校医务室或县级以上医院证明到辅导员处办理病假手续，若因急病不能及时开病假证明时，必须在五个工作日内补办请假手续并提交给任课教师。超过五个工作日不给予补假。

（二）事假：原则上学生在校学习期间，事假应从严掌握，确实遇到紧急特殊情况（直系亲属病重、病故，家里发生重大变故等）方可准假。学生在填写《学生请假单》前，须让家长亲自与辅导员说明情况，并在假满之后补上由家长签名的请假证明，辅导员需在请假单上注明与家长确认的情况。

（三）公假：须持相关活动负责人开具的证明到辅导员处完成相关手续方可批假。

第十条　特殊情况不能事先请假者，应持有关证明补假。假期已满不能归校时，应在假满以前说明理由并持有关证明，申请续假，经获准后方为有效。原则上不得事后补假，病假、事假因特殊原因无法当场补假者需要提前向辅导员说明原因，由辅导员向家长核实情况。学生于假期满之后，至辅导员处补办请假单，病假补办时间不超过五个工作日，事假补办时间不超过三个工作日。

第十一条　《学生请假单》上的部门意见需相关领导签字并加盖部门公章方为有效。

学生节假日离校去向登记表

第十二条　学生节假日（包括国家法定节假日和双休日）离校应填写《学生节假日离校去向登记表》进

行登记备案，辅导员要密切掌握学生动向并注意保持联系。收假前辅导员应对学生返校情况进行全面摸查，做到有问题发现及时、处理及时、上报及时。

第四章　销假与考勤制度

第十三条　有下列情况之一者，以旷课论处：
（一）不按请假制度履行请假手续者。
（二）请假未经批准而擅自离校者。
（三）假满后不销假者。
（四）假满后续假未经批准者。
（五）请病假没有指定医院证明而不参加学习活动者。
（六）擅自离校而委托他人为自己请假者。
（七）请假理由与事实不符者。

第十四条　学生旷课以课堂学时统计，每天按旷课8学时计。学生旷课按照《湖南高速铁路职业技术学院学生违纪处分实施规则》，给予处理和相关纪律处分。

第十五条　学生连续请假两个月以上，或一学期因病、事假累计缺课达三分之一以上者，须办休学手续。

第十六条　擅自离校不按时参加学校规定的教学活动或节假日离校不请假登记者，按照《湖南高速铁路职业技术学院学生违纪处分实施规则》进行处理，学生擅自离校期间所造成的一切后果由本人承担。

第十七条　凡我校录取的新生报到期间未来校报到，未经请假，或请假未被批准，或请假逾期的，以旷课论，超过两周者，取消入学资格。

第十八条　学生在开学期间未按校历规定日期到校办理注册手续，未经请假，或请假未被批准，或请假逾期的，以旷课论，超过两周者，按自动退学处理。

第五章　附　　则

第十九条　所有学生请假必须以学校统一的正规请假条为凭证，其他不合规范的请假条一律无效。对弄虚作假、欺骗组织者，一经发现，从严处理。

第二十条　学生请假、续假手续材料由学生所在学院保存备查。

第二十一条 学院要经常对学生出勤情况进行检查，特别是在国家规定的节假日前后及时掌握学生离校及按时报到情况，将相关情况报学生工作处备案。

第二十二条 本办法由学生工作处负责解释。

第二十三条 本办法自颁布之日起施行，原请假制度管理办法同时废止。

第二十节 关于学生佩戴胸卡的管理规定

一 胸卡管理规定

（1）新生入学取得学籍后，由学生工作处统一制作、配发胸卡，其他部门或个人不得仿造。

（2）学生胸卡是证明本校在籍学生的身份证件和标识，是参加学习和其他活动的重要凭证。

（3）佩戴胸卡的场所：校园内。

（4）佩戴胸卡的标准位置：统一挂在颈间或外衣左胸前上方，不得佩戴在身体的其他部位和藏于外衣里面。凡是将胸卡藏于衣内、放入口袋、拿在手上等行为一律作为未佩戴胸卡处理。

（5）学生在校期间必须每天随身携带和佩戴胸卡。不戴胸卡的学生不得进出校门，更不准进入教学楼、宿舍、图书馆、办公室、食堂等场所，参加校内外各类集体活动（体育课及特殊情况除外）都必须自觉佩戴胸卡。

（6）学生胸卡只限于本人使用、佩戴，一人一卡。任何学生不得以任何借口转让、转借他人使用，更不得将自己的胸卡借给校外人员佩戴。如发现不佩戴、一人多卡、转借他人等违纪现象，将给予严肃处理。

（7）学生要爱护胸卡，妥善保管，防止丢失。不得故意涂改、污损、折叠、撕裂、粘贴、遮盖胸卡。严禁盗用、伪造等弄虚作假行为，违者给予批评教育，并视情节给予纪律处分。

（8）胸卡若有遗失或损坏，应在三日内书面申请补办，写明原因、姓名、班级，经班主任签字证明，到学生工作处补办，并交纳 10 元/张工本费。补办期间可携带学院证明（盖章）。

（9）学生因退学、转学、休学、毕业等其他原因办理离校手续时，必须将胸卡交回学校。否则，不予办理离校手续。

二　胸卡检查办法

（1）学生在校期间应主动接受学校管理人员、老师、学生干部、门卫等有关人员的询问和检查，不得以任何理由拒绝。凡不按规定佩戴胸卡者，要进行现场登记并转交所在学院和班主任教育处理。

（2）学校保安和值班人员对出入校门未佩戴胸卡者，有权检查并核实身份。拒不配合的，拒绝进入校门。对态度恶劣妨碍执行学校管理制度的学生，根据学校学生违纪处分实施规则进行纪律处分。

（3）学校值班人员、学生工作处、保卫处和各二级学院将不定期、不定时、不定点抽查学生胸卡佩戴情况，抽查结果统一反馈给学生工作处，由学生工作处通报给各学院，纳入班级常规管理月度考核。

（4）班主任负责学生胸卡佩戴制度的落实，要指定一名学生干部每天检查胸卡佩戴情况。

（5）各学院要做好日常学生胸卡佩戴检查、督促工作。成立由学生干部组成的纪律检查组，每天对学生胸卡佩戴情况进行检查、登记、上报。并在教学大楼大厅内的"违纪通报专栏"里，对未按规定佩戴胸卡的学生进行及时通报。

三　违规处罚条例

（1）对第一次未戴胸卡的学生，给予批评教育，综合素质测评指标体系中表现与职业道德项目（后面简称操行分）扣2分。

（2）对第二次不戴胸卡者，责令其写检查，并给予通报批评，操行分扣4分。

（3）对三次以上不佩戴胸卡，屡教屡犯者，对其进行通报批评，并视情节给予警告以上处分，操行分扣10～40分。

（4）对借用、转让胸卡者，保卫人员或其他老师有权收缴，一切不良后果由胸卡主人自负。并对其进行通报批评，视情节给予严重警告以上处分，操行分扣15～40分。

（5）对故意毁损胸卡或盗用、伪造胸卡者，对其进行通报批评，并视情节给予记过以上处分，操行分扣30～40分。

本规定自二〇一八年四月二十六日起生效，由学生工作处负责解释。

第二十一节 湖南高速铁路职业技术学院学生证、校徽管理规定

学生证是在校学生的身份证明，校徽是学院的标志，应妥善保存好。为加强校风建设，严格学生证件的管理，完善办理手续，特制定本规定。

第一条 新生入学复查合格取得学籍后，方可发予学生证和校徽。新生的学生证件按学生花名册以系为单位集中到学生处办理。

第二条 学生证上的编号，由学生处按照规定提供的学号编排。

第三条 学生证中的"乘车（火车、船）区间到达站"是指学生家庭或父母工作所在地，必须如实填写。对不如实填写或擅自涂改学生证"乘车区间到达站"者，给予批评教育，情节严重者，予以纪律处分。

第四条 学生每学期报到注册时，由本人持学生证到所在系部学生工作办公室办理注册手续。未办理注册手续的学生证不再继续有效。

第五条 学生证应妥善保存，如有丢失，应尽力查找。确实无法寻回，应立即向学生处申请补办，补办学生证以系为单位每月第一周集中到学生处办理。

第六条 学生将学生证或校徽转给他人使用或送人，或一人使用两个学生证，一经查出，给予批评教育，情节严重者，予以纪律处分。

第七条 转专业学生，凭原学生证到学生处办理新学生证，原学生证作废。

第八条 学生毕业或因转学、退学、开除学籍、休学等原因离校时，学生证退回学生处保管。

第九条 学生证件的办理由学生处学生管理科专人具体负责，其他人员无权办理。

第十条 本规定由学生处负责解释。凡以前规定和本规定不一致的，以本规定为准。

第二十二节 湖南高速铁路职业技术学院考场规则（修订）

为了严肃校纪，整顿教学秩序，搞好考风建设，保证教学质量，特制定考场规则，全校同学均要端正考试态度，自觉遵守考场规则。

（1）凡参加考试的学生，须提前十分钟凭本人学生证或身份证按指定座位入座，遗失证件者须由考生所在学院开具书面证明，证明上张贴考生近照，辅导员签字后加盖学院公章，否则不得参加考试。迟到15分钟以上取消考试资格，该门课程以不及格论处。进入考场后，对号入座，不得喧哗，确保安静。凡未经监考老师允许的有关教学参考书及资料、练习本等，一律放在指定位置。课桌上只能放置文具和任课教师指定的与答题有关的东西，携带的通信工具一律关机。考试进行30分钟后方可交卷离场。

（2）除作图用铅笔，答卷时一律用钢笔或圆珠笔（不准用红笔）书写，字迹要端正清楚。不得在答卷上填写与本人身份不符的姓名、考号等信息，不得用规定以外的笔或者纸答题，或者在试卷规定以外的地方书写姓名、考号，或者以其他方式在答卷上标记信息、乱涂乱画。

（3）考试中途学生不得离开考场，确有特殊情况须有监考老师陪同或提前交卷。考试用纸（包括草稿纸）一律由教务处提供，学生不得自备。

（4）学生应在规定的时间内独立完成答卷，不准互相谈话、讨论解题和核对答案；不得翻阅书籍，笔记等资料；不得窥视他人试卷；不得互借计算器；不得夹带纸条、偷换试卷和草稿纸；不得将考试内容写在桌子上。

（5）学生应听从监考老师的指导，如遇试题字迹不清，可举手询问，但不得要求监考人员对题意作任何解释和启示。考试完毕立即交卷离开考场，不得要求补充答卷；不得向监考人员询问考题情况；不得将试卷带出场外；不得在考场附近高声谈论甚至喧哗；不得离场后再进入考场。

（6）学生违反考场规则，情节轻微者，认错态度诚恳，给予通报批评，成绩记零分。

（7）学生严重违反考试纪律，作弊或提供条件给别人作弊者，违纪事实清楚、证据确凿，监考教师应没收试卷，令其退出考场，并在该生试卷上签字注明"作弊"字样,并及时填写《考场记录表》送交教务处,该门课成绩无效,并由学校视其违纪情节,给予记过及以上处分直至留校察看处分。

①收卷时,拒不交卷者作"旷考"处理。

②向老师提出不合理要求,遭拒绝后向老师进行人身攻击、威胁者,或因老师制止其违纪行为向老师进行人身攻击、威胁者,给予记过及以上处分。

③故意破坏教室监控设备及线路的学生,给予记过及以上处分,并根据学校损失,按原价两倍赔偿。

④试卷带出考场,一律作废,该门成绩作零分计,给予记过处分。

⑤由他人代替考试、替他人考试、组织作弊、使用通信设备作弊及其他作弊行为严重的,发生者给予留校察看处分。

⑥在国家级考试中有违规行为者,按国家级考试相关规定处理。

(8) 考试按规定的时间进行,一律不得延长。学生交卷时将试卷叠好翻放在桌面上,并退出考场,由监考老师统一收卷。

(9) 教务处或考试主管部门收到考试违规材料后,进行初步审查核实,于当天内报送学生工作处。学生工作处根据有关规定形成处理意见报学校主管领导审批,并按规定予以公示;需开除学籍的学生,须报经校长会议审批后方予以公示。

(10) 对未明确列出的考试违规行为的处理,参照本规则最相类似行为的有关规定执行。

第二十三节 疫情防控期间学生违规行为处理办法

第一章 总 则

第一条 为了维护学校正常的教学和生活秩序,建设优良的学习、生活环境,根据上级对疫情防控最新要求,结合我校学生管理规定及实际情况,特制定本办法。

第二章 基本原则

第二条 疫情期间,学校实行封闭式管理,不准私自进出学校,不能组织未经批准的集会(正常的教学、就餐、就寝除外),各学院必须认真执行,所有处分决定将通知到学生家里,并在全校进行通报。

第三条 学校原有的学生管理规定照常执行,原有的与本办法有出入的,以本办法为准。

第三章 处分等级和条例

第四条 处分等级:
(一)警告;
(二)严重警告;
(三)记过;
(四)留校察看;
(五)劝退;
(六)开除学籍。

第五条 学生有违反校规校纪的行为,但情节轻微不足以给予行政处分的,应由学生所在学院给予通报批评,督促其改正错误。

第六条 二级学院在疫情防控期间对违反疫情防控学生可以做出严重警告及以下处分决定,报学生处备案。

第三章 规章制度

第七条 开学前,对疫情统计不登陆、不填报、谎报、瞒报的,一次给予通报批评,累计两次给予警告处分,累计三次给予严重警告处分,教育后仍不悔改的,给予记过处分,态度恶劣的作劝退处理。报到前14天e码通有一天没有登录的学生,报到时要从重新登记之日起计算,直到有14天连续登记记录方可返校,由于本人原因造成未能按时报到学习的按旷课处理,直至退学。

第八条 开学时,未经允许,不符合返校的学生,私自返校的给予记过以上处分。

第九条 进入校园主动出示规定的有效证件和证明,禁止强行闯入,凡违反上述规定者视情节轻重给予记过以上处分。

第十条 开学后,不服从学校管理规定,或不听从现场指挥人员指挥,强行冲卡离开校园者,给予留校察看以上处分;私自离校、私自进入有疫情的区域和单位者,给予记过处分,造成重大事故者作劝退以上处分。

第十一条 开学后,对疫情统计不登陆、不填报、谎报、瞒报、体温测试拒不配合的给予记过处分,态度恶劣的作劝退处理,造成严重后果的,作开除学籍处理。

第十二条 违反学校关于学生宿舍管理的有关规定,扰乱宿舍管理秩序者,根据学生手册从重处分,翻墙外出、破坏围栏的给予记过以上处分,并对损坏的物件进行赔偿。

第十三条 在宿舍区域内,严禁随意串门,宿舍内严禁养宠物。宿舍内留宿外来人员,视情节轻重给予记过以上处分;无故晚归的给予记过处分,夜不归宿,作劝退以上处理。

第十四条 明知自身患有传染病却隐瞒病情、拒不接受治疗并造成不良后果者,作劝退及以上处分。

第十五条 广大学生应以积极的心态面对和解决"新冠肺炎"问题,禁止捏造、传播各种谣言;有下列情形之一者,视其情节,给予记过以上处分:

(一)张贴、投递、散发大小字报、反动传单,以及通过网络、手机短信等方式传播假信息、不良信息、其他途径散布反动言论,混淆视听,制造混乱。

凡造谣者视情节轻重给予留校察看以上处分,传谣者视情节轻重给予

213

记过以上处分。

（二）组织开展未经批准的沙龙、俱乐部、社团等大型活动的。

第十六条 违反公民道德准则和大学生行为准则，视其情节，给予下列处分：

（一）伪造、变造各种证件或证明文件者，给予记过以上处分：

1. 变造、冒领、冒用各种证件并产生不良后果者。

2. 转借各种证件并产生不良后果者。

3. 违反规定，对诊断书弄虚作假者（如修改处方、药方，开假报销单、开假证明等）。

（二）为达到个人目的有下列行为者，视其情节，给予记过以上处分：

1. 私刻、伪造公章。

2. 伪造各类证书、证明等有关证件、证明文件。

（三）有其他规定的按照相关规定进行处理。

第十七条 学生有义务密切配合"新冠肺炎"防治工作中的消毒、校内隔离、封闭管理等各项措施，凡违反上述规定者视情节轻重给予严重警告以上处分。

第十八条 宿舍清扫垃圾时间为每天上午8：20前和中午14：30前，违规者给予警告处分。对违反规定后承认错误态度差、第二次违反以上规定者，加重一级处分。

第十九条 学生在校内有违纪行为的，依照本办法给予纪律处分。学生在校外参加教学实习、考察、社会实践、挂职锻炼等社会活动中有违纪行为，参照本办法给予纪律处分。

第四章　附　　则

第二十条 本办法中的给予某一级别"以上处分"包含该级别处分。

第二十一条 学生请病假须学校医务室开具诊断书后交辅导员审核，由二级学院审批同意后，报学生处备案。

第二十二条 本办法适用于我校全体学生，具体实施根据《湖南高速铁路职业技术学院学生手册》执行，由学生处负责解释。

第二十三条 本办法自2020年5月15日起实施。

第二十四节

湖南高速铁路职业技术学院学生违纪处分实施规则

第一章 总则

第一条 为了维护学院正常的教学和生活秩序，建设优良的学习、生活环境，促进学生的健康成长，根据《中华人民共和国教育法》《中华人民共和国高等教育法》《普通高等学校学生管理规定》《高等学校校园秩序管理若干规定》《高等学校学生行为准则》《公民道德建设实施纲要》以及其他有关规定，结合我院的实际情况，制定本规则。

第二条 本规则适用于湖南高速铁路职业技术学院所有在籍在册全日制学生。

第三条 学生违反校规校纪，根据情节轻重、认错态度、悔改表现等，给予下列处分：

（一）警告；

（二）严重警告；

（三）记过；

（四）留校察看；

（五）开除学籍。

学生有违反校纪校规的行为，但情节轻微不足以给予上述处分的，应由学生所在系给予通报批评，督促其改正错误。

第四条 受处分者，同时受到以下处理：

（一）取消其当年（指学年度，下同）参加各级优秀学生、优秀学生干部评定的资格，同时取消其当年各类奖学金的评定资格。

（二）取消其当年获取各级、各类资助的资格。

（三）享受国家助学贷款者，受到开除学籍处分，立即终止贷款并追回已贷款项。

（四）学生干部违纪受处分者，取消干部任职资格。

（五）党、团员违纪受处分者，建议党、团组织给予相应纪律处分。

第五条 违反校纪者违纪行为虽已发生，但能在学院发现前主动承认错误，如实陈述违纪事实，检查认识深刻，有明显悔改表现者；有下列情节之一，可以从轻处分或免予处分：

（一）确系他人胁迫，并能主动检举、揭发他人的违纪行为，积极协助组织查处问题，认错态度好的。

（二）有立功表现的。

（三）有其他可从轻处分情节的。

第六条 违反校纪者，有下列情节之一，应从重处分：

（一）违纪后拒不承认错误或包庇他人违纪行为的。

（二）在组织调查中翻供、串供或对有关人员打击报复、威胁恫吓的。

（三）有两种以上（含两种）违纪行为，或同时触犯本办法两条以上（含两条）规定的。

（四）勾结校外人员违纪的。

（五）违纪群体的组织者、指挥者。

（六）威胁、侮辱学生管理工作人员的。

（七）败坏学院声誉的。

（八）在本校曾经受到过纪律处分，再次违纪时从重处分；曾受过两次处分，第三次违纪时，给予开除学籍处分。

（九）有其他应予从重处分情节的。

第二章 分　　则

第七条 对违反国家和地方法律、法规者，给予以下处分：

（一）司法和公安部门认定其行为违反国家和地方的法律、法规但不予处罚者，视其情节，给予记过以上处分。

（二）违反《中华人民共和国治安管理处罚法》等法律法规，被公安机关处罚者，视其情节，给予留校察看或开除学籍处分。

（三）触犯国家法律，被依法追究刑事责任者，给予开除学籍处分。

第八条 学生不得有反对四项基本原则的言论和行为，不得从事非法的社会、政治、宗教等活动，不得泄露国家秘密。有下列情形之一者，视其情节，给予警告直至开除学籍处分：

（一）违反《中华人民共和国集会游行示威法》或其他有关法律法规，组织、参加未经批准的集会、游行、示威活动；组织、策划或参与扰乱社会秩序或破坏学院的管理秩序、从事破坏安定团结的活动。

(二)张贴、散发大小字报,出版、传播非法刊物,以及通过其他途径散布反动言论,混淆视听,制造混乱。

(三)组织、加入非法社会团体或组织,从事非法活动。

(四)违反学生社团管理的有关规定,未经批准组织成立学生社团并开展活动,或以合法学生社团的名义开展非法活动,或有其他违反社团管理规定并造成严重后果。

(五)组织或参与邪教、封建迷信活动。

(六)在校园内进行宗教活动,经教育不改者。

(七)泄漏国家秘密。

第九条 违反计算机网络有关管理规定,触犯刑律的,由司法机关追究刑事责任,情节轻微的,分别给予以下处分:

(一)公开传播他人隐私的,视情节给予严重警告以上处分。

(二)私看他人电子邮件对他人造成精神损害、用侮辱性语言对他人进行谩骂或进行人身攻击的,给予严重警告以上处分。

(三)在计算机网络上发表有损国家利益、学院利益和他人正当利益的言论、文章,以及散布各种谣言的,视情节给予记过以上处分。

(四)未经同意使用他人账号、恶意欠费给学院或他人造成损失者,除赔偿经济损失外,给予记过以上处分。

第十条 侵犯他人、组织的合法权益,危害公共安全者,按下列规定给予处分:

(一)侵犯他人合法权益,影响他人正常学习、工作和生活者,给予以下处分:

1. 非法扣留、冒领和毁弃他人信件(含拆阅)、包裹、汇票或其他邮件者,视情节、后果,给予严重警告以上处分。

2. 恐吓、威胁他人人身安全,干扰他人正常生活者,视其情节轻重,给予严重警告或记过处分,造成严重后果者,给予留校察看直至开除学籍处分。

3. 蓄意捏造事实、诬告、陷害、诽谤、侮辱他人者,视其情节轻重,给予严重警告或记过处分,造成严重后果者,给予留校察看直至开除学籍处分。

4. 在公共场合(公寓、教学楼、办公室、食堂等)张贴侮辱性标语或大小字报的,视情节轻重给予记过及以上处分。

5. 因学习成绩评定、就业、评奖、处分等原因,对有关人员寻衅闹事者,视其情节,给予记过以上处分。

新起点，再出发——高职高专大学生入学教育

6. 在追求异性过程中，手段卑劣或遭拒绝后对其进行不文明攻击的，对异性造成伤害者，给予留校察看以上处分。

7. 投放有毒、有害物质，蓄意伤害他人身体，或危害公共安全者，给予开除学籍处分。

（二）侵犯组织合法权益，给予以下处分：

1. 对学院相关部门有意见，不通过正当渠道反映，行为偏激，聚众闹事的，给予组织者记过以上处分。

2. 故意损毁或涂改学院尚在生效的布告、宣传栏、宣传牌等宣传用品的，给予记过以上处分；情节特别严重的，给予留校察看以上处分。

3. 冒用学院或他人名义，侵害学院或他人利益，给学院或他人造成不良影响或损失者，除赔偿经济损失外，视其情节，给予记过以上处分。

4. 恶意破坏学院组织的活动的，给予记过以上处分。

5. 煽动学生拒缴学费造成一定影响者，给予记过以上处分。

第十一条　有下列行为，违反公民道德和学生行为准则者，给予警告及以上处分：

（一）破坏绿化、环境卫生，违反学院有关公共场所管理规定的。

（二）在桌面上或墙壁上乱涂乱画者。

（三）食堂就餐争抢、拥挤或插队者。

（四）在教学区（教学楼内）吸烟或穿拖鞋经多次教育不改者。

（五）占用教室进行非学习活动的。

第十二条　有下列扰乱校园秩序、危害社会安全行为的，视其情节、性质、后果等，给予以下处分：

（一）捏造或者歪曲事实、故意散布谣言或者以其他方法扰乱校园秩序的，给予严重警告及以上处分；组织者给予记过及以上处分。

（二）扰乱教学楼、图书馆、礼堂、办公楼等公共场所秩序，致使工作、教学、科研等活动不能正常进行的，给予留校察看及以上处分。

（三）拒绝、阻碍学院管理人员依法或依校规校纪执行公务的，给予警告以上直至留校察看处分。

1. 凡不按时就寝且不听门卫劝阻强行外出的（强行翻墙外出的）。

2. 在查寝过程中，对检查人员质疑采取装聋作哑、不予理睬的。

3. 辱骂或毁谤教职员工的。

4. 拒绝配合学生干部执行公务的、辱骂和殴打学生干部的。

5. 不服从老师安排，顶撞老师，造成恶劣影响的。

第十三条　严重违反社会风纪，有下列行为的，给予以下处分：

（一）校园内男女交往举止不雅，有违社会公德，经教育无效，按其

情节轻重，给予警告及以上处分。

（二）收看淫秽书、画、录像片等淫秽制品者，给予记过及以上处分。

（三）调戏、侮辱或以其他方式严重骚扰他人者，给予留校察看处分；非法同居者，给予留校察看及以上处分。

（四）制作、复制、出售、出租或传播淫秽、反动物品的，给予开除学籍处分，并报公安部门处理。

（五）接受或提供色情服务者，给予开除学籍处分。

（六）吸食或组织学生吸食毒品的，给予开除学籍处分。

（七）组织和游说他人参加非法传销组织的，给予组织者开除学籍处分；其他被动参加的，给予警告处分；经教育不改的，给予留校察看或开除学籍处分。

第十四条 有下列不诚信行为的，给予以下处分：

（一）对于恶意拖欠学费的，经认定非家庭经济原因造成的，给予严重警告以上处分。

（二）在填报的各种表格、材料、申请中，伪造事实、弄虚作假，给予严重警告以上处分。

（三）私自涂改证件、证明、证书或签字者，或转借各种证件产生不良后果者；私刻他人印章，非法刻制公章，伪造证件、证书、证明者，给予记过直至开除学籍处分。

第十五条 旷课、迟到、早退或有其他扰乱课堂秩序的，给予以下处分：

（一）多次旷课，累计计算旷课学时（学习、生产劳动、艺术实践、集体活动、毕业教育等，按每天8课时计算），晚自习减半计算。

1. 一学期内累计旷课不足10课时，给予通报批评处分。

2. 一学期内累计旷课达10课时，给予警告处分。

3. 一学期内累计旷课达20课时，给予严重警告处分。

4. 一学期内累计旷课达30课时，给予记过处分。

5. 一学期内累计旷课达40课时，给予留校察看处分。

6. 一学期内累计旷课达60课时，视为自动放弃学籍，按退学处理，给予开除学籍处分。

（二）关于迟到早退或其他扰乱课堂秩序的，给予以下处分：

1. 一学期内累计有1/4课程迟到、早退；上课大声喧哗、干扰正常教学秩序的给予警告处分。

2. 一学期内累计有1/3课程迟到、早退，给予严重警告处分。

3. 一学期内累计有1/2课程迟到、早退，给予记过处分直至开除学籍处分。

  第十六条 未经批准，擅自离校的，给予以下处分：

（一）擅自离校两天（擅自离校天数包括休息日在内）者，给予记过处分。

（二）擅自离校三天以上七天以下者，给予留校察看处分。

（三）擅自离校七天以上者，给予开除学籍处分。

  第十七条 以现金、有价证券或其他物品为赌注进行赌博，除没收赌注、赌具外，视情节轻重及认错态度，给予下列处分：

（一）参与赌博者，无论赌注价值多少，一经查实，给予记过及以上处分。

（二）知情不报者，给予严重警告处分；为赌博提供条件者，或作伪证隐避事实者，给予参赌者同等处分。

  第十八条 酗酒者。

（一）校园内酗酒滋事，不听劝阻者，危及他人或公共秩序者给予严重警告及以上处分。

（二）因酗酒滋事而受到公安、司法部门处罚者，给予开除学籍处分。

  第十九条 以偷窃、骗取、抢夺、敲诈勒索、冒领和侵占等手段，非法占有国家、集体或个人财物者，除追回赃款赃物之外，分别给予记过及以下处分，情节严重者报司法机关处理。

（一）有前款所列行为，实施未遂、尚未获得非法财物或涉及金额（包括数次作案累计金额或团伙作案合计金额，以下同）不满200元，经批评教育有悔改表现的，给予警告或严重警告处分。

（二）涉及金额达到200元（含）以上，不满400元的，给予严重警告或记过处分。

（三）涉及金额达到400元（含）以上，不满600元的，给予留校察看处分。

（四）涉及金额达到600元（含）以上的，给予开除学籍处分。

（五）屡教不改（包括已因此类行为受过1次纪律处分，下同）或多次作案的，无论涉及金额多少，一律给予开除学籍处分。

（六）经公安机关或保卫部门确认为撬窃的，无论是否窃得财物，一律给予留校察看及以上处分。

（七）明知是赃物而购买的，没收赃物，给予严重警告处分。

（八）明知是赃物而协助窝赃、销赃、转移的，给予严重警告及以上处分。

（九）对团伙作案为首的，从重处分，直至开除学籍。

（十）偷窃公章、机密文件、档案等物品未造成严重后果的给予记过或留校察看处分，造成严重后果，给予开除学籍处分。

第二十条 寻衅滋事、打架斗殴者，给予以下处分：

（一）虽未动手打人，但用言词侮辱或其他方式触及他人，引起事端或激化矛盾，造成打架后果的，视其情节，给予警告及以上处分。

（二）校内同学之间发生矛盾，不及时向学院相关部门报告，而将院外人员引入校园，造成矛盾激化的，视其情节，给予记过及以上处分。

（三）打架者：

1．应邀到打架现场助威而未动手者，给予警告处分。

2．以"劝架"为名，偏袒一方，扩大事态者，给予严重警告处分。

3．动手打人未伤他人者，给予记过处分。

4．致他人轻伤者，给予留校察看处分，并责令其赔偿医药费等费用。

5．致他人重伤者，给予开除学籍处分同时报请司法部门追究其刑事及民事责任。

6．联合校外人员殴打校内人员者，参照上条款加重一级处分。

7．因打架斗殴导致人身伤害或财产损失者，除受到相应纪律处分外，还应向受害者赔偿经济损失。

（四）持械斗殴者：

1．未伤他人者，给予记过处分。

2．致他人轻伤以上者，给予开除学籍处分，重者同时报司法部门追究其刑事和民事责任。

（五）为他人打架提供凶器者：

1．未造成后果者，给予记过处分。

2．造成后果者，给予留校察看处分。

3．造成严重后果者，给予开除学籍处分。

（六）发生打架事件，要报告学院及时处理，不得隐瞒不报，更不得采取私下了结的办法处理。凡因"私了"导致事态扩大者，从重处分：

1．以"赔礼道歉"的名义私下敲诈钱、物者，视其情节轻重给予记过及以上处分。

2．扩大事态，引发新的打架斗殴，影响恶劣者，给予开除学籍处分。

（七）作伪证者：

1．为他人作伪证给调查造成困难者，给予记过处分。

2．打架者作伪证或故意掩盖事实，加重一级处分直至开除学籍。

3. 参与打架三次以上者（含三次），一律给予开除学籍处分。

第二十一条 故意损坏公私财物者，除按价赔偿经济损失外，根据损坏财物的价值给予下列处分：

（一）情节较轻、数额不足100元者，给予警告处分。

（二）情节严重、数额在100元及以上者，给予记过处分。

（三）故意损坏馆藏图书或以旧换新者，视其情节，给予警告及以上处分。

（四）恶意破坏电源线、校园广播系统、网络、视频监控设备、电话等公共设施的，一经发现给予记过及以上处分，并按原价两倍赔偿。

（五）因打架或其他原因造成公物破坏，应当赔偿而未执行的，给予记过及以上处分。

（六）在实验、实习、科研活动中，违反操作规程，造成事故或经济损失较大者，给予警告及以上处分。

（七）毕业离校期间损坏公物者，从重处分。

第二十二条 对违反学院学生公寓管理办法有关规定的，视情节轻重，给予以下处分：

（一）违反作息制度，在校内高声喧闹不听劝阻，妨碍他人正常学习、工作、生活，扰乱校园正常秩序的，给予警告处分。

（二）在学生宿舍（公寓）内留宿校外人员或将学生宿舍（公寓）、床位转借、转租他人的，给予警告处分；造成后果的，给予严重警告处分。擅自调换学生宿舍（公寓）或者床位，不听劝阻者，给予警告处分。

（三）擅自改变学生宿舍（公寓）结构，调换门锁的，给予警告处分；情节严重的，给予严重警告及以上处分。

（四）不服从配合学院住宿调整的，给予严重警告处分。

（五）未经批准在宿舍内经商，一经查实，没收商品，并给予严重警告及以上处分。

（六）在学生宿舍或教学、实验等场所违反消防管理，给予下列处分：

1. 私拉网线的，给予警告处分。

2. 私自安装或违章使用电器、使用明火、私拉乱接电线的，给予严重警告或记过处分。

3. 引起火灾的，给予记过直至开除学籍处分。

（七）已由学校安排宿舍住宿，却私自租房住，给予留校察看处分，经教育仍不改正者，给予开除处分。

（八）晚归一次通报批评，晚归两次及以上的给予警告直至开除处分。

未经请假彻夜不归的，给予严重警告处分；未归二次以上给予记过直至开除学籍处分。

（九）将宠物带入学生宿舍（公寓）的，给予警告处分；在学生宿舍（公寓）内饲养宠物的，给予严重警告或记过处分。

第二十三条　有下列行为之一者，给予相应处分：

（一）不按规定清扫卫生、整理内务、佩戴校卡，发型着装出格，经劝阻不改的，给予警告处分。

（二）在校期间（包括校外实习）私自下河、下塘游泳视其情节给予记过及以上处分。

（三）未经批准，在校内从事以盈利为目的的营销活动（如宣传、散发、张贴广告、代理、招揽生意、上门推销、摆摊设点、销售货物、出租物品等）造成不良影响，经批评教育不改者，视其情节轻重，给予警告及以上处分。

（四）未经批准，在校内外进行募捐或以募捐为名骗取钱财者，视其情节轻重，给予严重警告及以上处分。

（五）违反学生社团管理的有关规定，组织成立未经批准的学生社团并开展活动，或以合法学生社团的名义开展非法活动，或有严重违反社团管理规定并造成危害后果者，给予留校察看或开除学籍处分。

第二十四条　警告及严重警告处分以三个月为期，记过处分以半年为期，留校察看以一年为期（毕业班学生在最后一学期不给予留校察看处分，视其情节轻重，给予记过或开除学籍处分）。受处分的同学，在处分期间表现较好者，期满后可按相关程序申请撤销处分；处分期间拒不改正错误或另有违纪行为者，给予从重处分。

第二十五条　毕业时未解除留校察看处分者，不发给毕业证书，按结业处理。留校察看期满后，由本人提出申请，所在单位对其表现写出考察意见，报学院审查批准后，方可补发毕业证书。

第二十六条　本规则没有列举的违纪行为，又必须给予处分的，可参照本细则相类似的条款给予处分。

第三章　附　　则

第二十七条　本规则中的给予某一级别"以上处分"均包含该级别处分，"以下处分"则不包含。

第二十八条　学院有关部门可以依据本规则制定相关规定，若其他有关规定与本规则相抵触者，以本规则为准。

第二十九条　本规则由院学生处负责解释。

第四章　违纪处分程序处分违纪学生的权限、程序与管理

第三十条　对违纪学生进行处分，要程序正当、证据充分、依据明确、定性准确、处分恰当、材料齐全。处分材料主要包括以下内容：

（一）违纪学生的检讨或所犯错误事实的书面材料。

（二）经核实的相关人员或部门提供的旁证材料。

（三）若属于打架致伤或由公安、保卫部门受理的，需附医疗机构检验报告或公安、保卫部门的意见。

第三十一条　处分的审批权限：

（一）给予学生留校察看及以下处分，由学生所在系召开党政联席会作出处分决定，学生处审定，报分管院长批准。

（二）给予开除学籍处分，由所在系或联合调查组提出处理意见，学生处备案，经分管院领导同意后，提交院长办公会研究决定。

（三）对于应处理而未处理的违纪学生，学生处可以直接处理，并追究有关部门和个人的责任。

（四）特殊情况也可由学生处直接提出处理意见，报分管院长批准。

第三十二条　违纪事件的调查及处理程序：

（一）违纪事件发生后，班主任（辅导员）及时上报所在系。

（二）学生发生违纪事件，且只涉及一个单位的，应由其所在系负责调查取证，听取违纪学生或者其代理人的陈述和申辩，并认真做好记录。拟受处分学生或者其代理人应在笔录上签字，如拒绝签字，由主笔人写出文字说明记录在案。在事实调查清楚后召开系党政联席会议，研究作出处分决定并附学生违纪事实材料、旁证材料、申辩材料，报学生处审定。

1. 学生违反国家法律、法规，司法机关已受理的，由保卫处负责，学生所在系协助司法部门调查取证。司法机关提出处理意见。

2. 对考试违纪事件，由监考教师负责取证或由系调查取证，将有关材料报教务处认定，提出处理意见，学生处审定后报分管院领导审批。

（三）跨系违纪事件，原则上由学生所在系分别就本系学生的违纪进行调查取证，共同研究提出处理意见并附学生违纪事实材料、旁证材料、申辩材料，报学生处审定。对情节复杂、违纪性质严重的事件，按治安违

纪事件、学习违纪事件、日常行为违纪事件等不同类型，分别由保卫处、学生处或其他相关部门牵头，召集学生所属系有关的领导，成立联合调查组调查，提出处理意见，按规定处分程序呈报处理。

（四）学院对学生作出的处分决定书，均以学院文件形式印发。处分决定书包括处分和处分事实、理由及依据，并告知学生可提出申诉及申诉的期限。

（五）学院对违纪学生作出的处分决定由各系承担公告和执行职责，各系负责向学生辅导员、班主任通报并将处分决定书送达学生本人并通知学生家长。无法直接送交学生本人的可以采取系内公告的形式，公告之日即视为送达。处分决定书一经送达即产生效力，被处分学生申诉寻求法律救济的期限，从送达之日起计算。学院可在校内采取适当方式对做出的处分决定予以公布，开除学籍的处分决定书由学生处报湖南省教育厅备案。

（六）学生如对处分决定有异议，在接到学院处分决定书之日起 5 个工作日内，可依据湖南高速铁路职业技术学院学生管理规定和学生申诉管理办法，向学院申诉委员会提出书面申诉。学院申诉委员会作出复查结论后，学生如对复查决定有异议，在接到学院复查决定书之日起 15 个工作日内，可向湖南省教育厅提出书面申诉。

第三十三条 在作出处分决定后，学生所在系应当认真做好受处分学生的思想工作和加强跟踪教育。

第三十四条 被开除学籍的学生，自处分决定生效之日起，即被取消学籍，解除和学院的权利、义务。所在系应督促其及时办理离校手续（最迟不得超过 10 天）。学院可发给其学习证明，并将其档案、户口关系退回其家庭户籍所在地。

第三十五条 违纪事件调查及处理期限：

各系学工办必须在收到学生违纪材料后的 5 个工作日内核实违纪事实（考试作弊应及时上报），提出处理意见上报学生处。学生处接到各系学工办报告后应在 3 个工作日内审定完毕。学院对违纪、违规学生的处分，一般应在发现其违纪违规行为的学期内处理结束。

第三十六条 学生的处分材料，应当真实完整地归入学院文书档案和本人档案。

第五章　处 分 解 除

第三十七条 记过及以下处分解除由学生处审批，留校察看处分解除需经学院主管学生工作院长批准。

第三十八条 学生受到警告或严重警告处分半年后,或受到记过处分一年后,或受到留校察看处分期满后,如果符合下列条件,可以解除处分。

(一)认真改正错误,遵纪守法,再无任何违反校规校纪的行为。

(二)班级评议三分之二以上学生认可。

(三)辅导员、班主任同意。

第三十九条 处分解除流程。

(一)学生本人提出书面申请,经所在班级学生评议通过。

(二)所在系填写《湖南高速铁路职业技术学院解除纪律处分审批表》,提供学生表现证明材料,将解除处分意见报学生处。

(三)学生处按解除处分的权限进行审定或报学院主管学生工作院长批准。

第四十条 因触犯法律构成犯罪,但不予起诉的学生,所给予的校纪处分不予解除。

第四十一条 学生毕业时,处分决定书和解除处分决定书一同存入学生本人档案。

第二十五节 湖南高速铁路职业技术学院学生申诉管理办法

第一章 总 则

第一条 为规范学生申诉行为，保证学校处理行为的客观、公正，保障学生的合法权益，根据教育部《普通高等学校学生管理规定》和有关法律法规，制定本办法。

第二条 本办法所称的申诉，是指学生对学校作出的涉及本人在入学资格、退学处理或者违规、违纪处分方面的处理决定不服，向学校提出意见和要求。

第三条 本办法适用于我校全日制在籍学生。

第四条 学生应坚持严肃、认真、诚实的原则提出申诉；学校应坚持公开、公正、实事求是和有错必纠的原则处理学生的申诉。

第二章 学生申诉处理委员会

第五条 学校成立学生申诉处理委员会（以下简称申诉委员会），受理学生的申诉。申诉委员会主任1人，由分管学校学生工作领导担任。申诉委员会副主任1人，由学校学生处处长担任。申诉委员会委员由纪检监察室主任、教务处处长、后勤处处长、保卫处处长、5名二级学院的党总支书记、教师代表1至2人、学生会代表1至2人担任。

第六条 申诉委员会下设办公室。办公室主任由学生处处长担任。学生申诉地点：学生处。学生违纪处理的具体经办人不应参加申诉委员会。

第三章 申诉的受理

第七条 学生对学校作出的涉及本人权益的处理决定不服，在接到决定之日起10日内可以向申诉委员会提出申诉。

第八条　学生提出申诉时，应当向申诉委员会提交书面申请，并附上学校作出的处理决定（复印件）。申请书应当载明下列内容：

（一）申诉人的姓名、班级、身份证号码及其他基本情况。

学生申诉申请表

（二）申诉的事项、理由及要求。

（三）提出申诉的日期。

第九条　有下列情形之一的，申诉委员会不予受理。

（一）超过申诉期限的。

（二）已经提出申诉并由申诉委员会作出过复查结论的。

（三）其他部门已经受理的。

第四章　申诉的处理

第十条　申诉委员会负责处理学生的申诉，有权对申诉所涉及的事项进行查询和调查，并提出具体处理意见。

第十一条　申诉委员会根据实际情况可采取书面审查或召开听证会等复查方式处理申诉。

采取书面审查方式的，申诉委员会也应对相关当事人进行询问，开展必要的查证。

申诉委员会决定采取听证会方式进行调查的，应按照第五章的有关规定和程序进行。

第十二条　申诉委员会应当在接到申诉申请书后的15日内，区别不同情况，提出处理意见，作出下列复查结论。因故确需延长作出复查结论时间的，应提前告知申诉人。

（一）不改变原处理决定的，直接告知申诉人并抄送相关部门。

（二）认为需要改变原处理决定的，应将处理意见提交学校相关职能部门或校长办公会重新研究决定。

第十三条　申诉委员会应将复查结论及时送达申诉人。送达方式可采取下列任何一种：本人签收、按申请书通信地址邮寄、在院内公告或参照国家相关法律规定的其他送达方式。

第十四条　在申诉期间，原处理决定不停止执行。

第十五条　在未作出复查结论前，学生可以撤回申诉。要求撤回申诉的，必须以书面形式提出。申诉委员会在接到关于撤回申诉的申请书后，可以停止复查工作。

第五章 听 证

第十六条 根据申诉人的请求，申诉委员会认为有必要举行听证的，可启动听证程序。对没有听证请求的，在请求听证前应征得申诉人的同意。听证主持人和听证记录员由申诉委员会主任指定的委员担当。

第十七条 听证主持人就听证活动行使下列职权：

（一）决定举行听证的时间、地点和参加人员。

（二）决定听证的延期、中止或者终结。

（三）询问听证参加人。

（四）接收并审核有关证据。

（五）维护听证秩序，对违反听证秩序的人员进行警告，对情节严重者可以责令其退场。

（六）向申诉委员会提出对申诉的处理意见。

第十八条 听证主持人在听证活动中应当公正地履行主持听证的职责，保证当事人行使陈述权、申辩权。

第十九条 参加听证的当事人和其他人员应按时参加听证，遵守听证秩序，如实回答听证主持人的询问，依法举证。

第二十条 听证开始前，听证记录员应当查明听证参加人是否到场，并宣读听证纪律。听证纪律由申诉委员会拟订。

第二十一条 听证应当按照下列程序进行：

（一）听证主持人宣布听证开始，宣布听证事由。

（二）作出处分或处理的经办人就有关事实和依据进行陈述。

（三）申诉当事人就事实、理由、证据或依据进行申辩，并可以出示相关证据材料。

（四）经听证主持人允许，听证参加人可以就有关证据进行质证，也可以向到场的证人发问。

（五）有关当事人作最后陈述。

（六）听证主持人宣布听证结束。

第二十二条 听证记录员应当对听证的全部活动进行笔录，并由听证主持人和听证记录员签名。

听证笔录应当由当事人签名。

第二十三条 听证结束后，听证主持人应主持拟定听证报告。

第六章 附 则

第二十四条 本办法由学校学生处负责解释。

第二十五条 本办法自 2020 年 5 月 1 日起施行。原《湖南高速铁路职业技术学院学生申诉管理办法》（湘高铁院办发〔2015〕94 号）停止执行。

第二十六节 学生管理其他规章制度

二维码扫一扫查阅

《湖南高速铁路职业技术学院学生评优评先管理办法（修订）》

《关于进一步加强学生宿舍安全及卫生管理的补充规定》

《学生宿舍安全用电管理规定》

《关于进一步加强教风学风建设若干规定》

第四章

校园生活

第四章 校园生活

第一节 学生管理与服务平台一览

相关管理部门、职能机构的办公地点及联系电话如下。

教务处考试办公室：日常教学管理，以及英语、计算机等级证考试及相关成绩查询部门。

地址：图书馆201-1。

电话：0734—2521639。

财务处：负责全校学费收缴、学生奖勤助贷款发放，监督、检查各项收费制度的执行情况。

地址：办公楼105。

电话：0734—2548948。

学生处：负责入学军训；学籍、档案管理；违纪处分、奖勤助贷具体工作；办理学生证、发放毕业证书和大学生征兵等工作。

地址：活动中心三楼。

电话：0734—2521679。

招生就业处：负责学校招生及组织学生就业招聘相关工作。

地址：活动中心二楼。

电话：0734—2548779。

后勤服务管理中心：负责学生宿舍水电费缴费（图书馆一楼）、宿舍维修、校园绿化等工作。

地址：轨道实训基地。

电话：0734—2548939。

医务室：为学生提供日常医疗服务。

地址：活动中心一楼。

电话：0734—2527166。

保卫处：负责组织开展法制教育、安全宣传教育和防灾减灾应急演练；履行校内外活动安全管理职责、处理学生严重违法违纪事件。

地址：图书馆一楼北面。

电话：0734—2522669。

继续教育学院：负责在校学生对口升学，以及自考本科、函授本科相关工作。

地址：活动中心二楼。

电话：0734—2548799。

图书馆：负责学生的图书借阅、教材管理和课外阅览等工作。

地址：图书馆。

电话：0734—2548579。

团委：负责团员发展；组织开展全校性的校园文化活动；指导学生会、社团开展工作。

地址：活动中心二楼。

电话：0734—2521175。

阳光服务中心：多部门联合办公，为师生提供"一站式"办事服务。

地址：图书馆一楼。

电话：0734—2521181。

第二节 新生答疑

问 学校的学生有什么就业优势吗?

答 学校办学历史悠久,所设专业均为铁路和地铁、城际轨道交通行业为主的专业,目前毕业生需求量大。学校拥有一流的教学设施,先进的轨道交通综合实训基地,采用校企合作、工学交替、现代学徒制的教学模式,培养的学生特别守纪律、特别能吃苦、特别能奉献、特别能适应,专业开办以来,毕业生一直受到行业的持续好评和欢迎。

问 怎样才能获得奖学金?奖学金有哪些类别?

答 诚实守信,道德品质优良,综合测评成绩平均在75分以上,思想品德85分以上,体育成绩在良好以上,可获得院级奖学金,按成绩分为特等、一等、二等、三等奖学金,每学年2000～3000元不等。另外,对于家庭贫困且成绩特别优异者,可参评国家励志奖学金,每学年5000元;成绩特别优异者可获得国家奖学金,每学年8000元。

问 如果我是一名贫困生,在学校可享受哪些资助呢?

答 学生在校期间,按照相关申请条件能享受以下资助:

(1) 国家助学金,每学年一评。资助学生范围:每学年认定为家庭经济困难学生。

分为一等、二等、三等国家助学金,资助金额分别为4400元/人、3300元/人、2200元/人。

(2) 国家励志奖学金,每学年一评。资助学生范围:品学兼优的家庭经济困难学生。奖励资助金额为5000元/人。

(3) 爱心回家路,路费补助。根据申请的家庭经济困难学生的具体路费金额资助。

(4) 家庭经济困难学生走访,根据学校相关文件进行申请。慰问金额为1000元/人。

(5) 国家开发银行助学贷款。学生在当地教育局资助管理中心进行申请,一学年一次。每年10月10日之前,向班主任上交贷款回执证明。资助费用范围：学费、住宿费。其他费用学生自行缴纳。

（6）毕业生就业补贴，毕业前评定。资助学生范围：家庭经济困难学生。资助金额为 1500 元/人。

问 学校会为同学们推荐就业吗？

答 学校会主动联系用人单位，一般在二年级的第二个学期时，学校会联系与各个专业相对应的就业单位来学校举行专场招聘会，给予同学们公平的就业推荐机会。同学们可以根据自己的实际情况，慎重考虑，准备就业推荐表，诚信报名参加各个单位的专场招聘会。学生如通过面试，体检合格后签订就业协议书。签订就业协议书后，不得再参加其他单位的招聘活动。待顺利完成学业并取得毕业证之后，凭报到证到录取单位报到。

问 我在学校可以入党吗？入党有哪些条件呢？

答 年满十八周岁，思想政治合格，积极要求上进的同学都可申请入党。确定为入党积极分子后，经过党组织至少一年的培养考察、成绩审核、群众测评、党校培训、党员大会表决、全院公示和上级党组织审核通过等流程，即可入党。

问 如何查询课表及成绩？

答 登录 www．htcrh．com⇒常用服务中的"教务系统"⇒进入"教务管理信息系统"⇒输入账户和用户名（本人学号）⇒点击"信息查询"，即可查询相应内容。

注：学生查询课表、本人在校成绩、选报选修课，以及计算机等级考试和英语等级考试成绩，均通过此流程完成。

问 请假程序是什么？

答 请同学们合理安排学习生活时间。若需请假，则请假一天由辅导员批准；请假三天以上七天以内，由辅导员批准后经院部领导同意方可；七天以上则需院领导批准。周末以班为单位签大假条，小长假前后原则上不批假。学生可用"辅导猫"提出申请。

问 会留级吗？

答 为规范学籍管理，提高教育教学质量，促进优良学风建设，根据相关管理规定，学生有下列情况之一者，应予以留级：

（1）每学年课程补考结束后，考核不及格课程门数累计达 5 门及以上者。

（2）每学年课程补考结束后，学生因学习困难主动申请留级学习者。

学生每学期课程补考结束后，考核不及格课程门数累计达 2 门及以上者，二级学院及时通知学生及家长并予以学业预警。

问 经过学校的公交路线有哪些？

答 （1）衡阳高铁东站：乘坐 203 路或 147 路公交车到我校东大门。

（2）衡阳火车站：乘坐 160 路延伸线公交车到我校东大门。

（3）衡阳中心汽车站：乘坐 160 路延伸线（始发）公交车到我校东大门。

（4）衡阳华新汽车站：乘坐 145 路（始发）公交车到我校东大门。

（5）酃湖汽车站：乘坐 155 路公交车到我校东大门。

问 如何使用一卡通？

答 新生入学按流程报名完毕后，会发放新生收费专用袋，其中包含一张一卡通，一卡通是集食堂饭卡、宿舍热水卡、直饮水卡、寝室门卡以及借书卡于一体的卡。图书馆借书时，需带一卡通或身份证在图书馆管理员处注册开通后，方可借阅图书。一卡通充值点设于食堂的一楼。

问 学校网络的使用方法有哪些？

答 学校宿舍楼全面覆盖无线网 CMCC-EDU，使用无线网 EDU 需用电话卡订购开通并获取密码后，登录界面使用。新生报到期间，校内设有网卡代售点和校园卡代售点，食堂北面（操场正对面）设有电信、移动和联通营业厅。

问 学校官网地址及可查询的内容是什么？

答 学校网址是 www.htcrh.com。官网首页可了解学院概况、最新通知及校园快讯等内容。进入教务管理信息系统可查询在校生信息、各科的成绩及每学期课表，还可网上报名考级、选修公共课等。

问　学校附近有哪些医院？

答　（1）附一医院。地址：石鼓区船山路69号（近晶珠广场）。

（2）第一人民医院。地址：珠晖区湖北路36号。

（3）南华大学附属第一医院。地址：船山路69号。

（4）中国人民解放军169医院。地址：珠晖区东风南路369号。

问　如何缴纳学费、住宿费等费用？

答　为顺应"互联网＋政务服务"的新形势和新要求，实现让群众少跑腿、让信息多跑路的目标，湖南省非税收入征收管理局联合银联商务股份有限公司湖南分公司，打造了"湖南非税移动缴费"微信公众号，学生可登录该平台，自主选择银行卡、微信、支付宝等多种方式进行缴费，再也不用排长队，随时随地都可以缴费。

问　学校食堂的情况介绍。

答　学校食堂有一楼、二楼、三楼和培训餐厅。

食堂进行了精装修，打造优美的用餐环境，引进多家美食商家，形成了独特的体系，方便师生在校品尝到美味的食物，在一楼还专门设置了扶手电梯直达三楼。学校提倡厉行节约和文明有序就餐。

问　学校众创空间——大学生创新创业孵化基地的情况。

答　学校众创空间——大学生创新创业孵化基地是培养大学生创新创业的重要平台，众创空间毗邻学校食堂，是衡阳市市级众创空间，并已经成功申报批准为省级众创空间建设项目。

众创空间旨在培养大学生的创业意识和企业家情怀，支持大学生创新创业实践。学校定期评选优秀的大学生创新创业项目入驻大学生创新创业孵化基地进行项目孵化，并在技术指导、经营开发、项目经费、政策等方面予以大力支持。

问　如何提升学历？

答

第三节 校园安全服务

一 谨防诈骗

新生报到期间通常是诈骗案高发期,尤其集中在新生入学的半个月内。由于缺乏法律知识和理财观念,大学生往往成为犯罪分子的选择对象。请同学们谨记简单易懂的防骗口诀:"天上不会掉馅饼,迅速致富全是坑,入室推销不可信,销售代理多骗人,生人搭讪要警惕,中介求职要小心,账户密码不外泄,老师号码给家人。"

大学生成为被骗重点,主要归结为三个字:"贪",即占小便宜的想法;"怯",即害怕,未经世事,缺乏社会经验,稍微一吓唬,立马就落进圈套,花钱消灾;"善",即单纯善良,看谁都像好人,但是对于琢磨我们钱包的人,提高警惕才是良策。

(一) 高校内诈骗案的常见类型

1. 电话、短信诈骗

诈骗分子通过发短信说你的银行卡在某某商场刷卡消费几千元,要你及时还款,或者说你中奖了,你有快递未取,你的电话或网络欠费了,甚至你的家人、同学或朋友遇到了危险等,如有疑问请咨询某电话。当你拨打对方留下的电话,你将一步一步被对方诱导或威胁进入圈套。例如:对方会说你的个人资料泄露了,你卷入了非法活动,要求你将自己各个银行卡上的资金转到他指定的所谓安全账户上,如果你听从了对方,那么你所转出的资金将一去不回。

2. 校园贷和网络刷单被骗

"校园贷"实际就是翻版的"高利贷",通过简单的手续诱骗学生上当。不法分子经常通过短信、小卡片等形式,向学生推销"校园贷"业务。"校园贷"与官方政策允许的帮助贫困学生助学贷款完全是两回事。"校园贷"一般有以下特征:一是要求学生提供身份证件、学生证信息,或针对女生,要求其借款时以手持身份证件的裸照代替借条;二是小额贷款,随借随还,没有烦琐的手续;三是贷款从几百元到几万元不等,立等可取。

为了满足自己的虚荣心和贪小便宜的心理,不少大学生受利益驱使,参与了"校园贷"。有些受害大学生甚至助其虐,发展下线,拉人借款,同时扮演了受骗者和施骗者的双重角色。

3. 以"遇困"老乡的身份诈骗

诈骗分子通过某种途径获知被害人籍贯在何处,以家乡话套近乎,吹嘘自己的社会关系,以帮忙等为诱饵,骗取被害人信任,借出钱物之后逃之夭夭。

4. 以遇困的名校大学生的名义诈骗

诈骗分子往往谎称自己是某名校的大学生,并出示假的学生证、身份证、介绍信等,以在外搞社会调查被盗钱包或钱用光要求借电话卡等理由进行试探,步步深入,一旦觉得行骗对象可能上钩即提出要求帮助、借钱返校。

5. 以谈恋爱的名义诈骗

诈骗分子所选择的对象多为女学生,他们称自己是某学校的学生,同女学生接近,吹嘘自己来自某沿海发达城市,家境优越,取得女生好感后,即提出与其交朋友、帮助购物,进而称急用钱不断提出借钱。有的诈骗分子不仅骗财而且骗色,严重伤害了女生的身心健康。

6. 以代购低价物品为借口诈骗

诈骗分子寻找机会与人接近,谎称"有关系""有路子",可以买到价格较低的手机、电脑等物,让受害人将钱交其代购,骗取他人财物。

7. 利用介绍勤工助学诈骗

这是近年来针对较多学生的、常见的诈骗方式。诈骗分子往往在邻近学校周边地区设立职业中介场所(有的是个体职介所与所谓的用人单位联合诈骗学生中介费、押金等),将求职的学生介绍到骗子自行设立的"用人单位"勤工助学。"用人单位"假意录用,要求学生交纳一定的"建档费""工作卡工本费""保证金""押金"等,且多分配给学生较多繁重的市场推销、调查任务,之后以工作不达要求为由拒付工资或以"保证金"抵消处罚等。"用人单位"临时租用几间房为"公司",一旦败露,即作鸟兽散。

8. 以资助家庭经济困难学生为由进行诈骗

诈骗分子多冒充教育部门、民政部门或慈善机构工作人员，电话或短信学生家长或学生本人，说有一笔捐助款因为什么原因无法到账，需要核对身份、银行卡号等详细信息，受害人在不知不觉的引导和操作下自己卡内的钱被转走。

提示

犯罪分子骗学生的常用招数有以下几种。

作案人会根据不同的情况使用不同的方式，施展骗术，引其上当。

（1）假冒身份，流窜作案。诈骗分子伪装自己的身份，常常假冒老乡、同学、亲戚等关系或其他身份，或利用假身份证、假名片，骗取学生信任而作案。骗子为了既能骗得财物又不暴露马脚，通常采用游击方式作案，得手后立即逃离。

（2）投其所好，引诱上钩。当前大学生容易被利用的心态包括：想勤工助学而缺少门路、急欲成名、爱慕虚荣而疏于戒备，想谋求到理想的工作单位而急于求成等。一些诈骗分子往往利用这些心理投其所好、应其所急，施展诡计而骗取财物。

（3）以次充好，连骗带盗。诈骗作案分子利用学生"识货"经验少又图便宜的特点，冒充学生会干部、高年级同学等上门推销各种产品行骗，一旦发现室内无人，就顺手牵羊，溜之大吉。

（4）真实身份，虚假合同。利用假合同或无效合同诈骗的案件，近年有所增加。一些骗子利用高校学生经验少、法律意识差、急于赚钱补贴生活的心理，常以公司的名义、真实的身份让学生为其推销产品，事后却不兑现诺言和酬金而使学生上当受骗。

（5）骗取信任，寻机作案。诈骗分子利用一切机会与大学生拉关系、套近乎，或表现得相见恨晚、故作热情，或表现得大方慷慨、朋友相称，骗取信任，了解情况，寻机作案。

（6）招聘为名，设置骗局。诈骗分子利用学生勤工助学、求职的需求设置骗局，骗取介绍费、押金、报名费等，或是利用大众传播工具等到处进行虚假广告宣传，骗取培训费、学杂费等，然后又以各种理由拒绝退款。

（7）博取同情，骗取钱财。一些诈骗分子利用大学生容易动恻隐、怜悯之心，骗取同情达到骗财骗物的目的。

> （8）谎报凶信，电话诈骗。诈骗分子通过各种渠道，窃取学生家庭联系方式，然后联系学生家长进行诈骗。诈骗分子冒称是学校老师，利用家长爱子心切、学生上课不便联系等特点，编造假情况（如谎称该同学因意外住院或发生交通事故，必须立即汇钱到指定账户，否则不予手术等）骗取钱财，给当事人造成了严重的经济损失。

（二）大学生如何防止诈骗

为防止诈骗，大学生应做到以下几点。

1. 戒除贪婪，勿信"天上掉馅饼"

不要听信陌生人的花言巧语，贪图优惠和方便，办理业务要到正规的营业厅。学生切勿贪小便宜，遇到上门推销不要轻易购买化妆品、洗发水、运动鞋或笔记本电脑等物品，骗子极有可能采用伪劣产品或以数量短缺等方式进行诈骗。防止银行卡诈骗、网上诈骗、电话诈骗，不要相信未经核实的退学费、中奖、捐助等信息、电话，不要贪图小利以免上当受骗。

2. 信息保密，勿泄个人密码

不要随意告知陌生人自己的个人情况、手机号码以及家中的电话号码等，手机中父母、亲戚的电话最好用真名显示，不要出现容易透露出双方关系的字眼。不要把自己的个人信息和家庭联系方式轻易示人，不要将自己的手机、身份证、学生证、校园卡、银行卡等重要物品借给他人使用或交于他人保管。不要填写各种来历不明的表格，不要随意扫描陌生的二维码，以防信息泄露，给不法分子实施诈骗等违法活动以可乘之机。

3. 提高警惕，勿信不明证件

一些犯罪分子为了博取学生的信任，会提供伪造的证件（如学生证、身份证），所以学生一定要仔细辨别真伪，防止上当受骗。

4. 及时沟通，勿让骗子钻空子

参加社会实践、勤工俭学、实习、求职等，到学习和工作场所之外的地点赴约、面试、就餐时，保持通信畅通，牢记紧急求助电话。与家长约定好汇款条件、方式，让家长不要草率寄钱。凡是涉及钱财往来，或要求在规定时间到指定地点的行为，必须三思而后行，至少应该先给家长或辅导员老师打个电话确认后再决定是否行动。

5. 消息通畅，勿使联络有盲区

经常把自己在学校的情况告诉家长，使家长一旦遇到情况能够迅速辨别真伪。不要单独与陌生人外出，即使是与同学、朋友、老乡有事外出也一定要向老师、家长或同班、同寝室同学告知去向。

大学生远离诈骗要做到"不要相信馅饼，不要害怕恐吓"两大原则，做好分开保管身份证和银行卡、切忌泄露网银账户、防范冒牌缴费短信等防护措施，时刻牢记防人之心不可无，保持理性不轻信，不图虚荣冷静辨真伪。同学之间要加强沟通，相互帮助，不仅能增进友谊，营造良好的同学关系，还能从同学之间得到"参谋"意见，避免出现"当局者迷"的情况。大学生一定要服从学校管理，自觉遵守校规校纪，减少受骗的可能性。

总之，加强大学生的教育引导，对大学生进行金融理财知识及法律法规常识教育，培养大学生理性消费、科学消费、勤俭节约、自我保护等意识迫在眉睫，对大学生开展财商教育和反欺诈意识培养刻不容缓。

知识拓展

对于诈骗罪的法律处理

《中华人民共和国刑法》第二百六十六条规定：诈骗公私财物，数额较大的，处三年以下有期徒刑、拘役或者管制，并处或者单处罚金；数额巨大或者有其他严重情节的，处三年以上十年以下有期徒刑，并处罚金；数额特别巨大或者有其他特别严重情节的，处十年以上有期徒刑或者无期徒刑，并处罚金或者没收财产。本法另有规定的，依照规定。

（三）大学生金融安全意识教育

近年来，伴随着互联网经济的快速发展，各种网络平台借贷公司应运而生，一方面在流程和审批上给人们带来了方便，另一方面对于高校学生来说也容易陷入网络借贷的各种骗局。一些不法分子和机构打着"互联网＋金融"的幌子，将高利贷、金融诈骗等"黑手"伸向大学生群体，使得高校学生的切身利益受到了损害。

1. 当前校园贷问题的现状

1) 虚假贷款信息入侵校园

部分网络贷款平台在宣传时以虚假信息引诱学生贷款，在前期宣传时未交代清楚贷款逾期责任，致使偿还贷款时需要支付高额费用，造成大学生时常收到催债的压迫，严重损害了其知情权、人身财产安全等合法权益。还有部分贷款平台在宣传前期，过度宣传利好政策，不说明其中的服务费和利息的构成。一旦引诱大学生贷款成功，便会以各种名头收取服务费用和高额利息，将大学生逼上以贷还贷甚至更加严重的"绝路"。

2）网络平台打擦边球，校园贷屡禁不止

截至2017年6月，在国家最强限制校园贷的禁令下，全国共有59家校园贷平台退出校园市场，其中37家选择关闭信贷业务，22家选择转型其他信贷业务，不规范的互联网校园信贷市场得到了一定程度的遏制。以"爱又米"为例，现官网已取消分期贷款入口，但其官网所有业务信息全部引导至App入口，而App上现金借贷和商城分期消费，大学生都可以实现借款。即便国家出台了关于校园贷的禁令，仍有很多企业顶风作案，也有一些企业打擦边球，使得校园贷的实际业务屡禁不止，仍存在大量学生遭受金融诈骗等现象。

 相关案例

大学生身陷非法校园贷

"不还钱，你在学校就'出名'了。"2017年以来，广东涉"校园贷"违法犯罪案件呈多发态势，严重侵害了学生利益。2017年3月，事主陆某（广州某职业技术学院女学生）报警称，其于2016年12月通过网络贷款平台向陈某（惠州某职业技术学校学生）借款2000元，短短3个月之内，便需还款本息合计高达11万余元。因陆某无力偿还，陈某便通过短信、微信等方式向陆某及其父母、老师、同学、朋友及其所在学校贴吧发布一些侮辱、威胁性的信息，催还借款及利息。

同月，事主谢某（广东某学院本科生）被广州某教育科技有限公司以提供就业培训服务为由，诱骗签订9920元的两年期贷款合同（本息合计近13000元）。

据此，广东警方梳理出在省内从事高校借贷机构186家，涉及高校49所、学生716名，借贷金额501万元。

3）大学生存在非理性消费行为

大学校园鱼龙混杂，绝大多数大学生没有独立的经济来源，周围环境的影响比较大，容易产生虚荣心，致使出现攀比消费的情况。调查显示，高校有些大学生在学习上不积极主动，而是把越来越多的精力和财力花在奢侈品和电子娱乐产品上。除此之外，恋爱、旅游、聚餐等娱乐消费同样是大学生校园网络贷款的主要消费内容。这些非理性消费的行为更是助长了网络不良贷款的蔓延。

 相关案例

校园贷陷阱

2018年底,广州某高校张某看着同学们一个个拿着酷炫的手机,心里盘算着换部新手机"迎接新年",但是她每月只有三四百元的零花钱,对于买部新手机来说是杯水车薪。她想到了校园贷。2019年1月7日,在朋友介绍下,她联系上了一名从事校园贷的中间人。这名中间人也是一名在校大学生,这个大学生"出没"在各个大学校园活跃的QQ群里。张某并不知道对方的真实姓名,只是听说此人负责高校的学生贷款。她打算借3000元,可实际操作并没有那么简单。上门费、中介费等额外费用总计3000元,这些都要算在本金里。她算了一下,每周要偿还420元利息,本金和利息都必须在1个月内偿还。到最后,借款金额累积成了3.5万元的欠款。

4)行业监管力度不够

社会监管制度不完善,互联网金融产业不断更新迭代,以至于相关行业监管不能紧跟潮流。部分网络贷款门槛较低,急需用钱的大学生可以实现快速贷款,不需要核实贷款人的身份信息,并且可以在多家网络贷款平台重复贷款。有些学生注册身边同学的信息获取贷款,事后发现无力偿还,最后不欢而散。进入2016年之后,国家相关部门开展了对网贷行业的全面整顿,行业监管政策更加清晰明朗,但是网贷新骗局层出不穷,让社会经验较少、金融知识匮乏的大学生成了不良网络贷款的严重利益受损群体。

2. 有关校园金融安全教育的建议

1)规范市场秩序,建立征信体系

政府要发挥宏观调控作用,首先要进一步出台相关法律法规和政策条文,约束校园网贷平台;其次要加强对网贷平台的审查,提高校园金融服务准入门槛,规范校园金融市场秩序。同时,政府可以尝试利用蚂蚁金服、滴滴出行等平台,掌握高校学生消费情况,建立大学生信用档案,从而建立大学生征信体系,为大学生贷款消费划定合理额度,从而保障校园金融市场稳定,同时减轻大学生超前消费引发的各类风险。

2）完善资助体系，鼓励商业银行提供校园金融服务

尽管银保监会和教育部屡次发文禁止校园网络借贷，但校园网络借贷屡禁不止，证实了借贷在高校需求旺盛，也代表着部分高校学生确实存在资金需求。国家首先要完善资助体系，保障困难学生基本需求，开展差异化的资助服务，满足学生基本生活、创新创业等差异化需求。其次，要鼓励商业银行等正规金融机构开展校园金融服务，满足高校学生金融需求，同时以正规化的服务和产品，保障校园金融安全。

3）合理安排生活开销

在校学生要树立合理的消费观念，根据家庭收入状况合理安排自己的生活开支，不要盲目超前消费，尤其应提高自己的自制力，杜绝超过自己支付能力的高消费。家庭收入较低的学生可以通过勤工助学、申请助学贷款、获取奖学金等合法方式增加收入来源，改善现有状况。

4）正确识别非法贷款机构

家长、学校及社会有关组织应加强对在校学生的宣传和教育，提高他们识别非法贷款平台的风险意识。一是要查验贷款平台的贷款资质；二是要考虑利率是否过高；三是要明确是否有其他非法的贷款条件。正规贷款机构发放贷款通常需要提供担保或者核对真实身份，不会提出递交裸照等涉及个人隐私方面的信息。如果经济状况陷入窘迫，在校学生应及时与家人、同学和老师沟通，获得他们的帮助，对于网络平台宣传的各种优惠借贷条件一定要谨慎。

 相关案例

揭秘改号诈骗的手段

来电显示是亲朋好友、银行、购物平台、公检法机构的电话，实际上竟是诈骗分子冒充的改号诈骗，令人防不胜防。调查发现虽然主管部门多次开展清理整治，但网上依然有改号软件出售。

针对非法改号软件及改号诈骗问题，2016年底，工信部曾开展清理整治行动，要求坚决阻断改号软件网上发布、搜索、传播、销售的渠道，让非法改号软件"发不出、看不见、搜不到、下载不了"。

调查发现，经过整治，改号软件的销售有所遏制，但在一些软件下载中心、论坛还是能发现踪影，只是交易更加隐蔽。一些改号软件的交易者使用起了"暗语"，如将"1"写成"逸"、"3"写成"散"，以这种方式留下交易信息和联系号码；有的通过网络论坛发帖，隔一段时间又删除，避免被警方追踪；还有的在即时通信平台发送动态消息，一旦有意愿者联系时，又改用另一号码一对一交流，以逃避监管。

针对网上售卖非法改号软件愈加隐蔽的问题，业内人士认为，有关部

门应严查网络发布、售卖非法改号软件的行为，一经发现应及时删除；搜索引擎服务企业、论坛、应用软件服务企业应建立起相应的审核和屏蔽机制，发现一个清除一个，防止非法改号软件通过网络传播。

工信部有关负责人说，改号电话进入电话网的渠道主要有两种：一是通过 VOIP 媒体网关利用语音专线接入运营商交换机，将改号 IP 电话送入电话网；二是境外运营商的网络通过国际通信出入口局进入境内电话网。

（四）高校校园网络安全

近年来，我国各大高校的综合实力逐渐提升，尤其是在网络信息方面，基本上都实现了网络建设和优化，教育教学与现代技术实现了连接，学生可以借助网络系统查询分数、选择课程以及获取资料，使高校资源得到了充分利用，也为科研和后勤工作提供了保障。但是随着网络系统的进一步应用，特别是信息的多元化发展，导致网络安全问题层出不穷，给教师教学、学生学习都带来了不良影响，甚至引发了数据泄密的情况。针对这样的现象，高校领导必须树立安全防范意识，对网络安全加以重视，找到网络系统频频被攻击的原因，进而结合实际提出有效的解决措施，让高校网络回归安全，更好地为教师和学生服务。

1. 高校校园网络安全存在的问题

1）校园网络规划体系不完善

校园网络系统是内部建设的主要内容。由于高校人数众多，对网络稳定性有较高要求，使得系统的规划工作显得尤为重要。然而在实际的规划和修建过程中，一些工作人员没有对校园环境加以了解，导致网络规划不科学、设备安装不恰当，存在安全隐患。同时，一旦网络线路安置在电线周边，很容易引发火灾等问题。我国某高校曾因校园网络规划不清晰，在黑客入侵时无法实施配合，从而引发了安全风险，造成整个网络的瘫痪。

2）内部资源滥用降低网络使用速度

各大高校校园网络安全问题丛生，除了与技术、管理和设备安装有关以外，还与内部资源的滥用和被占用有关。校园人数众多，在晚上下课期间又是网络使用的高频时段，一些校园网络用户却借用免费资源搞商业化的活动，如软件下载、视频下载等。这样一来，就会大量占用有效资源，降低网络的稳定性和运行速度，严重时甚至影响网络的正常使用。

3）高校网络软件和操作系统存在漏洞

网络软件的健全性和操作系统的完善性是网络速度的保证、防止安全问题发生的基础。但是,目前的网络软件基本上都有较大的漏洞,管理人员对其重视度也不高。一些黑客和网络高手很容易突破系统防火墙进入网络内部,获取管理权限,并对信息进行盗窃,损害学校的名誉。

4)垃圾信息泛滥,网络管制不严格

高校应该是传播积极精神文化的土壤,是文明的摇篮。可是由于高校数字化技术和信息设备的发展,使得垃圾信息越来越多,许多学生表示在浏览信息和查询资料时,旁边窗口就会弹出诸如色情广告、虚假信息、暴力消息等垃圾信息。这些内容既违反法律准则,也会荼毒学生的心灵,传播错误的价值观,不利于学生的健康成长。

2. 高校校园网络安全问题的解决途径

1)落实好校园网络安全教育

安全教育是防患于未然,解决网络安全问题的关键。大部分网络安全隐患都与用户安全防范意识不强有关,如违规操作、不定期杀毒、防火墙设置单薄等。对此,校领导要提高重视度,积极宣传高校网络安全知识,强化网络安全维护与管理工作,并制定健全的安全制度法规,提高人们的网络基本技能,对安全隐患严加排查。

2)高防火墙安全性能,健全网络规划方案

防火墙是网络抵御外来侵害的第一关,也是积极防范的有效措施。一些高校不重视网络软件系统的建设工作,防火墙技术退化,没有及时更新升级,根本无法起到抵御病毒的作用。在用户观看视频、查询资料的过程中,经常有垃圾信息和不良广告,也与防火墙安全防范不达标有关。鉴于此,高校校园网络必须规范制定系统的方案,注重软件系统的升级和开发,聘请专业人员规划网络设备的方式和位置,并定期对防火墙进行升级。

 相关案例

诈骗短信

深圳某高校陈同学2018年11月30日一早,正准备乘坐当日航班前往杭州参加就业单位面试,突然收到一条短信。这条由"8526991××××"号码发来的短信让他惊出一身冷汗,短信称其要乘坐的GS75××次航班由于起落架故障已被取消,需要拨打客服电话进行改签或退票。短信中还特别注明"航班取消将为每位旅客补偿航班延误费300元"。

由于短信准确地注明了姓名和航班信息,加上赶着乘飞机,陈同学立即拨打短信中的客服电话010-5703××××,按电话提示办理"退款改签"手续。电话中，一位自称客服人员的男子要求陈同学到银行自助柜员机上办理退款改签，以获得"改签凭条"。10分钟后，陈同学赶到了附近的银行，按照对方电话提示，在自助柜员机上办完了"退款手续"。

手续办完后，陈同学一查账，惊讶地发现自己银行卡里原来2万多元的余额只剩下不到500元，其中的1.8万余元都被转入了一个陌生账号。发觉上当受骗的陈同学立即报了警。

3）制定身份认证系统，防止IP地址被盗用

高校应尽快制定身份认证系统，在校的学生及教职工通过扫描二维码或向网络系统出示证件明细等方式获得校园网络资源的访问与使用权。这样可以在一定程度上减少IP地址被盗用的现象，在整体上提高访问用户的安全性及可靠性，降低黑客入侵校园网络的可能，同时也为高校实现校园管理的数字化及信息化打下良好的基础。

4）建立垃圾邮件审查系统

垃圾信息和不良邮件涉及非法和黄色信息，对于高校学生的思想有非常不好的诱导作用；而且邮件中可能存在病毒，一不小心很容易对网络造成威胁，导致网络瘫痪。对此，高校要建立垃圾邮件审查系统，增设信息安全审计环节，对非正当信息及时拦截，从而整顿网络环境，还高校洁净的学习氛围。

5）成立校园网络安全组织

目前，在我国高校的校园网络安全维护工作中，不仅需要对校园网络的软件及硬件进行严格把控，而且需要成立一个系统的校园网络安全管理部门，由高校统一组织，成立相关的网络安全信息管理机构，包含专业的技术人员、管理人员及网络监控后勤人员等。该机构人员之间积极配合、通力合作，共同监管校园网络安全，为提高网络环境而努力。

 知识拓展

公安部发布60种电信网络诈骗方式

（一）仿冒身份欺诈

通过冒充伪装成领导、亲友、机构单位等身份进行欺诈。

（1）冒充领导诈骗：犯罪分子获知上级机关、监管部门单位领导

的姓名、办公电话等有关资料，假冒领导秘书或工作人员等身份打电话给基层单位负责人，以推销书籍、纪念币等为由，让受骗单位先支付订购款、手续费等到指定银行账号，实施诈骗活动。

（2）冒充亲友诈骗：犯罪分子利用木马程序盗取对方网络通信工具密码，截取对方聊天视频资料后，冒充该通信账号主人对其亲友以"患重病、出车祸"等紧急事情为名实施诈骗。

（3）冒充公司老总诈骗：犯罪分子通过打入企业内部通信群，了解老总及员工之间信息交流情况，通过一系列伪装，再冒充公司老总向员工发送转账汇款指令。

（4）补助救助、助学金诈骗：冒充教育、民政、残联等工作人员，向残疾人员、学生、家长打电话、发短信，谎称可以领取补助金、救助金、助学金，要其提供银行卡号，指令其在取款机上将钱转走。

（5）冒充公检法机关诈骗：犯罪分子冒充公检法工作人员拨打受害人电话，以事主身份信息被盗用、涉嫌洗钱、贩毒等犯罪为由，要求协助调查，从而套出银行卡信息。

（6）伪造身份诈骗：犯罪分子伪装成"高富帅"或"白富美"，加为好友骗取感情和信任后，随即以资金紧张、家人有难等各种理由骗取钱财。

（7）医保、社保诈骗：犯罪分子冒充医保、社保工作人员，谎称受害人账户出现异常，之后冒充司法机关工作人员以公正调查、便于核查为由，诱骗受害人向所谓的安全账户汇款实施诈骗。将其资金转入国家账户配合调查。

（8）"猜猜我是谁"诈骗：犯罪分子打电话给受害人，让其"猜猜我是谁"，随后冒充熟人身份，向受害人借钱，一些受害人没有仔细核实就把钱打入犯罪分子提供的银行卡内。

（二）购物类欺诈

通过以各种虚假优惠信息、客服退款、虚假网店实施欺诈。

（1）假冒代购诈骗：犯罪分子假冒成正规微商，以优惠、打折、海外代购等为诱饵，待买家付款后，又以"商品被海关扣下，要加缴关税"等为由要求加付款项实施诈骗。

（2）退款诈骗：犯罪分子冒充淘宝等公司客服，拨打电话或者发送短信，谎称受害人拍下的货品缺货，需要退款，引诱购买者提供银行卡号、密码等信息，实施诈骗。

(3) 网络购物诈骗：犯罪分子通过开设虚假购物网站或网店，在事主下单后，便称系统故障需重新激活。后通过 QQ 发送虚假激活网址，让受害人填写个人信息，实施诈骗。

(4) 低价购物诈骗：犯罪分子发布二手车、二手电脑、海关没收的物品等转让信息，事主与其联系，以缴纳定金、交易税手续费等方式骗取钱财。

(5) 解除分期付款诈骗：犯罪分子冒充购物网站的工作人员，声称"由于银行系统错误"，诱骗受害人到 ATM 机前办理解除分期付款手续，实施资金转账。

(6) 收藏诈骗：犯罪分子冒充收藏协会，印制邀请函邮寄各地，称将举办拍卖会并留下联络方式。一旦事主与其联系，则以预先缴纳评估费等名义，要求受害人将钱转入指定账户。

(7) 快递签收诈骗：犯罪分子冒充快递人员拨打事主电话，称其有快递需签收但看不清信息，需事主提供。随后送"货"上门，事主签收后，再打电话称其已签收须付款，否则讨债公司将找其麻烦。

(8) 发布虚假爱心传递：犯罪分子将虚构的寻人、扶困帖子以"爱心传递"方式发布在网络上，引起善良网民转发，实则帖内所留联系电话是诈骗电话。

(9) 点赞诈骗：犯罪分子冒充商家发布"点赞有奖"信息，要求参与者将姓名、电话等个人资料发至社交工具平台上，套取足够的个人信息后，以获奖需缴纳保证金等形式实施诈骗。

(三) 利诱类欺诈

以各种诱惑性的中奖信息、奖励、高额薪资吸引用户进行诈骗。

(1) 冒充知名企业中奖诈骗：冒充知名企业，预先大批量印刷精美的虚假中奖刮刮卡，投递发送，后以需交个人所得税等各种借口，诱骗受害人向指定银行账户汇款。

(2) 娱乐节目中奖诈骗：犯罪分子以热播栏目节目组的名义向受害人手机群发短消息，称其已被抽选为幸运观众，将获得巨额奖品，后以需交保证金或个人所得税等各种借口实施诈骗。

(3) 兑换积分诈骗：犯罪分子拨打电话，谎称受害人手机积分可以兑换，诱使受害人点击钓鱼链接。如果受害人按照提供的网址输入银行卡号、密码等信息后，银行账户的资金即被转走。

(4) 二维码诈骗：以降价、奖励为诱饵，要求受害人扫描二维码加入会员,实则附带木马病毒。一旦扫描安装,木马就会盗取受害人的银行账号、密码等个人隐私信息。

(5) 重金求子诈骗:犯罪分子谎称愿意出重金求子,引诱受害人上当,之后以缴纳诚意金、检查费等各种理由实施诈骗。

(6) 高薪招聘诈骗:犯罪分子通过群发信息,以月工资数万元的高薪招聘某类专业人士为幌子,要求事主到指定地点面试,随后以缴纳培训费、服装费、保证金等名义实施诈骗。

(7) 电子邮件中奖诈骗:犯罪分子通过互联网发送中奖邮件,受害人一旦与犯罪分子联系兑奖,犯罪分子即以缴纳个人所得税、公证费等各种理由要求受害人汇钱,达到诈骗目的。

(四) 通过捏造各种意外不测、让用户惊吓不安的消息实施欺诈。

(1) 虚构车祸诈骗:犯罪分子以受害人亲属或朋友遭遇车祸,需要紧急处理交通事故为由,要求对方立即转账。当事人便按照犯罪分子指示将钱款打入指定账户。

(2) 虚构绑架诈骗:犯罪分子虚构事主亲友被绑架,如要解救人质需立即打款到指定账户并不能报警,否则撕票。当事人往往不知所措,按照犯罪分子指示将钱款打入账户。

(3) 虚构手术诈骗:犯罪分子以受害人子女或父母突发疾病需紧急手术为由,要求事主转账方可治疗。遇此情况,受害人往往心急如焚,按照犯罪分子指示转款。

(4) 虚构危难困局求助诈骗:犯罪分子通过社交媒体发布病重、生活困难等虚假情况,博取广大网民同情,借此接受捐赠。

(5) 虚构包裹藏毒诈骗:犯罪分子以事主包裹内被查出毒品为由,要求事主将钱转到国家安全账户以便公正调查,从而实施诈骗。

(6) 捏造淫秽图片勒索诈骗:犯罪分子收集公职人员照片,使用电脑合成淫秽图片,并附上收款账号邮寄给受害人进行威胁恐吓,勒索钱财。

(7) 虚构小三怀孕做流产:犯罪分子冒充儿子发送短信给父母,充分利用老年人心疼儿子的特点,诱惑受害者转账。

(五) 日常生活消费类欺诈

针对日常生活各种缴费、消费实施欺诈骗局。

(1) 冒充房东短信诈骗:犯罪分子冒充房东群发短信,称房东银行卡已换,要求将租金打入其他指定账户内,部分租客信以为真,将租金转出方知受骗。

(2) 电话欠费诈骗：犯罪分子冒充通信运营企业工作人员，向事主拨打电话或直接播放电脑语音，以其电话欠费为由，要求将欠费资金转到指定账户。

(3) 电视欠费诈骗：犯罪分子冒充广电工作人员群拨电话，称以受害人名义在外地开办的有线电视欠费，让受害人向指定账户补齐欠费，部分群众信以为真，转款后发现被骗。

(4) 购物退税诈骗：犯罪分子事先获取到事主购买房产、汽车等信息后，以税收政策调整可办理退税为由，诱骗事主到ATM机上实施转账操作，将卡内存款转入骗子指定账户。

(5) 机票改签诈骗：犯罪分子冒充航空公司客服，以"航班取消、提供退票、改签服务"为由，诱骗购票人员多次进行汇款操作，实施连环诈骗。

(6) 订票诈骗：犯罪分子制作虚假的网上订票公司网页，发布虚假信息，以较低票价引诱受害人上当。随后，以"订票不成功"等理由要求事主再次汇款，实施诈骗。

(7) ATM机告示诈骗：犯罪分子预先堵塞ATM机出卡口，并粘贴虚假服务热线，诱使用户在卡"被吞"后与其联系，套取密码，待用户离开后到ATM机取出银行卡，盗取用户卡内现金。

(8) 刷卡消费诈骗：犯罪分子以银行卡消费可能泄露个人信息为由，冒充银联中心或公安民警设套，套取银行账号、密码实施犯罪。

(9) 引诱汇款诈骗：犯罪分子以群发短信的方式直接要求对方向某个银行账户汇入存款，由于事主正准备汇款，因此收到此类汇款诈骗信息后，往往未经核实，即把钱款打入骗子账户。

(六) 钓鱼、木马病毒类欺诈

通过伪装成银行、电子商务等网站窃取用户账号密码等隐私的骗局。

(1) 伪基站诈骗：犯罪分子利用伪基站向广大群众发送网银升级、10086移动商城兑换现金的虚假链接，一旦受害人点击后便在其手机上植入获取银行账号、密码和手机号的木马，从而进一步实施犯罪。

(2) 钓鱼网站诈骗：犯罪分子以银行网银升级为由，要求事主登录假冒银行的钓鱼网站，进而获取事主银行账户、网银密码及手机交易码等信息实施诈骗。

（七）其他新型违法类欺诈

（1）校讯通短信链接诈骗：犯罪分子以"校讯通"的名义，发送带有链接的诈骗短信，一旦点击链接进入后，手机即被植入木马程序，存在银行卡被盗刷的风险。

（2）交通处理违章短信诈骗：犯罪分子利用伪基站等作案工具发送假冒违章提醒短信，此类短信包含木马链接，受害者点击之后轻则群发短信造成话费损失，重则窃取手机里的银行卡、支付宝等账户信息，随后盗刷银行卡，造成严重经济损失。

（3）结婚电子请柬诈骗：犯罪分子通过电子请帖的方式诱导用户点击下载后，就能窃取手机里的银行账号、密码、通信录等信息，进而盗刷用户的银行卡，或者给用户通信录中的朋友群发借款诈骗短信。

（4）相册木马诈骗：犯罪分子冒充"小三"身份激怒受害人点击"相册"链接，种植木马病毒获取用户网银信息等。

（5）金融交易诈骗：犯罪分子以证券公司名义，通过互联网、电话、短信等方式散布虚假个股内幕信息及走势，获取事主信任后，又引导其在自身搭建的虚假交易平台上购买期货、现货，从而骗取事主资金。

（6）办理信用卡诈骗：在媒体刊登办理高额透支信用卡广告，事主与其联系后，以缴纳手续费、中介费等要求事主连续转款。

（7）贷款诈骗：犯罪分子通过群发信息，称其可为资金短缺者提供贷款，月息低，无须担保。一旦事主信以为真，对方即以预付利息、保证金等名义实施诈骗。

（8）复制手机卡诈骗：犯罪分子群发信息，称可复制手机卡，监听手机通话信息，不少群众因个人需求主动联系嫌疑人，继而被对方以购买复制卡、预付款等名义骗走钱财。

（9）虚构色情服务诈骗：犯罪分子在互联网上留下提供色情服务的电话，待受害人与之联系后，称需先付款才能上门提供服务，受害人将钱打到指定账户后发现被骗。

（10）提供考题诈骗：犯罪分子针对即将参加考试的考生拨打电话，称能提供考题或答案，不少考生急于求成，事先将好处费的首付款转入指定账户，后发现被骗。

（11）盗用账号、刷信誉诈骗：犯罪分子盗取商家社交平台账号后，发布"诚招网络兼职,帮助淘宝卖家刷信誉,可从中赚取佣金"的推送消息。受害人按照对方要求多次购物刷信誉,后发现上当受骗。

(12) 冒充黑社会敲诈类诈骗:犯罪分子先获取事主身份、职业、手机号等资料,拨打电话自称黑社会人员,受人雇用要伤害事主,但事主可以破财消灾,然后提供账号要求受害人汇款。

(13) 公共场所山寨 WiFi:犯罪分子设置山寨信号,这类信号就是一些盗号者在公共场合放出的钓鱼免费 WiFi,当连接上这些免费网络后,通过流量数据的传输,黑客就能轻松将手机里的照片、电话号码、各种密码盗取,对机主进行敲诈勒索。

(14) 捡到附密码的银行卡:犯罪分子故意丢弃带密码的银行卡,并标明了"开户行的电话",利用了人们占便宜的心理,诱使捡到卡的人拨打电话"激活"这张卡,并存钱到骗子的账户上。

(15) 账户有资金异常变动:犯罪分子首先窃取了受害者网银登录账号和密码,通过购买贵金属、活期转定期等操作制造银行卡上有资金流出的假象。然后假冒客服打电话确认交易是否为本人操作,并同意给用户退款骗取用户信任,要求受害者提供自己手机收到的验证码,受害者一旦把短信验证码提供给了对方,对方就得手了。

(16) 先转账、再取现、后撤销:犯罪分子利用银行转账新规中转账和到账时间的"时间差"来设置圈套。采取先转账、后给现金的诈骗套路,在骗取到受害人现金后,撤销转账。

(17) 补换手机卡:犯罪分子先用几百条垃圾短信和骚扰电话轰炸手机,以掩盖由10086客服发送到手机号码上的补卡业务提醒短信;然后,拿着一张有受害者信息的临时身份证,去营业厅现场补办手机卡,使得机主本人的手机卡被动失效,从而接收短信验证码把绑定在手机 App 上的银行卡的钱盗走。

(18) 换号了请惠存:这属于冒充熟人的电信诈骗的"升级"。犯罪分子通过非法渠道获得机主的通信录资料后,假冒机主给手机里的联系人发短信,声称换了新号码,然后向其手机里的联系人进行诈骗。

遭遇电信网络诈骗后怎么办?

(1) 及时记下诈骗犯罪分子的电话号码、电子邮件地址、QQ 或微信号、银行卡账号等主体信息,并记住犯罪分子的口音、语言特征和诈骗的手段经过,及时到公安机关报案,积极配合公安机关开展侦查破案和追缴被骗款等工作。

(2) 如被骗钱款后能准确记住诈骗的银行卡账号，则可以通过拨打"95516"银联中心客服电话，查清该诈骗账号的开户银行和开户地点（可精确至地市级）。

(3) 通过电话银行冻结止付：即拨打该诈骗账号归属银行的客服电话，根据语音提示输入该诈骗账号，然后重复输错五次密码就能使该诈骗账号冻结止付，时限为 24 小时。若被骗大额资金的话，在接报案件后的次日凌晨 00：00 后再重复上述操作，则可以继续冻结止付 24 小时。该操作仅限嫌疑人的电话银行转账功能。例如：涉嫌诈骗的账号归属工商银行，则可以拨打"95588"工商银行客服电话进行操作。

(4) 通过网上银行冻结止付：即登录该诈骗账号归属银行的网址，进入"网上银行"界面输入该诈骗账号，然后重复输错五次密码就能使该诈骗账号冻结止付，时限也为 24 小时。如需继续冻结止付，则可以在次日凌晨 00：00 后重复上述操作。该操作仅限制嫌疑人的网上银行转账功能。例如：涉嫌诈骗的账号归属中国农业银行，则可以登录中国农业银行的官网进行操作。

知识拓展

对于危害网络安全的处理

《中华人民共和国网络安全法》第六十三条规定：违反本法第二十七条规定，从事危害网络安全的活动，或者提供专门用于从事危害网络安全活动的程序、工具，或者为他人从事危害网络安全的活动提供技术支持、广告推广、支付结算等帮助，尚不构成犯罪的，由公安机关没收违法所得，处五日以下拘留，可以并处五万元以上五十万元以下罚款；情节较重的，处五日以上十五日以下拘留，可以并处十万元以上一百万元以下罚款。

二 防灾避险

（一）校园火灾常识

火灾是指在时间或空间上失去控制的燃烧所造成的灾害。燃烧必须同时具备可燃物、助燃物和着火源三个条件，缺一不可。切断燃烧的任何一个条件，火都会熄灭。火灾危害主要表现在以下几个方面。

第一，危及人的生命。生命是美好的，它对于每个人来说只有一次。

第二，造成财产损失。据公安消防部门的统计显示，2018年我国火灾直接财产损失达36.75亿元。无情的大火烧掉了劳动人民用血汗换来的财富，留下的是不尽的思索。新中国成立以来，在我国全日制高校中，从未发生过火灾的难以找到，有的学校整座教学楼、实验楼、食堂被烧毁。至于在学生宿舍里所发生的小型火灾，则每年可达数千起之多，造成学生大量财物被毁。据有关统计资料表明，大学里的火灾比盗窃所造成的经济损失要高出十几倍。

第三，影响正常秩序。火灾不仅给人身和财产带来巨大损失，还在一定程度上影响正常的教学科研和生活秩序。

1. 校园火灾的常见类型

校园火灾从发生的原因上可分为生活火灾（明火）、电器火灾（暗火）等类型。

（1）生活火灾（明火）：乱扔烟头，躺在床上吸烟；点蜡烛照明；在室内燃放烟花爆竹；玩火等。

（2）电器火灾（暗火）。目前，大学生拥有大量的电器设备，大到电视机、电脑、录音机，小到台灯、充电器、电吹风、热得快、电热杯、电热毯、烘鞋器、夹发板等，以及违章购置的电热炉等电热器具。由于学生宿舍所设电源插座较少，少数学生违章乱拉电源线路，不合规范程序的安装操作致使电源短路、断路、接点接触电阻过大、负荷增大等引起电器火灾的隐患因素增加。个别大学生购置的电器设备如果是不合格产品，也是致灾因素。尤其是电热器的大量使用，引发火灾的危险性最大。

 相关案例

大学寝室火灾事故

2016年8月17日凌晨1点30分左右，烟台大学13号公寓某一楼宿舍留校学生在宿舍点燃了蚊香（据说放在鞋盒子里，且周边堆有杂乱的衣物等可燃物）后外出上网，因蚊香点燃了可燃物导致整个宿舍全部烧毁，整个宿舍楼300多人在浓烟中疏散、安全撤离，所幸没有人员受伤。此前14日，烟台大学2号公寓两名留校学生在走廊使用液体酒精炉吃火锅，在没有熄灭火焰的情况下添加酒精，发生火灾，两人烧伤，其中一人烧伤面积达40%。

2. 如何预防校园火灾

（1）在宿舍，应自觉遵守宿舍安全管理规定，做到不私拉、乱拉、乱接电线。

（2）不使用电炉、电热杯、热得快、电饭锅、电热毯等电热器具。

（3）使用台灯、充电器、电脑等电器要注意发热部位的散热。

（4）室内无人时，应关掉电器的电源开关并且拔下插头。

（5）不要躺在床上吸烟或乱扔烟头，尤其不要酒后吸烟。

（6）不在宿舍存放和使用蜡烛，不在宿舍内存放汽油、酒精等易燃易爆物品，不在宿舍使用汽油、酒精炉等明火，不在宿舍焚烧物品。

3. 正确使用电源插座

（1）使用符合国家质量认证（CCC认证）的安全、可靠的电源插座。

（2）在电源插座上均标明有额定电压与电流，这说明电源插座能够承受的最大电流值。特别是在使用多联插座时，要确定所接受设备总功率小于电源插座的额定接受功率，并确保插接牢固，放置位置要防止人踩、避免拖动和摩擦，要远离水杯、水盆，以防溅水而导致短路。

（3）从插座中拔出插头时，要一手按住插座，一手抓住插头，严禁直接拉扯电线。

知识拓展

> **几种常见火灾的扑救方法**
>
> （1）电路着火。首先关闭电源开关，然后用干粉或气体灭火器、湿毛毯等将火扑灭，切不可直接用水扑救；电视机、计算机显示器着火应从侧后方扑救，以防显像管爆裂伤人。若使用灭火器灭火，不应直接射向电视屏幕，以免其受热后突然遇冷而爆炸。
>
> （2）电线冒火花。不可盲目接近，以防发生触电事故，应先关闭电源总开关或通知供电部门，断电后再进行扑救。
>
> （3）身上衣服着火。千万不要奔跑，可就地打滚压灭身上火苗，或迅速到室外或卫生间等处用水浇灭，切记不要在宿舍内乱扑乱打，以免引燃其他可燃物。
>
> （4）家具着火。先用水或利用身边的灭火器材扑救，如火势得不到控制，则利用消火栓放水扑救，同时迅速移开家具旁的可燃物。
>
> （5）汽油、煤油、酒精等易燃物着火。切勿用水浇，只能用灭火器、细沙、湿毛毯等扑救。注意：酒精火灾不能用泡沫灭火器扑救。

(6) 密闭房间内着火。扑救房间内火灾时不要急于开启门窗，以防新鲜空气进入后加大火势。

发生火灾时的报警方式

(1) 牢记报警电话——119。

(2) 怎样报火警。在拨打火警电话时，应快速讲清发生火灾的地址、起火物、火势情况、报警人姓名及电话号码，以便消防部门电话联系、了解火场情况。报火警后，还应当派人到主要路口接应消防车。

火场逃生"十三诀"

一旦火灾降临，在浓烟毒气和烈焰包围下，有人葬身火海，也有人死里逃生幸免于难。"只有绝望的人，没有绝望的处境"，面对滚滚浓烟和熊熊烈焰，只要冷静机智运用火场自救与逃生知识，就有极大可能拯救自己。因此，掌握一些火场自救的要诀，困境中也许能获得第二次生命。

第一诀：逃生预演，临危不乱。每个人对自己工作、学习或居住所在的建筑物的结构及逃生路径要做到了然于胸，必要时可集中组织应急逃生预演，使大家熟悉建筑物内的消防设施及自救逃生的方法。这样，火灾发生时，就不会觉得走投无路了。

第二诀：熟悉环境，暗记出口。当你处在陌生的环境时，如入住酒店、商场购物、进入娱乐场所时，为了自身安全，务必留心疏散通道、安全出口及楼梯方位等，以便关键时候能尽快逃离火场。

第三诀：通道出口，畅通无阻。楼梯、通道、安全出口等是火灾发生时最重要的逃生之路，应保证畅通无阻，切不可堆放杂物或设闸上锁，以便紧急时能安全迅速地通过。

第四诀：扑灭小火，惠及他人。当发生火灾时，如果发现火势并不大，且尚未对人造成很大威胁时，当周围有足够的消防器材，如灭火器、消防栓等，应奋力将小火控制、扑灭；千万不要惊慌失措地乱叫乱窜，置小火于不顾而酿成大灾。

第五诀：明辨方向，迅速撤离。突遇火灾，面对浓烟和烈火，首先要强令自己保持镇静，迅速判断危险地点和安全地点，决定逃生的办法，尽快撤离险地。千万不要盲目地跟从人流和相互拥挤、乱冲乱窜。撤离时要注意，朝明亮处或外面空旷地方跑，要尽量往楼层下面跑，若通道已被烟火封阻，则应背向烟火方向离开，通过阳台、气窗、天台等往室外逃生。

新起点,再出发——高职高专大学生入学教育

第六诀:不入险地,不贪财物。在火场中,人的生命是最重要的。身处险境,应尽快撤离,不要因害羞或顾及贵重物品,而把宝贵的逃生时间浪费在穿衣或寻找、搬离贵重物品上。已经逃离险境的人员,切莫重返险地,自投罗网。

第七诀:简易防护,蒙鼻匍匐。逃生时经过充满烟雾的路线,要防止烟雾中毒、预防窒息。为了防止火场浓烟呛入,可采用毛巾、口罩蒙鼻,匍匐撤离的办法。烟气较空气轻而飘于上部,贴近地面撤离是避免烟气吸入、滤去毒气的最佳方法。穿过烟火封锁区,应佩戴防毒面具、头盔、阻燃隔热服等护具,如果没有这些护具,那么可向头部、身上浇冷水或用湿毛巾、湿棉被、湿毯子等将头、身裹好,再冲出去。

第八诀:善用通道,莫入电梯。按规范标准设计建造的建筑物,都会有两条以上逃生楼梯、通道或安全出口。发生火灾时,要根据情况选择进入相对较为安全的楼梯通道。除可以利用楼梯外,还可以利用建筑物的阳台、窗台、天面屋顶等攀到周围的安全地点,另外沿着落水管、避雷线等建筑结构中的凸出物滑下楼也可脱险。在高层建筑中,电梯的供电系统在火灾时随时会断电或因热的作用造成电梯变形而使人困在电梯内,同时由于电梯井犹如贯通的烟囱般直通各楼层,涌入的烟雾直接威胁被困人员的生命,因此,千万不要乘普通的电梯逃生。

第九诀:缓降逃生,滑绳自救。高层、多层公共建筑内一般都设高空缓降器或救生绳,人员可以通过这些设施安全地离开危险的楼层。如果没有这些专门设施,而安全通道又已被堵,救援人员不能及时赶到的情况下,可以迅速利用身边的绳索或床单、窗帘、衣服等自制简易救生绳,并用水打湿,从窗台或阳台沿绳缓滑到下面楼层或地面,安全逃生。

第十诀:避难场所,固守待援。假如用手摸房门已感到烫手,此时一旦开门,火焰与浓烟势必迎面扑来。当逃生通道被切断且短时间内无人救援时,可采取创造避难场所、固守待援的办法。首先应关紧迎火的门窗,打开背火的门窗,用湿毛巾塞堵门缝或用水浸湿棉被蒙上门窗,然后不停用水淋透房间,防止烟火渗入,固守在房内,直到救援人员到达。

第十一诀:传送信号,寻求援助。被烟火围困暂时无法逃离的人员,应尽量待在阳台、窗口等易于被人发现和能避免烟火近身的地方。在白天,可以向窗外晃动鲜艳衣物,或外抛轻型晃眼的物品;在

晚上,即可以用手电筒不停地在窗口闪动或者敲击东西,及时发出有效的求救信号,引起救援者的注意。在被烟气窒息失去自救能力时,应努力滚到墙边或门边,既便于消防人员寻找、营救,也可防止房屋塌落时砸伤自己。

第十二诀:火已及身,切勿惊跑。火场上的人如果发现身上着了火,千万不可惊跑或用手拍打,因为奔跑或拍打时会形成风势,加速氧气的补充,促旺火势。正确的做法是赶紧设法脱掉衣服或就地打滚,压灭火苗,能及时跳进水中或让人向身上浇水、喷灭火剂就更有效了。

第十三诀:跳楼有术,虽损求生。身处火灾烟气中的人,精神上往往陷于极端恐怖和接近崩溃的状态。惊慌的心理极易导致不顾一切的伤害性行为,如跳楼逃生。应该注意的是:只有消防队员准备好救生气垫并指挥跳楼时或楼层不高(一般4层以下),或非跳楼即烧死的情况下,才可以采取跳楼的方法。即使已没有任何退路,若生命还未受到严重威胁,也要冷静地等待消防人员的救援。跳楼也要讲技巧,跳楼时应尽量往救生气垫中部跳或选择有水池、软雨篷、草地的方向跳;如有可能,要尽量抱些棉被、沙发垫等松软物品或打开大雨伞跳下,以减缓冲击力。如果徒手跳楼,一定要扒窗台或阳台使身体自然下垂跳下,以尽量降低垂直距离,落地前要双手抱紧头部,身体弯曲卷成一团,以减少伤害。跳楼虽可求生,但会对身体造成一定的伤害,所以要慎之又慎。

(二)学生宿舍安全防范

在宿舍管理中,安全管理是一项中心工作。安全事故责任无小事,在高职院校中,学生的日常学习、生活、娱乐、交际等都是以安全为前提,只有在保障安全的情况下才可以更好地进行专业技能知识的学习,在日常生活中才会感受到更多幸福,对维护校园的安全与稳定具有重要的意义。学生宿舍管理中常见的安全问题如下。

1. 安全用电方面

学生在宿舍中没有遵守宿舍管理规定,私自乱接电线、使用的电排插质量不好,有些同学贪图便宜而购买了三无产品,宿舍电线年久失修、老化严重而无法承受现有电器负荷,学生离开宿舍没有做到人走断电,学生违规使用大功率电器等,以上现象都容易导致电路短路,产生用电安全的隐患。

2. 火灾方面

学生宿舍里火灾多由易燃易爆物品以及电线短路所致。例如：学生在宿舍中违规使用蚊香，特别是学生点着蚊香后离开宿舍；在床上吸烟，未熄灭的烟头乱扔等。此外，私自使用大功率电器致负荷过高、私自使用劣质插排而引起电线短路的火灾也常发生。

学生宿舍安全防火须知：

（1）禁止违章使用大功率电热器具。大功率电热器具如电水壶、电炉、取暖器、电热毯等，均是依靠电阻值较大的材料发热来获取热量，当其与不配套的电线连接时，电线极易发热，时间一长，易引起橡胶绝缘体老化燃烧，从而引发火灾。

（2）禁止违章私拉乱接电源线。有的学生为了自己方便，在墙上、地上和床上到处乱扯电源线；更有甚者将电源线从被褥穿过，在床头安装台灯。如果电线发热而燃烧，后果将不堪设想。插座、电线、插线板多重连接或一个插线板连接多个电器，都容易导致线路接触不良，易产生火花，遇到易燃物就可能引发火灾。

（3）禁止卧床吸烟。个别学生习惯卧床吸烟，特别是身体很疲劳或醉酒的时候，往往烟还没有吸完，人已经睡着了，稍不留意，未燃尽的烟灰掉到被褥上就有可能引起燃烧，烟火引燃周围的可燃物，极易造成人员伤亡和财产损失。

（4）禁止在宿舍内动用明火。有的学生在宿舍内动用明火，如焚烧废纸、垃圾等，稍有不慎就可能引燃周围的可燃物，造成火灾事故，给学生生命、财产带来威胁。

为了避免火灾事故的发生，为了自己和他人的生命财产安全，每个学生都应该认真学习并严格遵守学校的相关制度，提高自身的消防安全意识，不使用学校明令禁止使用的各类电热器具，不私拉乱接电线，不在宿舍内动用明火，发现消防违章行为应及时制止并报告。

3. 偷盗方面

宿舍楼下虽然有宿管人员值班，但是宿舍各楼层间没有安装视频监控设备，宿舍楼上每层所住的学生可能是不同系部或不同年级的人，进入宿舍楼的人员比较复杂。根据破获盗窃的案例进行分析，校园宿舍里学生失窃案以内部人员作案为主，同时，还存在内部人员与社会人员一起作案的情况。学生的安全防范意识薄弱，总以为东西在宿舍里很安全，电脑和钱包随意摆放在桌面上，有些同学外出或上课没有锁门，这样也会给犯罪分子留下作案之机。

4. 网络安全方面

随着社会经济和科技的快速发展，各类学校都在积极推行教育信息化、校园网络化，这样有利于信息资源技术的共享和有效配置，充分利用教育资源，使学生的学习不受天气或教室的限制，自由地享受网络资源。目前，在校园的各个角落，如学校宿舍、教室都开通了无线网络，学生足不出户在宿舍里就可以利用无线网络。但是，无线网络安全问题也成为宿舍安全中不可忽视的一环。现在有些学生自制力不强，整天沉迷于网络游戏的虚拟世界中而不能自拔，这样导致学习成绩不理想甚至被劝退；有些学生在网上任意转载或发布一些未经证实的信息和涉毒涉黄的信息，容易触犯法律。

5. 晚归和夜不归宿现象

晚归现象出现得比较多的时段为周五晚上，因为大多数学生认为第二天就是周末了，不用像平时那样早起，认为可以晚点回去睡觉，多在校外上网或者吃夜宵等。班主任应该召开安全教育主题班会，告知学生晚上没有按时回校在外面上网或吃夜宵都违反了学校规章制度，这是不允许的。校外存在诸多安全隐患，飞车抢包或抢手机现象屡有发生，值得同学们从思想上和行动上予以注意。

（三）预防雷电

1. 常见的预防手段

（1）不要在楼顶或树下避雨。不要在楼顶等建筑物顶部玩耍，也不要进入孤立的棚屋、岗亭、大树下避雨，如万不得已，则须与树干保持 3 米以上距离，下蹲并双腿靠拢。

（2）不要在水面和水边停留。在河流、湖泊、海滨游泳和在河边洗衣服、钓鱼、玩耍等都是很危险的。

（3）不要快速移动。雷雨中最好不要奔跑，更不适宜开摩托车、骑自行车，在雷雨中快速移动容易遭雷击。

（4）远离金属物质。在雨中行走时，不要撑铁柄雨伞，金属类的玩具最好收起来；避雨的时候要观察周围是否有外露的水管、煤气管等金属物体或电气设备，不宜在铁栅栏、金属晒衣绳、架空金属体以及铁轨附近停留。

（5）不能玩手机。雷雨天气不能玩手机、听音乐，尽量不要拨打或接听电话，避免使用家里的座机。

（6）雷雨天气注意穿鞋。在雷雨天气赤脚行走或避雨会加大被雷击的可能性。应该立即穿上鞋子，或者在脚底垫上塑料等绝缘体。

(7) 不要淋浴。打雷闪电时不宜淋浴，因水管与防雷接地相连。高层住户，还要注意关闭门窗，预防雷电直击室内或者防止侧击雷和球雷的侵入。不要把头或手伸出户外，更不要用手触摸窗户的金属架。

2. 在户外雷区的预防措施

如果刚好在户外雷区，当在户外看见闪电几秒钟内就听见雷声时，说明正处在靠近雷暴的危险环境，这时应该停止一切行动，并且这样做：

（1）严禁奔跑，不要张嘴，应立即双膝下蹲，同时双手抱膝，胸口紧贴膝盖，尽量低下头，因为头部较身体其他部位更易遭到雷击；

（2）应迅速躲入有防雷设施保护的建筑物内，或有金属顶的各种车辆及有金属壳体的船舱内；

（3）雷电交加时，头、颈、手外有蚂蚁爬走感，头发竖起，说明将发生雷击，应赶紧趴在地上，并丢弃身上佩戴的金属饰品和发卡、项链等，这样可以减少遭雷击的危险；

（4）由于高压线断点附近存在跨步电压，如果在户外看到高压线遭雷击断裂，身处附近的人千万不要跑动，应双脚并拢跳离。如果是在屋内，应关闭门窗以及切断电器电源。

（四）防溺水安全知识

2019年4月，国务院教育督导委员会办公室发布了2019年第1号预警，提醒大家时刻绷紧"防溺水"安全弦。

1. 如何进行防溺水防护

（1）不要独自一人外出游泳，更不要到水情不明或比较危险且易发生溺水伤亡事故的地方去游泳。

（2）选择安全的游泳场所，对场所的环境，如该水库、浴场是否卫生，水下是否平坦，有无暗礁、暗流、杂草，水域的深浅等情况要了解清楚。

（3）必须多人同行并在老师、教练或熟悉水性的人的带领下游泳，以便互相照顾。

（4）要清楚自己的身体健康状况，平时四肢容易抽筋者不宜参加游泳或不要到深水区游泳。

（5）对自己的水性要有自知之明，下水后不能逞能，不要贸然跳水和潜泳，更不能互相打闹，以免呛水和溺水。不要在急流和漩涡处游泳。

（6）在游泳中如果突然觉得身体不舒服，如眩晕、恶心、心慌、气短等，要立即上岸休息或呼救。

（7）在游泳前，要做好拉伸运动；在游泳中，若小腿或脚部抽筋，千万不要惊慌，可用力蹬腿或做跳跃动作，或用力按摩、拉扯抽筋部位，同时呼叫同伴救助。

知识拓展

游泳"16忌"

游泳是磨炼人的意志、锻炼身体的良好方法，但游泳也有禁忌。

（1）忌饭前饭后游泳。空腹游泳会影响食欲和消化功能，也会在游泳中发生头昏乏力等意外情况；饱腹游泳亦会影响消化功能，还会产生胃痉挛，甚至呕吐、腹痛现象。

（2）忌剧烈运动后游泳。剧烈运动后马上游泳，会使心脏加重负担；体温的急剧下降，会减弱抵抗力，引起感冒、咽喉炎等。

（3）忌月经期游泳。月经期间游泳，病菌易进入子宫、输卵管等处，引起感染，导致月经不调、经量过多、经期延长。

（4）忌在不熟悉的水域游泳。在天然水域游泳时，切忌贸然下水。凡水域周围和水下情况复杂的都不宜下水游泳，以免发生意外。

（5）忌长时间曝晒游泳。长时间曝晒会产生晒斑，或引起急性皮炎，亦称日光灼伤。为防止晒斑的发生，上岸后最好用伞遮阳，或到有树荫的地方休息，或用浴巾披在身上保护皮肤，或在身体裸露处涂防晒霜。

（6）忌不做准备活动即游泳。水温通常要比体温低，因此，下水前必须做准备活动，否则易导致身体不适感。

（7）忌游泳后马上进食。游泳后宜休息片刻再进食，否则会突然增加胃肠的负担，久之容易引起胃肠道疾病。

（8）忌游时过久，皮肤对寒冷刺激一般有三个反应期。

第一期：入水后，受冷的刺激，皮肤血管收缩，肤色呈苍白。

第二期：在水中停留一定时间后，体表血流扩张，皮肤由苍白转呈浅红色，肢体由冷转暖。

第三期：停留过久，体温热散大于热发，皮肤出现鸡皮疙瘩和寒战现象。这是夏游的禁忌期，应及时出水。游泳持续时间不应超过2小时。

(9) 忌有癫痫史患者游泳。无论是大发作型或小发作型，在发作时有一瞬间意识失控，如果在游泳中突然诱发，就难免有"灭顶之灾"。

(10) 忌高血压患者游泳。特别是顽固性的高血压，药物难以控制，游泳有诱发中风的潜在危险，应绝对避免。

(11) 忌心脏病患者游泳。如先天性心脏病、严重冠心病、风湿性瓣膜病、较严重心律失常等患者，对游泳应"敬而远之"。

(12) 忌中耳炎患者游泳。不论是慢性还是急性中耳炎，因水进入发炎的中耳，等于"雪上加霜"，使病情加重，甚至可使颅内感染。

(13) 忌患急性眼结膜炎游泳。该病病毒，特别是在游泳池里传染速度之快、范围之广令人吃惊。在该病流行季节即使是健康人，也应避免到游泳池内游泳。

(14) 忌某些皮肤病患者游泳。如各种类型的癣、过敏性的皮肤病等，不仅诱发荨麻疹、接触皮炎，而且易加重病情。

(15) 忌酒后游泳。酒后游泳体内储备的葡萄糖大量消耗会出现低血糖。另外，酒精能抑制肝脏正常生理功能，妨碍体内葡萄糖转化及储备，从而发生意外。

(16) 忌忽视泳后卫生。泳后，应立即用软质干毛巾擦去身上水垢，滴上氯霉或硼酸眼药水，擤出鼻腔分泌物。若耳部进水，可采用"同侧跳"将水排出。之后，再做几节放松体操及肢体按摩或在日光下小憩15～20分钟，以避免肌群僵化和疲劳。

2. 溺水后如何自救

(1) 不要慌张，发现周围有人时立即呼救。

(2) 放松全身，让身体漂浮在水面上，将头部浮出水面，用脚踢水，防止体力丧失，等待救援。

(3) 身体下沉时，可将手掌向下压。

(4) 如果在水中突然抽筋，又无法靠岸，立即求救。若周围无人，可深吸一口气潜入水中，伸直抽筋的那条腿，用手将脚趾向上扳，以缓解抽筋。

3. 发现有人溺水怎么办

(1) 可将救生圈、竹竿、木板等物抛给溺水者，再将其拖至岸边。

(2) 若没有救护器材，可入水直接施救。最好从背部将落水者头部托起，或从上面拉起其胸部，使其面部露出水面，然后将其拖上岸。

(3)水性不好的人千万不可手拉手进行救助,可能引起更多人落水、溺水。

4. 溺水者救上岸后的急救方法

(1)清除口鼻堵塞物。让溺水者头朝下,撬开其牙齿,用手指清除口腔和鼻腔内杂物。

(2)人工呼吸。对呼吸及心跳微弱或心跳刚刚停止的溺水者,迅速进行人工呼吸,同时做胸外心脏按压。

(3)脱下外套。如果溺水者身上穿着外套,要尽早脱下,湿漉漉的外套会带走身体热能,产生低温伤害。

(4)经现场初步抢救,若溺水者呼吸心跳已经逐渐恢复正常,尽快联系急救中心,送溺水者去医院。

三 医疗健康

科学良好的生活方式、健康卫生的行为习惯不仅有利于大学生身心健康发展,而且是促进大学生德智体美劳全面发展的必然要求。所以,高职院校大学生应该结合自己学习、工作、生活的情况,了解、熟悉食品安全、疾病预防、急救常识等,成为一名学懂、弄通、会用医疗健康知识的合格大学生。

(一)食品安全

2018年12月29日第十三届全国人民代表大会常务委员会第七次会议修订的《中华人民共和国食品安全法》对"食品"的最新定义为:各种供人食用或饮用的成品和原料以及按照传统既是食品又是中药材的物品,但是不包括以治疗为目的的物品。《中华人民共和国食品安全法》第十章附则第一百五十条规定:本法下列用语的含义:食品安全,指食品无毒、无害,符合应当有的营养要求,对人体健康不造成任何急性、亚急性或者慢性危害。民以食为天,食以安为先,食品安全与大学生的健康成长息息相关,因此,大学生应该掌握基本的食品安全常识,培养良好的食品安全意识,养成健康良好的行为习惯。

1. 食物中毒

1)食物中毒的含义

食物中毒是指患者所进食物被细菌或细菌毒素污染,或食物含有毒素而引起的急性中毒性疾病。根据病因不同，一般餐后短时间内会出现不同的明显症状。常见的食物中毒为胃肠型食物中毒，以恶心、呕吐、腹痛、腹泻等急性胃肠炎症状为主要特征。

2）预防食物中毒

（1）养成良好的卫生习惯。饭前便后要洗手，不良的个人卫生习惯会把致病菌从人体带到食物上去。

（2）选择新鲜和安全的食品。购买食品时，要注意查看其感官性状、生产日期、保质期等标识，是否有腐败变质。

（3）食品在食用前要彻底清洁。生吃瓜果要洗干净，需加热的食物要加热彻底。

（4）尽量不吃剩饭菜。如需食用，应彻底加热。

（5）不吃霉变的粮食、甘蔗、花生米等。

（6）注意防虫防鼠，避免其与食品直接接触。

（7）尽量在学校饭堂就餐，少吃外卖，不在无证的大排档聚餐。

（8）不随意采摘、食用野蘑菇、野果、野菜等。

3）食物中毒的应急处理

周围人员及中毒者应冷静、镇定，须及时联系学校医务室进行抢救或拨打120，寻求班主任、辅导员的帮助，将中毒者就近送往医院。应将中毒者移到通风的地方，松开衣领、裤带等，自行设法或协助医生进行催吐。对于患有肝硬化、心脏病等疾病或处于休克昏迷状态的中毒者则不宜进行催吐。

催吐的具体方法：对于中毒不久而无明显呕吐者，可用手指、筷子或动物羽毛等刺激其舌根部，以使其尽快排出毒物，或让中毒者大量饮用温开水并反复自行催吐，以减少毒素的吸收。

 相关案例

大学生校外就餐　38人食物中毒

某天下午，福建某学院多名学生在校外就餐后，学生陆续出现上吐下泻的症状，疑似食物中毒。随后这些学生被紧急送往空军福州医院，经医生检查确诊为食物中毒。据了解，出现食物中毒症状的学生全部是当天中午在校外美食街就餐者，且不少人在一家"巴西烤肉店"吃了饭。不过，这些学生并没有吃烧烤，当天中午，有的同学点了外卖炒饭，有的直接在店内吃了炒菜。午饭过后的一两个小时，学生陆续出现不同程度的恶心、呕吐、腹泻等症状，校方随即派人陪他们到医院检查。经医院诊断，大部分的学生有腹泻、呕吐等症状，其中三人病情相对严重，出现高热、血便、早期休克等症状。

2. 养成健康的饮食习惯

大学生应重视饮食卫生，养成健康的饮食习惯。
（1）尽量少吃零食，多吃主食和正餐。
（2）多吃水果、蔬菜等，补充维生素。
（3）少吃方便面，克服"方便面"情结。
（4）适当吃些五谷杂粮和坚果，补充微量元素。
（5）少吃辛辣油炸的重口味小吃等食物。

知识拓展

一般人群膳食指南

《中国居民膳食指南》（2010）提出了针对一般人群（6岁以上人群）的建议：
（1）食物多样，谷类为主。
（2）吃动平衡，健康体重。
（3）多吃蔬菜、奶类、大豆。
（4）适量吃鱼、禽、蛋、瘦肉。
（5）少盐少油、控糖限酒。
（6）杜绝浪费，兴新食尚。
中国居民平衡膳食宝塔如下图所示。

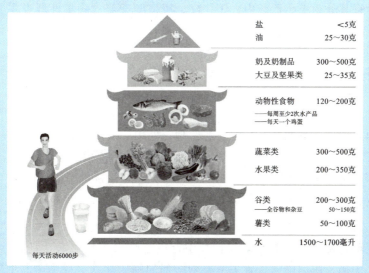

中国居民平衡膳食宝塔（2022）

(二) 常见疾病预防

大学生在教室、宿舍、食堂等地方集体学习、生活，人群相对集中，师生间、学生间相互接触的机会多，疾病互相传染的概率较高。部分学生疾病预防的知识较弱，没有养成良好的卫生习惯，高校疾病预防的宣传、教育力度不够等，导致传染病时常在高校学生中传播。因此，应该采取及时、有效的措施及早预防、沉稳应对。

1. 流行性感冒

流行性感冒（简称流感）是由流感病毒引起的一种急性呼吸道传染病，其发病率在传染病中是最高的。其主要症状是起病急、骤起高热、头痛、全身酸痛、乏力及轻微的呼吸道症状。流行性感冒的主要预防措施有：

(1) 搞好宿舍卫生，经常开窗通风换气，促进空气流通；
(2) 勤洗手、勤洗被褥，常晒枕席、常晒被褥，养成良好的卫生习惯；
(3) 流感流行期间减少外出活动，不到病人家串门；
(4) 出现相关症状应及时就医，应戴口罩以避免传染他人；
(5) 接种流感疫苗是目前预防流感的最有效措施。

2. 病毒性肝炎

病毒性肝炎是由多种肝炎病毒引起的，以肝损害为主的传染病。按照病原学将其分为甲、乙、丙、丁、戊、庚型肝炎等。病毒性肝炎主要通过消化道、血液、母婴、性接触等途径传播，目前还没有特别有效的治疗方法。病毒性肝炎的主要预防措施有：

(1) 接种甲肝、乙肝疫苗等；
(2) 搞好环境卫生、个人卫生，养成良好的卫生习惯；
(3) 注意饮食安全，搞好食具消毒，切断肝炎的传播途径；
(4) 慎用血液制品，加强血源管理，使用一次性注射器；
(5) 不使用未经消毒的剃须刀、穿耳针、文身针等；
(6) 不共用毛巾、牙具、剃须刀等与皮肤直接接触的用品；
(7) 如不慎接触或感染了肝炎，必须及时到医院检查、治疗。

3. 登革热

登革热是登革病毒经蚊媒传播引起的急性虫媒传染病，具有起病急、高热、头痛、肌肉酸痛、骨关节剧烈酸痛的临床症状。登革热的主要预防措施有：

(1) 少去或不去东南亚、南亚、西太平洋等登革热多发地区；

(2) 改善卫生环境，清理积水，做好防蚊、灭蚊工作；

(3) 如出现相关症状，应及早前往医院检查、诊断、治疗。

4. 禽流感

禽流感是由禽流感病毒引起的人类疾病。禽流感病毒属于甲型流感病毒，患者发病初期表现为发热、咳嗽，可伴有头痛、肌肉酸痛和全身不适等流感样症状。禽流感的主要预防措施有：

(1) 不接触和食用病、死的禽畜肉；

(2) 不购买无检疫证明的禽畜及其产品；

(3) 做到禽畜肉等食品生熟分开，避免交叉污染；

(4) 对禽、蛋等食品要高温煮熟、煮透，防止外熟里生；

(5) 若出现不明原因的发热等症状，一定要及时就医。

5. 艾滋病

艾滋病是一种危害性极大的传染病，是由艾滋病病毒（HIV）引起的。HIV是一种能攻击人体免疫系统的病毒，易使人体丧失免疫功能导致人体易于感染各种疾病，并可发生恶性肿瘤，潜伏期较长，病死率较高。艾滋病主要通过性、血液、母婴等传播。艾滋病的主要预防措施有：

(1) 洁身自好，不进行不安全性行为；

(2) 严禁吸毒；

(3) 使用一次性注射器，不到不可靠的医疗单位打针、拔牙、针灸、手术等；

(4) 不擅自输血和使用血制品；

(5) 不用未消毒的器具穿耳、文身、美容，不共用剃须刀、牙刷等个人用品；

(6) 使用安全套是性生活中最有效的预防艾滋病的措施之一；

(7) 避免直接与艾滋病患者的血液、精液、乳汁接触。

6. 肺结核

结核病是由结核分枝杆菌感染所引发的传染病，是具有强烈传染性的慢性疾病，可累及全身各个脏器和组织，以肺结核最为常见。肺结核主要通过空气传播，即患有开放性肺结核的病人通过呼吸道飞沫进行传播。肺结核的主要预防措施有：

(1) 接种卡介苗；

(2) 及早发现病人是预防结核病的重要措施；

(3) 不随地吐痰，注重个人卫生，注意通风和消毒；

(4) 养成良好的生活方式，合理适度地学习、生活，均衡营养等。

7. 埃博拉病毒

埃博拉病毒是一种能引起人类和其他灵长类动物产生埃博拉出血热的烈性传染病病毒，其引起的埃博拉出血热是当今世界上最致命的病毒性出血热，感染者症状与同为纤维病毒科的马尔堡病毒极为相似，包括恶心、呕吐、腹泻、肤色改变、全身酸痛、体内出血、体外出血、发烧等。埃博拉病毒的主要预防措施有：

（1）控制埃博拉的扩散，首先密切注意世界范围内埃博拉病毒的疫情动态，加强出入境检疫；

（2）对有出血症状的可疑病人应隔离观察。一旦确诊应及时报告卫生部门，对病人进行最严格的隔离，即使用带有空气过滤装置的隔离设备；

（3）医护人员、实验人员穿好隔离服进行检验操作，以防意外；

（4）对与病人密切接触者，也应进行密切观察。

8. 诺如病毒

诺如病毒具有高度传染性和快速传播能力。若感染诺如病毒，会引起胃肠炎或胃肠型流感，发病的主要表现为腹泻和呕吐，我们通常称之为急性胃肠炎。诺如病毒的主要预防措施有：

（1）注意公共卫生。积极打扫宿舍卫生，不堆放垃圾，保持宿舍干净、整洁，对公共区域要按时消毒；

（2）注意个人卫生。饭前务必洗净双手，不吃生冷和未煮熟的食物，特别是贝类。不喝生水，饮用水要煮沸后饮用，尽量避免到无牌、无证小餐馆就餐；

（3）尽量减少参加大型集体活动，阻断传播。在病毒感染的高峰期，尽量不到人口密集的场所活动，杜绝传染渠道，减少感染机会；

（4）患者应注意：一旦发生呕吐、腹泻症状，应及时就医并居家休息，避免传染给他人。患者应居家休息至症状完全消失后 72 小时再上学。

9. 新型冠状病毒性肺炎

新型冠状病毒性肺炎，简称"新冠肺炎"，是指 2019 新型冠状病毒感染导致的肺炎。2019 年 12 月以来，湖北省武汉市部分医院陆续发现了多例有华南海鲜市场暴露史的不明原因肺炎病例，现已证实为 2019 新型冠状病毒感染引起的急性呼吸道传染病。

2020 年 2 月，世界卫生组织总干事谭德塞在瑞士日内瓦宣布，将新型冠状病毒感染的肺炎命名为"COVID-19"。2020 年 2 月 21 日，国家卫生健康委员会发布了《关于修订新型冠状病毒性肺炎英文命名事宜的通知》，决定将"新型冠状病毒性肺炎"英文名称修订为"COVID-19"，与世界卫生组织命名保持一致，中文名称保持不变。当地时间2020年3月11日，世界卫生组织总干事谭德塞宣布，根据评估，世界卫生组织认为当前新冠肺炎疫情可被称为全球大流行。

根据现有病例资料，新型冠状病毒性肺炎以发热、干咳、乏力等为主要表现，少数患者伴有鼻塞、流涕、腹泻等上呼吸道和消化道症状。重症病例多在1周后出现呼吸困难，严重者快速发展为急性呼吸窘迫综合征、脓毒症休克、难以纠正的代谢性酸中毒和出凝血功能障碍及多器官功能衰竭等。

新型冠状病毒性肺炎的主要预防措施有：

（1）少聚集。尽量减少到人群密集场所，特别是到中高风险区域活动，避免接触呼吸道感染患者；

（2）勤洗手。使用肥皂或洗手液并用流动水洗手，也可以直接使用含有酒精成分的免洗洗手液洗手，用一次性纸巾或干净毛巾擦手；

（3）多通风。每天开窗通风次数不少于3次，每次通风的时间保持在30分钟以上，确保室内空气流通，减少病毒传染的概率；

（4）戴口罩。外出前往公共场所、就医和乘坐公共交通工具时注意佩戴口罩，注意正确佩戴口罩并定时更换口罩；

（5）讲卫生。咳嗽或打喷嚏时，用纸巾、毛巾等遮住口鼻，咳嗽或打喷嚏后洗手，避免用手触摸眼睛、鼻或口；

（6）增体质。均衡饮食，适量运动、锻炼，作息规律，避免产生过度疲劳；

（7）早就医。出现呼吸道感染症状如咳嗽、流涕、发热等，应居家隔离休息；持续发热不退或症状加重时，应主动戴上口罩，并及时就近就医；

（8）稳心态。接纳情绪，舒缓压力，合理释放，保持积极、乐观、快乐的心态。

（三）急救与自救

大学生在平常的校园生活中，可能由于环境原因、自身因素等造成运动伤害、猝死等突发应急事件，了解并掌握一定的急救与自救常识，能最大限度地降低受伤程度或避免死亡。

1. 癫痫救护

癫痫俗称"羊角风"或"羊癫风"，在中国已经成为神经科仅次于头痛的第二大常见病。癫痫的急救方法为：

（1）松开患者领口，解开纽扣、领带等，保持患者周围空气流通，使其顺畅呼吸，防止呼吸受阻；

（2）趁患者紧闭嘴巴前，迅速将纱布、手绢等卷成卷，塞入患者的上下齿之间，避免患者牙关紧闭时咬伤舌部。如果患者已紧闭双唇，则不要强行撬开；

（3）当患者将要倒地时，如有人在其旁边，应扶住患者使其慢慢倒地，不要强行按住患者，保护好患者，防止跌伤；

（4）癫痫发作之时，可以调整一下患者的姿势，变成侧躺的状态，这样方便排出呼吸道当中的分泌物，防止呛咳。若患者的姿势难以调整，可以尝试将头部慢慢向两侧偏转。在急救的同时，要注意为患者及时擦掉排出的分泌物。

2. 猝死救护

猝死是指平素身体健康或貌似健康的患者，在出乎意料的短时间内，因自然疾病而突然死亡，是人类最严重的疾病之一。猝死的急救方法为：

（1）先判断患者有没有意识，如果没有意识，应该立即呼救，寻求他人的支持与帮助；

（2）拨打120急救电话，同时迅速将患者放在床上或地上，摆好仰卧体位，严禁搬动并进行现场救护；

（3）判断患者有没有呼吸，如无呼吸，应该马上进行人工呼吸；

（4）如有脉搏，可以仅做人工呼吸；如没有脉搏，应该立即进行胸外心脏按压，如此反复进行，直到专业医护人员赶到现场。

3. 中暑救护

中暑是在指暑热季节、高温和（或）高湿环境下，由于体温调节中枢功能障碍、汗腺功能衰竭和水电解质丢失过多而引起的以中枢神经和（或）心血管功能障碍为主要表现的急性疾病。中暑的急救方法为：

（1）夏天日长夜短，气温高，人体新陈代谢旺盛，消耗也大，容易感到疲劳。充足的睡眠可使大脑和身体各系统都得到放松，多喝水也是预防中暑的措施。不要等口渴了才喝水，因为口渴已表示身体已经缺水了；

（2）中暑初期应迅速将患者挪到通风阴凉的地方，平卧并解开衣扣，松开或脱去衣服，如衣服被汗水湿透应更换，头部可揭上冷毛巾，可用酒精、白酒、冰水或冷水进行全身擦浴，然后用扇子或电扇吹风，加速散热；

（3）轻度中暑可以为患者泼水。泼在皮肤上的水蒸发较快，以增加降温的效率；或者用冷毛巾湿敷患者，如果可能，将患者移到有空调的地方；

（4）中暑初期与轻度时，患者仍有意识时，可给一些清凉饮料，在补充水分时，可加入少量盐或小苏打水。但千万不可急于补充大量水分，否则，会引起呕吐、腹痛、恶心等症状；

（5）重度中暑时患者若已失去知觉，可指掐人中、合谷等穴，使其苏醒。若呼吸停止，应立即实施人工呼吸。对于重症中暑患者，必须立即送医院诊治。

4. 急性酒精中毒救护

酒精中毒是由酒精过量进入人体引起的中毒，中毒表现有急性与慢性之分。急性酒精中毒可在短时间内给患者带来较大伤害，甚至可以直接或间接导致死亡。急性酒精中毒的急救方法为：

（1）反复催吐，尽可能使患者吐出胃中的残酒，这是防止酒精中毒最有效的措施；

（2）食用含糖较多的食品如苹果、香蕉、柑橘、蜂蜜等，饮用鲜果汁、醋或糖水解毒，鼓励患者多饮水，以促进排尿；

（3）对于严重酒精中毒患者应送往医院检查救治。

5. 休克救护

休克是机体遭受强烈的致病因素侵袭后，由于有效循环血量锐减，组织血流灌注广泛、持续、显著减少，致全身微循环功能不良、人体重要器官严重障碍的综合症候群。休克的常见症状是表情淡漠、皮肤湿冷、烦躁不安、血压下降。休克的急救方法为：

（1）保持呼吸道通畅。对休克病人必须保持呼吸道通畅，把颈部垫高、下颌托起，使头部后仰。同时，将病人的头部偏向一侧，以防止病人将呕吐物吸入呼吸道；

（2）采取合适的体位。休克病人首先应取平卧位。如病人呼吸困难，可先将头部和躯干抬高一点，利于呼吸；两下肢略抬高，利于静脉血回流；

（3）注意病人的体温。休克病人体温降低、怕冷，应注意保暖，给病人盖好被子。但感染性休克常伴有高热，应予以降温，可在颈、腹股沟等处放置冰袋，或用酒精擦浴等；

（4）进行必要的初步治疗。对于烦躁不安者，可给予适量的镇静剂。因创伤、骨折所致的休克，病人疼痛剧烈时，可适当应用止痛剂；

（5）注意病人的转移和运送。医院外或家庭抢救条件有限，对休克病人搬动越轻、越少越好，尽量避免长途运送。在运送途中应有专人护理，随时观察病情变化，给病人吸氧及静脉输液。

6. 意外受伤救护

意外受伤后，应就地进行应急救护处理，必要时到医院就诊。

（1）跌磕伤：发生跌磕伤时，不能用手揉患处，可用干净的毛巾浸透冷水或用毛巾包裹冰块敷在受伤的部位，经冷敷后再用湿热的毛巾敷于患处并轻轻按摩，以帮助消肿。

（2）压伤：让受伤的病人原地静坐或平躺，同时仔细检查被压伤部位的外表状况。若是四肢压伤，可用冷水浸湿或用裹了冰块的毛巾敷于受伤部位。若是胸腹部被挤伤，应将病人身体放平，然后迅速拨打急救电话。

（3）割伤：若伤口创伤较小且无异物，用创可贴即可；若有金属、玻璃等异物，则须将异物清理干净后对伤口做消毒处理。割伤严重、流血过多要及时对伤口进行包扎，可在伤口靠近心脏的方向用绳带等物系紧，并立即将患者送往医院治疗。

（4）刺伤：用消毒水清洗伤口，然后用镊子顺着刺物刺入的方向将刺夹住拔出。若刺物太短或已全部刺入患者的肌肉中，可采取挤压挑拔法将刺清除，最后用酒精或碘酒对伤口进行消毒处理。

（5）扭伤：轻微的扭伤可用冷水浸湿的毛巾或冰块敷于伤处，也可用红花油涂抹于扭伤处。若扭伤严重出现肿胀或淤血，不可让患者走动，要立即将其送往医院治疗。对四肢某个部位的严重扭伤，可先用绷带等在扭伤的上下部位做固定包扎处理。

（6）擦伤：轻微的擦伤可用消毒棉球蘸低温的肥皂水或生理盐水擦洗伤口周围并清理异物，然后涂抹红药水。对较为严重的伤口在经过消毒处理后可用纱布包扎，特别严重者要及时送医院治疗。

（7）骨折：发现患者骨折，要立即拨打急救电话或及时送往医院救治。在急救处理前不可用手揉搓骨折处，发现受伤处流血应采取止血措施。为使骨折处得以固定，可在患者骨折部位用宽绷带和木板等把骨折处的关节暂时固定住。

四 交通安全

随着学校与社会的联系越来越紧密，校内外的车流量、人流量都大幅攀升，如许多大学生会开小汽车、骑电动车或者乘坐公交车出入校园，教师们也开私家车上下班，校园交通环境日益严峻，校园交通事故逐年增多，对在校大学生的人身财产安全构成严重威胁。因此，大学生应该了解交通安全的基本知识，掌握自我安全防范的基本技能，可以减少甚至避免交通事故的发生。

(一) 日常交通安全常识

1. 行人交通安全常识

(1) 行人要走人行道,没有人行道的靠右行走。
(2) 过马路时要看清过往车辆,从斑马线、天桥或地道通过。
(3) 通过信号灯路口时,做到"红灯停,绿灯行,黄灯亮了等一等"。
(4) 不要图方便走"捷径"而横跨马路。
(5) 不要在马路上追车、拦车、扒车。
(6) 不要在马路车行道上嬉戏、玩耍。
(7) 不要跨越、钻越护栏等道路隔离设施。
(8) 不要随意进入高速公路、交通管制区等。

2. 骑车交通安全常识

在大学校园里,"摩拜""小黄车"等共享单车作为代步工具,已经成为大学生时尚生活的重要出行交通方式之一。所以,大学生必须掌握必要的骑车交通安全常识,才能保证骑车安全。

(1) 应观察车辆的完好性,刹车、车铃等是否完备、齐全。
(2) 应熟悉和遵守相关交通管理法规。
(3) 应在规定的非机动车车道内骑行。
(4) 应谨慎行驶,谦虚让行,专心骑车。
(5) 应按要求停放车辆。
(6) 应在转弯处、车多人多处减速慢行。
(7) 应服从交警指挥,听从管理。
(8) 大货车会有行驶盲区,应远离大货车。

3. 驾驶交通安全常识

在父母的支持和帮助下,许多大学生有了自己的私家车,部分大学生已经考取或正在考取驾照。大学生必须遵守的驾驶交通安全常识有以下 8 个方面。

(1) 遵纪守法,不开违章车。
(2) 按道行驶,不开着急车。
(3) 控制车速,不开超速车。
(4) 规定重量,不开超载车。
(5) 劳逸结合,不开疲劳车。
(6) 文明谦让,不开赌气车。

(7) 经常维护，不开带病车。

(8) 谨慎喝酒，不酒后驾车。

4. 乘车交通安全常识

大学生离返校、社会实践、实习工作、外出旅游等都会乘船、公共汽车、长途汽车、出租车、地铁等，在乘坐各种交通工具时，必须掌握一定的乘车交通安全常识。

1) 乘船安全常识

(1) 看预报、观天气。如遇风、雨、雪、雾等恶劣天气，最好不要乘船出行。

(2) 坚持原则。不要为了方便或者贪图便宜而选择乘坐缺少安全防范救护措施、超载、无证的船只。

(3) 遵守规定。严禁携带易燃易爆物、有毒物以及其他违规的危险物品等上船。

(4) 维护秩序。上下船时要自觉遵守秩序，按顺序排队，不争不抢不拥不挤，且要静等船只停靠稳当后再行上下。

(5) 留意观察、妥善保管。上船后，务必留意温馨提示、有关规则、疏散通道和安全出口等，做到心中有数。对于自己的行李物品等存放保管好，以防丢失。

(6) 爱护设施。对于船上的安全装置、设备，不能乱摸乱动。乘客止步的地方，严禁入内，不得因好奇随意参观。

(7) 安全第一。最好不要靠近船边，也不要站在甲板上，更不要追逐嬉闹，以防不小心出现意外而落水。

(8) 冷静处事。遇到紧急情况时，千万不要慌乱，保持沉着镇定，听从工作人员指挥，迅速行动，不要念及身外之物，安全第一。

2) 乘公共汽车、长途汽车、出租车安全常识

(1) 不要乘坐超载、无牌无证机动车。

(2) 不要在车行道上招呼出租车。

(3) 机动车驾驶过程中，不要将身体的部位伸出窗外，更不准跳车。

(4) 不要妨碍驾驶员的正常驾驶。

(5) 不要向车外扔物品、吐痰等。

(6) 机动车还未停稳，不得上下车。

(7) 乘坐货运机动车时，不能站立，也不能坐在栏杆上。

(8) 乘坐出租车、"滴滴快车"等，应注意晚间出行安全。

3) 乘地铁安全常识

(1) 站在黄色安全线后排队候车，留意车站及列车导向标志。

(2) 按照箭头指示方向上车，先下后上，不要拥挤。
(3) 上车时小心列车与站台之间的空隙，照顾好同行的小孩和老人。
(4) 小心屏蔽门的玻璃，屏蔽门指示灯闪烁时不要上车。
(5) 给老人、孕妇及怀抱婴儿者让座。
(6) 留意列车广播，提前做好下车准备。
(7) 进出站、换乘时有序而不争抢，防止踩踏现象的发生。
(8) 一旦发生突发紧急情况，立即联系车站工作人员处理。

(二) 交通事故的处理

大学生如果发现交通事故或发生交通事故，要及时拨打110报警处理。

1. 交通事故现场的处理

大学生发生交通事故以后，应做好以下相关工作。

(1) 人身受到伤害，伤势较轻应迅速送往就近医院救治；伤势较重则必须立即拨打120急救电话。抢救人的生命永远是第一位工作。

(2) 要保护好现场，交警对事故现场的勘查结论是对交通事故责任认定的重要依据之一。保护好事故现场，防止当事人伪造现场、故意破坏、毁灭证据等。

(3) 要设法控制住肇事车辆，不让肇事者逃离现场。若一时无法控制，应记住肇事车辆的特征及车牌号码、肇事者个人特征等。

(4) 要及时报案，通知交警尽快赶到现场，可有效避免时间过长对现场造成的破坏，同时可组织伤者抢救，也可控制肇事者。还应及时与学校取得联系，必要时由学校出面处理有关事宜。

(5) 交通事故发生后，将依据法律进行处理，交警会出具交通事故认定书确定事故责任划分。对损害赔偿有异议的，可请求公安交通管理部门协商调解，也可直接向人民法院提起民事诉讼。

2. 交通事故的善后处理

交通管理部门对事故责任基本认定后，学生的伤情基本痊愈，学校应尽量协助受害学生及其家长参与交通事故损害赔偿。同时，学校还应对受害学生及其家庭成员进行必要的精神安抚、物质帮扶，尽全力帮助受害学生，让其真正感受到学校的人文关怀。

(三)《中华人民共和国道路交通安全法》及实施条例的相关规定

1. 行人必须遵守下列规定

(1) 须在人行道内行走，没有人行道的靠路边走。

（2）行人通过路口或者横过道路，须走人行横道或者过街设施。通过有交通信号控制的人行横道，须遵守信号的规定；通过没有交通信号控制的人行横道，须注意车辆，不准追逐、猛跑。没有人行横道的，须直行通过，不准在车辆临近时突然横穿。有人行过街天桥或地道的，须走人行过街天桥或地道。

（3）不准穿越、倚坐人行道、车行道和铁路道口的护栏。

（4）不准在道路上扒车、追车、强行拦车和抛物击车。

2. 乘车人必须遵守下列规定

（1）乘坐公共汽车、电车和长途汽车须在站台或指定地点依次候车，待车停稳后，先下后上。

（2）不准在车行道上招呼出租汽车。

（3）不准携带易燃、易爆等危险物品乘坐公共汽车、电车、出租汽车和长途汽车。

（4）机动车行驶中，不准将身体任何部分伸出车外，不准跳车。

（5）乘坐货运机动车时，不准站立，不准坐在车厢栏板上。

3. 自行车、三轮车的驾驶人必须遵守下列规定

（1）转弯前须减速慢行，向后瞭望，伸手示意，不准猛拐。

（2）超越前车时，不得妨碍被超车的行驶。

（3）通过陡坡、横穿四条以上机动车道或途中车闸失效时，须下车推行。下车前须伸手上下摆动示意，不准妨碍后面车辆行驶。

（4）不准双手离把，攀扶其他车辆或手中持物。

（5）不准牵引车辆或被其他车辆牵引。

（6）不准扶身并行、互相追逐或曲折竞驶。

（7）大中城市市区不准骑自行车带人，但对于带学龄前儿童，各地可自行规定。

（8）驾驶三轮车不准并行。

4. 机动车驾驶员必须遵守下列规定

（1）驾驶车辆时，须携带驾驶证和行驶证。

（2）不准转借、涂改或伪造驾驶证。

（3）不准将车辆交给没有驾驶证的人驾驶。

（4）不准驾驶与驾驶证准驾车型不相符合的车辆。

（5）未按规定审验或审验不合格的，不准继续驾驶车辆。

（6）饮酒后不准驾驶车辆。

（7）不准驾驶安全设备不全或机件失灵的车辆。

（8）不准驾驶不符合装载规定的车辆。
（9）在患有妨碍安全行车的疾病或过度疲劳时，不准驾驶车辆。
（10）驾驶和乘坐两轮摩托车须戴安全头盔。
（11）车门、车厢没有关好时，不准行车。
（12）不准穿拖鞋驾驶车辆。
（13）不准在驾驶车辆时吸烟、饮食、闲谈或从事其他妨碍安全行车的行为。

五 实习安全

校外实习是高职院校不可或缺的重要教学环节。大学生在实习期间暂时脱离校园生活，步入社会，往往容易放松警惕。实习期间存在很多安全隐患，其中，求职安全、用工活动安全（传销）、居住安全等必须引起我们的重视。

（一）求职安全

1. 招聘信息的安全

获得就业信息是成功求职的第一步，同学们应仔细鉴别招聘信息及招聘公司的合法性，尽量通过正规途径（如学校就业指导中心、当地的人事局、人才市场等）获取信息，尽量选择信誉好的公司应聘。对于那些并不熟悉或没听说过的小公司，应聘前先上网或打电话求证是否有此公司。如果可能的话，可以联系在该地工作的学长询问相关情况以确保信息安全。

2. 求职面试时的安全

因双向选择的需要，大多招聘单位都要求对毕业生进行面试。接到面试通知时，要问清对方的办公地址和固定联系电话，若招聘单位只有手机单一联系方式，要高度警惕，谨防上当受骗，切忌到不明确或存在安全隐患的地方进行面试。正规的单位一般都有固定的办公场所，若招聘单位的面试地点选择在宾馆等临时租借来的地方，要仔细鉴别真伪。同时事先要告知家人或同学面试的时间和地点，保持手机等联系方式的畅通。初次面试时尽量不饮用点心或饮料，注意面试场地的环境与对外通道，注意观察面试者的言行举止，如有暧昧不清的状况，应立即离开。如需交证件，只能交影印本而不应给原件。

3. 实习工作时的安全

上班时，衣着、态度、言行均应谨慎，不轻言允诺非公务以外的不当要求。刚到新公司时应先熟悉环境，谨慎处理不熟悉同事的邀约。注意公司营运情形，是否仅为空壳公司或别有意图。

4. 加强个人信息的保密

不要将个人的所有联系方式都提供给招聘单位，一般提供手机号码和电子邮件即可，至于固定电话，可以提供班主任、辅导员的办公电话，最好不要提供宿舍或者家庭电话；接到陌生人的电话，不要轻信其花言巧语，应拨打114进行核实，或者与老师、同学一起商量；对于各种渠道特别是互联网上的招聘信息，一定要慎重核实，不要轻易填写过于翔实的个人信息；不要采取"天女散花"的求职方式，对自己不信任的、不规范的公司不要随便递简历。

5. 注意个别收费的合理性

政府有关劳动人事部门规定：用人单位招聘时，不得收取求职者任何形式的报名费、培训费、押金等费用。若招聘单位巧立名目，收取求职者各种形式的报名费、培训费、押金等费用，这些都是违法行为，求职者应提高警惕，坚决拒绝交纳各种费用。根据相关法律规定，招聘单位与劳动者订立的是劳动合同，不是产品推销协议，毕业生要提高警惕，不要去签订以推广、促销为名的民事协议，更不要头脑发热盲目签字，随意交钱。一旦上当受骗，求职者可向当地劳动保障监察部门或公安部门报警，寻求法律保护。

（二）用工活动安全（传销）

1. 什么是传销

传销是指组织者或者经营者发展人员，通过对被发展人员以其直接或者间接发展的人员数量或者销售业绩为依据计算和给付报酬，或者要求被发展人员以交纳一定费用为条件取得加入资格等方式牟取非法利益，扰乱经济秩序，影响社会稳定的行为。

传销是不以商品交易为目的，而是通过"加盟者"所交的"加盟费"为目的，即所谓的拉"人头"，所拉的人越多，所收到的加盟费也越多，一级一级成金字塔状递进。

2. 传销的特征

（1）组织严密、行动诡秘。传销一般采取把人员骗到不熟悉的异地参与，实行上下线人员单独联系，而组织者异地遥控指挥。

（2）杀熟。以"找工作""合伙做生意""外出旅游""网友会面"等为借口，诱骗亲戚、朋友、同乡、同事、同学到异地参与传销。

（3）编造暴富神话。利用一套貌似科学合理的奖金分配制度的歪理邪说，鼓吹迅速暴富，鼓动人员加入。

（4）洗脑。对加入传销组织的人以集中授课、交流谈心等方式不间断地灌输暴富思想，使参与者深信不疑。

（5）高额返利。传销组织一般都会制定貌似公平且吸引力很强的"高额返利计划"，在传销人员的鼓噪下，很容易使人产生投资欲望，轻率加入传销活动。

3. 传销的危害

（1）传销的实质就是诈骗。传销会给参与者造成财产的严重损失，绝大多数参与者都会血本无归，甚至倾家荡产。

（2）破坏社会道德。传销组织通过灌输、"洗脑"，教唆参与者以"善良的谎言"将亲朋好友诱骗参与传销，人与人、人与社会之间的信任度严重下降，极大地破坏了社会赖以存在和发展的诚信基石，与建设和谐社会的目标背道而驰。

（3）危害社会稳定。一些传销人员流落他乡，生活悲惨；部分人员参与盗窃、卖淫、聚众闹事，甚至引发抢劫、行凶、杀人等刑事案件，给人民生命财产安全和社会稳定造成严重侵害。

（4）影响家庭和谐。传销参与者被亲戚朋友以介绍工作为名骗至外地，陷入传销泥潭后再去欺骗亲朋加入，四处筹集资金加入传销网络，如此恶性循环，参与传销的结果往往是夫妻反目，甚至家破人亡。

4. 如何防范传销

（1）要注意学习、了解《禁止传销条例》《直销管理条例》等有关法规规定，掌握识别传销的基本知识，树立勤劳致富、传销违法、拒绝传销的防范意识。

（2）在发现自己被骗参与传销活动后，要注意收集、保存汇款账号、汇款凭证、交费收据、介绍人及更高级上线人员的姓名、电话、互联网账号密码等相关证据线索，及时提供给公安机关，以便于及时、准确地打击违法犯罪，保障自身的权益。

（3）如果被骗到外地，到达当地后朋友绝口不谈工作、生意，而是带你游山玩水、熟悉环境，所谓放松；要看你的身份证、借打你的手机。发现情况不对时，一定要机智、冷静应对，在确保自身安全的情况下设法脱离。

（4）如果发现了传销行为，或本人是传销活动的受害者，应积极收集有关线索信息，包括传销活动的详细地点、传销人员尤其是骨干人员的住所、传销方式、宣传材料等，并尽快举报。

(三) 居住安全

（1）住宿地点的选择应坚持安全第一的原则。大学生应尽量选择正规实习单位专门提供的宿舍。如需自行解决住宿问题，应当特别注意选择正规房源、治安环境良好的区域。切莫因贪图便宜的房租而选择治安条件差的出租房，尽量避免与陌生人合租，甚至男女混租。

（2）增强维权意识与法律常识。大学生应当选择正规渠道寻找房源，警惕不法中介的骗局，学会识别虚假信息；同时，提高自我保护意识，签约前学会鉴别房源资质，如是否持有房产证、是否拥有转租权。签约前检查屋内设备数量与新旧程度，避免日后纠纷。

（3）检查宿舍安全设施。大学生切不可入住后放松警惕，应当对住宿条件进一步检查，如宿舍区的消防安全情况、阳台门窗防盗情况、电源安全情况、地面防水防滑情况、室内设备安全与用电安全等。

（4）居住期间保持良好的生活习惯，如安全用电，外出时随身携带贵重物品，随手锁门关窗，随时关注住宿环境安全。

 相关案例

触电身亡

2016年3月19日凌晨零时许，深圳的刘某和其儿子（1岁2个月）被发现倒在住处一楼出租房，急救医生现场抢救无效死亡。经过初步调查，刘某与儿子洗澡时出现意外，法医鉴定为触电身亡。

2017年3月7日，深圳冲凉房内有一男子倒地死亡。经法医初步鉴定，死者可能是触电身亡。

2017年6月11日21时许，深圳一女性王某在出租屋内洗澡时被电，经医生现场抢救无效后死亡。

 知识拓展

热水器使用注意事项

1. 不要边洗边加热

专家提醒：电热水器漏电是非常危险的事故，防止电热水器漏电的最好办法就是洗澡前把热水烧满，洗澡时断开电源，不要边洗边加热。

2. 打雷时尽量不要使用电热水器

在使用电热水器时须注意安全,手湿切勿拔电源线,小心触电危险。清洗电热水器外壳时应该先切断电源。雷雨天尽量不要使用电热水器,以免造成人身触电。

3. 不要图便宜买低价劣质产品

一些两三百元的劣质电热水器实际上就是一个铁皮桶加"热得快",这种低劣产品毫无漏电安全保护装置,千万别贪图便宜。

4. 有漏电保护器并非彻底安全

很多用户以为安装了漏电保护器,就能彻底保护洗浴安全,这种想法是片面的。国内很多建筑物接地不良,都有可能导致地线带电,引发触电事故。专家建议,用户每个月要按漏电保护器的开关2至3次,看上面的灯是否正常。

5. 定期更换电热水器镁棒

储水式电热水器内的镁棒应该定期更换。自来水中含有大量的钙镁离子,时间长了,这些钙镁离子就会附着并腐蚀热水器的内胆和加热管,一旦内胆被腐蚀或加热管被腐蚀穿孔,也会有漏电的危险。使用了七八年的电热水器,一定要找厂家来清洗或更换。

六 校园安全提示

(1) 请勿在宿舍内保存和使用热得快、电热毯、电炉子、电吹风、电热杯、电饭锅、电暖气、拉直板、暖手宝、电熨斗等违规电器。

(2) 请勿购买和使用质量不合格的插座、充电器等三无产品。

(3) 请勿在没有人的情况下使用充电设备,做到人走要断电。

(4) 请勿在宿舍内点蜡烛看书或使用床头灯照明。

(5) 请勿在宿舍内使用和保存各种酒精炉、煤油炉、液化气炉等易燃易爆危险品,以及各种油类物品。

(6) 请勿在宿舍楼内卧床抽烟、焚烧物品。

(7) 请勿私自下河、下塘游泳。

(8) 请勿私自动用和破坏宿舍楼内的消防设施。

(9) 请勿在校园里驾驶私人机动车行驶。

(10) 请勿参与校园贷。

七 校园安全须知十则

（1）自觉遵守国家的法律、法规、规章、制度；自觉遵守学校的校规、校纪，服从学校管理。按时作息，不得旷课。

（2）主动接受学校安排的安全教育，切实掌握安全知识，树立安全意识。

（3）妥善保管好自己的银行卡，不要借给陌生人，谨防银行卡和密码被盗取，不要将出生日期、学生证号作为密码，不要与证件共放，丢失后要立即挂失。

（4）不要到偏僻、无人或陌生的地方去（特别是夜间），谨防发生意外。

（5）正确使用网络资源，杜绝整日沉迷于网络游戏，在网上慎交朋友，不要泄漏个人资料，杜绝不良网络信息的传播，不制造、传播网络谣言。

（6）增强交通安全意识。学校内外各种车辆大量增加，为确保人身安全，应遵守交通规则靠边行走，注意交通安全，防止意外事故发生。

（7）午休或晚上睡觉时，将宿舍门窗关好。宿舍同学部分外出时，宿舍内的同学应负起责任，谨防外来人员溜门偷窃。

（8）安全用电，不得在宿舍内乱拉、乱接电线或使用违禁电器。离开宿舍时，要关闭一切电源，拔掉充电器和变压器。

（9）如遇突发事件或有意外发生，视情况及时拨打电话：

学院保卫处：0734—2548839。

医务室：0734—2527166。

此外，根据事件需要还可拨打110、119、120，并及时通知辅导员和就近管理人员。

（10）为了保证广大同学的身体健康，鉴于校外饮食的卫生状况，建议同学们尽量在食堂就餐，不要到校外就餐。

第四节 心理健康服务

2007年，湖南高速铁路职业技术学院正式成立了心理健康教育中心，2022年设立心理咨询中心，心理咨询中心隶属学生处，地点位于学生活动中心三楼，负责全校的心理健康教育教学、心理咨询、心理普查与心理危机干预等活动的组织、指导和协调工作。

一 机构设置

2013年，我校完成省级"合格心理咨询室建设"项目，在学生活动中心三楼建成了占地约211平方米的心理咨询室，包括：预约等候室、个体咨询室、团体辅导室、心理测评室、心理宣泄室。心理咨询室严格按照学院党委的要求，实行校院两级管理，充分发挥了"校—院—班级—宿舍"四级心理健康网络的作用。

二 人员配备

2022年，学生处设立了心理咨询中心，设1名中心主任，目前按师生比不低于1∶4000的标准，配备有4名专职从事心理健康教育的教师。自2010年以来，学校在全省高职院校中率先单独成立心理健康教研室，建立了一支由专职和兼职教师组成的心理健康教育队伍。心理咨询中心在此基础上，又建立了一支以专职教师为骨干、以兼职教师为补充，专兼结合、专业互补、相对稳定、素质良好的心理健康教育队伍。专职和兼职心理健康教育教师共34名，其中国家二级心理咨询师20名，国家三级心理咨询师14名。

三 心理咨询

学校通过宣传教育，增强了学生的心理健康意识，学生心理咨询问题的类型，主要聚焦于人际适应、情绪情感、就业学习三大块。2018年，我校开始实行校院二级管理，根据湖南省委教育工作委员会对心理健康教育工作的指示，各二级学院需建立成长辅导室，承担学生成长性心理问题的咨询工作。目前，学校已经成功验收了铁道电信学院、铁道运输学院共2间成长辅导室并投入使用，其他二级学院正在积极筹建。学校心理咨询室位于学生活动中心306。开放时间：周一至周五15：00～17：30。预约电话：0734—2548859。其他功能室根据需要开放。心理健康咨询方式多样化，包括个别面询、团体咨询、电话咨询等。来访学生咨询记录科学合理，档案管理严格，各功能室均有日常使用记录。

四 心理普查与心理危机干预

学校每年都会按照湖南省高校大学生心理健康教育研究会的文件要求，对学生进行心理普查。在新生入学一个月后进行集体测试，迅速收集学生心理健康数据。心理普查开展以来，对于学校了解学生的心理健康水平、建立大学生心理健康档案、筛选可能存在心理问题的学生和预防心理危机事件发生起到了一定的作用。

学校在心理危机干预与预防方面形成了三项特色：

（1）重要节点定期排查与反馈跟踪。

（2）建立全校一级心理危机预警信息库，联合二级学院做到一人一案，一月一报制度，动态管理学生的心理状况。

（3）开展心理健康"医校共促"服务模式，打通医校合作新通道。

2021年12月，学校与衡阳市第二人民医院（衡阳市精神卫生中心）签订了第三轮合作协议。医院对有心理异常学生的送诊、评估、心理康复等问题给予专业帮助和支持，开启个案转介绿色通道，逐步建立完善心理异常学生转介机制，有效应对和干预心理危机事件，定期对全体师生开展专题心理知识讲座，让心理健康服务更有保障和具有专业性。

五 学生心理健康主题活动

心理健康教育中心以积极心理学理论为依托，本着主动服务的原则，建设多渠道、多媒介的工作宣传阵地，开展形式多样的心理健康主题活动。其中，每年的5.25大学生心理健康主题日活动和校园情景剧比赛成为学校两大精品活动。

第五节 人际关系

相关案例

人际关系问答

"人"字的结构是一撇一捺,每个人都在关系中生存,在"你与我"的来往之中审视自我,也观照他人。这是一种极为微妙的方寸之境,前进或是后退,弯腰或是抬头,都会影响"双人舞"的舞步。(以下为对心理咨询师周弗逸的访谈)

问:有人说,心理学是一门关于连接的关系学,您认同这个观点吗?您是如何理解"连接"的?

答:虽然听起来有点模糊,但是从本质来讲,基本就是这个意思。例如:精神分析里面的客体理论,讲的就是自己与他人的关系,而自体理论,讲的就是自己和自己的关系。

我理解的"连接"就是,我用什么认知情感行为模式在和这个世界打交道,和别人打交道,和自己打交道。在这个打交道的过程中,我的感受是怎么样的,从而产生的行为是怎么样的,这个行为又会收到别人怎样的回馈,这个回馈又会怎样反作用于我。我想连接就是"关系"的表现形式吧。

问:在人际交往中经常出现这样一种情况,"我想要的是香蕉,你却给了我一车苹果",为什么会出现这样的情况呢?

答:这个问题本质上,就是你的期望和对方的回馈不匹配。而我们在关系中的情感期待,是从小在和父母的互动中形成的。例如:被父母冷淡粗暴对待过的孩子,在成年之后,永远在寻找能给他(她)很多爱和关心的伴侣,呈现出婴儿一般无助的姿态。若恋人不能满足他(她)的需求的话,就会唤起当年内在那个孩子的恐惧,从而引发强烈的愤怒和不满。这种固化的情感模式,就成为后来大家口中的"苹果"和"香蕉"了。

面对这种情况,我们要反思的是,我们为什么是"香蕉"模式,这个模式怎么来的,这个模式有没有在过去让我在人际互动中屡屡触礁,如果可以的话,我可不可以自我体察或者做出调整?只有处理好自己的内在冲突不被情绪控制的情况,才能改善外部的人际关系。当自己内心没有愤怒、怨恨和过度期待的时候，对方是苹果也好，是梨也罢，都没有太大问题。

问：除了上述的情况之外，人际交往中还有哪些常见的藩篱和误区？

答：除了自己的内在的情感需求和外部人际关系提供的情感回馈不匹配之外，我不认为还有什么别的误区，也觉得不应该用"误区"这个词来定义我们丰富广袤的情感活动。存在即合理，没有什么明确的黑白是非可言。我们应该更多地看到，这个让自己精神痛苦的"误区"是怎么产生的，我们有什么方法从这个"误区"中调整出来，过上更自由的心灵的生活。

问：别人怎样对待你，是由你教会的。心理咨询当中有一条人际交往的黄金法则，"像你希望别人如何待你那样去对待别人"。您是如何理解这句话的？您赞同这是人际交往的黄金法则吗？

答："像你希望别人如何待你那样去对待别人"这句话听起来有点绕。不如用一句更直接的方法，"别人怎样对待你是由你教会的"。例如：一些女性来访者在经历第一次家暴之后选择了忍气吞声，以为能够息事宁人，自己的妥协会换来丈夫的反省和同情，其结果不过是后面无数次的家常便饭一样的施虐。这就是说，你的不反抗，教会了丈夫继续揍你。

同样我们在人际关系中，当你觉得别人无视你、忽略你时，你就该想下，你平常是不是默不作声，对什么都无所谓，永远没有自己的主见，别人可以忽略你的感受，进而忽略你的存在。当你觉得别人把你当软柿子捏时，你就该想下，你平常是不是总是一副不敢作声、畏首畏尾的样子，所以，别人才会觉得，反正你胆小懦弱，就算过分，你亦不敢吱声，所以才会为所欲为，得寸进尺。

资料来源：https://www.xinli001.com/info/100016727.

一　人际关系的四种层次

一次次的科学研究表明，如果拥有强大的人际关系支持系统，人们达成目标的概率会大大提高；同样的，身患心脏病或中风的老人，加入支持小组后，他们也会过得更好，疾病复发的概率更低。其他研究也已证明获得他人力量支持的人，拥有更强的免疫系统，更少患病，就算患病，恢复起来也更快。

人际关系影响生活和个人表现,这就是长期以来被忽视的真相:人际关系具有真实的、有形的和可测量的力量,我们将之称为——"他人的力量"。神经科学表明,健康、有质量的人际关系会给大脑接入一系列的功能,如调节自身情绪、解决问题、缓解压力和适应环境的能力。

实际上,我们一共有且仅有四种人际连接的状态,任何时候每个人都总是处于这四者之一,或者两者之间的状态。而其中只有一种可以真正帮助你成长,每个人要做的就是尽力脱离其他三种状态,进入唯一能发挥正确作用的那种状态。

(一)第一层次:孤立状态

真正的连接意味着对其他人在情感上进行投入,是一种给予和接受同时存在的状态,孤立状态则在给予和接受的两方面存在问题:要么是给予受阻,要么是接受无能。

处在第一层次的人,有时候就好像完全没有意识到其他人存在一样,让人觉得他们没有感情。时间一久,和孤立状态的人交往的人们就会渐渐丧失信心,并且开始退缩。在团队中也一样,如果团队的领导者处于孤立状态,那么决策的形成往往是在隔离状态下完成的,要么完全由领导者做出决策,要么是由领导者建立或培养的组织孤岛做出决策。这种"封闭系统"的领导模式就像所有的封闭系统一样:随着时间的推移,会变得越来越糟。

如何判断自己陷入了第一层次?

人们与第一层次的人相处时往往会觉得很困难,而且关系很难维系。问问生活中你身边的人,他们有没有感到被需要、有价值、有人倾听,是否觉得自己成为你信任的人。如果他们的回答为"是",那么你就不太可能处在第一层次。

同时,你也要倾听自己内心的声音。要知道,许多处在第一层次的人,看起来很善于交际,经常帮助他人。但真正的状态藏在你的内心,它源于你自己,你可能为他人付出了,并且有很多人围在你身边,但实际上你没有连接上他们,所以你往往会感觉到没有人以你最需要的方式为你守候。

(二)第二层次:坏的连接关系

坏的连接关系是怎么来的?通常是在我们忍受不了孤独的时候,这一切开始了。很多人会觉得坏的人际关系总比没有人际关系好。这种想法会让你去接近某些人,但接触的过程中你总会觉得不舒服或不够好,觉得自己低人一等,甚至觉得自己有缺陷,好像是你出了什么问题。过高的期望、完美主义、不合理的要求、爱挑剔、吝惜赞美、羞耻感、内疚感、贬低行为、缄默,这些都是众多方式中的一种,具有这些行为的人容易把其他人引入第二层次的坏连接关系中。

事实上,待在第二层次是人类的普遍经历,哪怕有些人身为某个圈子里真正的"超级巨星",也难以摆脱从某个特定的人身上体会到的被否定和失望的感受。除了让你感觉糟糕之外,第二层次最坏的影响是对你的能力表现产生打击。当迷失在负面的自我评价里时,没有人还能具有很好的能力表现。处在第二层次的人会通过自我怀疑和自我贬低来毁灭高能力表现,你会变得更在意赢得某人的认可,而不是在意能力表现本身。

如何判断自己陷入了第二层次?

当你的自信心慢慢萎缩时,你会发现自己正处在第二层次。在第二层次里生活,会让人感觉自己名不副实。感受一下,你是否过度地浪费时间去担心别人眼中的自己不够好?这种连接状态也会让人产生焦虑、恐惧、内疚、耻辱,以及低人一等或自卑的感受。与此同时,你也可以同样问问周围人的感受,进入第二层次中,会让其他人觉得你在躲避退让,被人打得毫无还手之力。

(三)第三层次:虚假的"良好连接"

第二层次让你感觉不好,而第三层次的情况刚好相反。你感觉非常好!有时甚至好得飞起:风流韵事、成瘾习惯、促销的赠品、大量食物等,这些都是安慰灵魂的一种尝试。但它们就像镇痛剂,并不能真正地治愈疾病。而这些镇痛剂本身会让你依赖和着迷,以至于你常常看不清真正需要解决的问题或者危险。处在第三层次的时候,可能有人整天恭维你,而使你将一切负面消息挡在外面,离真实的状况越来越远,从而对真正发展自己的能力、获得成长造成阻碍甚至损害。

如何判断自己陷入了第三层次?

人类想出来的自我治疗方式有上千种,其中很多都是自我欺骗、逃避现实的陷阱,它们最终会导致能力表现下降,沉迷于毒品、游戏、购物等不可自拔,将这些事物当作自己的避风港。它满足这样三个条件:能让你短暂地感受到愉悦、令你沉迷以及不会带来真正的满足与进步。

一个普遍现象是很多人会在以上三种层次里循环:孤立→无法忍受孤独→随便缔结坏的连接关系来破除孤独→被坏的连接关系折腾得很没劲→

试图借虚假的"良好连接"逃避真正的问题→感觉虚假的连接索然无味且心累→又封闭自我回到孤立状态。

如此循环往复、生生不息，很多人就绕在这样的人际关系现状中，一轮一轮经历着没有出口的死循环。

（四）第四层次：真正的连接关系

真正的连接关系是能让你成为完整的自我，成为真正的、真实的你，是能调动你的心灵、思想、灵魂和热情的一种人际关系。

在这种关系中，双方都是毫无保留、知根知底、互相理解并且互相扶持的。任何一方的真实想法、感觉、信念、恐惧和需求都可以安心地分享。

二 如何与他人建立真正的连接关系？

大学新生在面对自身的弱点和脆弱时，应伸手向外界寻求帮助。

（一）暴露需求

了解自己的需求，对自己保持诚实，对他人保持真实，敢于暴露自己的需求，才有可能被满足。

（二）避开"百慕大三角"

有这样一个常见现象：A与B产生矛盾，A本应与B直接沟通，但却和C说起关于B的事情。很明显，如果A根本没有和B交流，那么A和B之间的问题就不可能真正解决。但这只是问题的开始，A引发的问题还不止于此。这种充满纠葛的间接（又称被动攻击）型沟通缔造的是一种三角关系，它建立了受害者-施害者-拯救者（VPR）三种角色，我们称之为人际关系的"百慕大三角"。

"百慕大三角"的关键问题在于，当A缔结这样的三角关系时，不是冲着解决问题去的，而是拉拢一个C站在自己的一边，不仅造成了B与C之间的分化，也无益于改善A和B之间的问题。

与此同时，由于C听到的是A单方面的描述，很容易站在A的立场上抛出赞同A的观点，于是A的想法比以前更加坚定，也没有审视自己内心的动力了。抱着这样逃避而不是解决问题的心态去处理人际关系的话，

A 与 C 之间的关系往往也是流于表面的虚假连接，不出多久 A 很可能又会寻找下一个拯救者来听他抱怨自己与 C 之间的问题。

这种"百慕大三角"造成的不和睦，绝对是一个团队、公司、家庭、婚姻、友谊或其他任何人际关系系统中最具破坏力的力量之一。

需要指出的是，某些情况则不在此列。例如：产生问题的双方直接沟通无效，或者由于其他原因需要第三方介入的，且彼此的目的是努力寻求治愈或者解决问题，所做的事情也应具有建设性。

（三）学会选择值得信任的对象

我们应该清楚一点，不是什么人都会和你缔结第四层次的连接关系，所以筛选对象是一件很有必要的事情。这看起来是一个非常复杂而难以回答的问题，但有专家将它拆解还原成了另一个更便于操作的问题：谁值得你信任？

是的，信任这一概念，在我们使用他人的力量时，是最重要的一个概念，缔结一段第四层次的人际连接，是建立在彼此高度的互信之上的。从理解、意图或动机、能力、性格和"业绩"记录五个方面出发，我们大致就能识别一个人对我们而言的可信任度能有几分。

三 深层人际关系的特征

第四层次的连接关系与前三层次的关系的区别在于：前三层次的关系总是在消耗我们的能量，而第四层次的关系则为我们补充生活和发展所需的燃料。它带来的这些益处通常都是令我们受益终身的，你也可以借由这些内容来辨别自己是否拥有了第四层次的关系。

（一）以自律为基础的自由

大脑控制了行为，但刺激大脑发出指令的因素却未必出自我们自身，我们很容易受到他人的影响。而第四层次的关系则带给我们更好的影响。处在这一层次的关系中，对方会成为你前进的燃料和真正的支持者，同时也尊重你的自由。同时，这样的自由是有基础的，那就是你自己本身做到自律。这里的自律是指需要对自己的人生负责，对大大小小的事情都拥有主人翁意识，在这种意识的驱策下，你会更倾向于做对的事。这也是第四层次中的人们对你信任的来源，强大的自律能力令他们对你产生信心（起码你知道如果失败，该为此负责的就是你自己），从而会推动你获取更多维度上的自由。

（二）自由、责任和爱

自由需要以责任和爱为基础，给予自由的同时，处在第四层次的关系中，允许我们无顾忌地讨论责任划归的事宜，因为第四层次关系中的人们不仅相互关心、彼此坦诚，更重要的是能帮助彼此真正地解决问题。第四层次的人际关系要求我们对自己的表现负责。而第四层次关系中的人们所提供的建设性的反馈，则是帮助我们切实地提升自己表现的重要养分。当你拥有自由的同时，你也必须承担责任，而这都是出于爱。爱的行事原则就是对他人有益、对自己有益，而不要以任何方式去伤害任何人。

（三）每个人都在进步

比起令人沮丧、堕落的前三种关系，第四层次的关系要求人们做真实的自己，也将自己的问题都暴露无遗，这使得每个人都能获得符合自己真实情况的有效反馈。第四层次的关系带来的支持令我们安心，你会想让大脑去思考如何发挥得更好，而不是如何避免被拒绝、避免失败或者避免被指责。

（四）促成阶段性成长

处于第四层次关系中，人们不仅关心如何帮助对方解决眼前迫切的问题，更是将长远的发展考虑在内。当看到你一切稳定、安于现状时，第四层次关系中的朋友会伸手将你推离舒适圈。他们推动你超越已有的成就或者你自己制定的认为自己可以完成的目标。他们敦促你精益求精，但却不会带来伤害。

"逆水行舟，不进则退。"为了打破衰退的必然到来，我们必须不断学习新的知识，用发展的眼光去看待自己的行为。时间管理矩阵要求我们将重要且紧急的事件放在第一位，而不总是被事情赶着跑。

 相关案例

揭秘人际交往中让人不舒服的真相

1. 过度反应

小安来求助时，准备了大量的资料，在初始访谈的一小时中，他一股脑地诉说着，生怕有半点的遗漏与疏忽。

小安说，他有种强迫思维模式。与伙伴在一起时，总担心伙伴会怀疑自己做不好的事情。然后，在这样的幻想中，他越来越窘迫，甚至无法再跟别人待下去，于是回避跟人交往。这造成了他的人际关系很被动、很孤僻。

小安叙述了一次重要经历。他在学校时，班级里一位跟他关系近些的女生的手机不见了。女生报告给老师，而且在班级里反应激烈。他当时非常窘迫，不知道自己内心发生了什么，甚至表达不出任何话来，更是不知道该怎么办。直到如今他向我诉说当年的事情时，仍然显得激动而语无伦次。

在他的焦躁与不安中，我听出他的强烈需要被关注、被理解的渴望。显然，他的过度准备，也是为了唤醒他人来关注他、理解他。他运用了过度的唤醒，所以伴随着强烈的情绪反应。

对于早年有着不安全依恋经历的人来说，习惯性的策略就是过度唤醒。他们总是动用过度的情绪能量去唤醒身边的人，但是却经常卡在自己的幻想中，在幻想中封闭完成自己的内心活动，不能形成与他人的有效交流。

我一直小心翼翼地倾听着，谨慎地帮他澄清一些内在的感受及思绪，以安抚他恐慌不安的心情，从而跟他建立内心的连接感。

事实上，并不是没有人能够理解他，于是，我让他跟我讲出一些话语：我十分讨厌偷拿别人的东西，我是不会做出那样的事情来的。可是我担心人们会怀疑我偷拿了，这让我解释不清。我不知道该怎么办，这让我十分窘迫。小安大为激动，声音有些颤抖。显然，能够有人理解他并且替他讲出自己想要表达的内容，这是他真正渴望和想要的。

2. 恐慌不安

小安第一次咨询后允诺，要通过咨询让自己得到彻底改变，对咨询也表现出特别的热情，甚至夸我跟别的咨询师完全不一样。但是，接下来的咨询，并没有预期那么顺利。

在咨询的间隔期里，小安不时地通过微信发给我消息，告诉我他所有的事情，为的是让我对他的情况有详细的了解。而当我没有做出回应时，他就显得恼火，先是乞求，然后发出脱离咨询的警告。

显然，小安不能理解并接受咨询界限。因为他内心的过度不安，他无法跟人保持界限和距离，他需要的是时时被关注，跟人待在一起，才能感到安全。

小安采用的策略首先是讨好。在讨好的过程中，把需要交往的人（咨询师）理想化。他善于理解他人的处境，设身处地为他人着想。而他这样做背后的强大目的其实是被关注。

在他不停向我发送相关信息以让我了解他的过程中,起初他声称十分能够理解咨询师的需要收费才做咨询等。但是,我并没有回应,他就渐渐受不了了。在受伤的感觉当中,作为咨询师的我就成为他"贬低化"的对象。

从理想化对方到贬低化对方,是不安全依恋的人们习惯性的策略。在动用过度情绪阶段,他们为的是唤醒身边人的回应,此时,他们会把交往的对象理想化。但是,接下来就是失望,于是他们就会把交往的人贬低化。他们经常游弋在两个极端,而且常常伴随着剧烈的内心情绪反应。但是,正是这种极度不安和缺乏界限,很难让身边的人受得了。他们经常会引起身边真正关心他们的人的自责或烦躁,于是更加导致他们的人际困难。我适度对小安做出了此咨询外的回应,并向他表达了咨询的设置及界限。小安表示理解。

3. 安住内在

不安全依恋模式起源于早年的养育关系,而且在成年的人际交往中产生着巨大的负面影响。

疗愈这种依恋或人际模式,一方面需要在咨询关系中建立一种真实互动的新鲜体验,另一方面也需要关注自己的内在历程。作为一名心理咨询师,我个人认为二者是缺一不可的、相互促进的。在咨询关系中体验并"镜映"新的关系互动,在自我体验觉察并整合发展新的关系模式,从而最终统整内在关系模式。

所以,对于不安全依恋的人来说,安住于内心,才能清楚自己内心反应对于人际交往的影响,从而做出由内而外的改变。

对于每一个生命来说,在最初的养育关系中,一个重要的不可忽视的渴望就是被高度关注,自己是最重要的。为此,婴儿似乎会产生一种无所不能的全能感,并且自发形成一些策略,以让自己获得充分的关注。足够好的养育者能够恰当地回应婴儿的需要,并且合理安抚其情绪,就能发展出婴儿安全性依恋模式。但是,养育者并不能恰当地回应婴儿的需要。不同的挫败就会让婴儿产生不同的安全感。不安全依恋的婴儿往往产生过度的不安与恐慌,于是常常动用过度反应来吸引养育者的关注。这样的策略模式化后就会影响成年的人际关系。

4. 排解内在过度反应

与激烈的情绪反应如影随形,这恰恰又为人际交往设置了阻碍。过度反应还常常伴随被拒绝的预期。在剧烈的情绪反应中,不安全依恋的人会感觉到天塌地陷，没有人管他们了，于是自动隔绝跟他人的交往，形成回避型人际模式，而且还怪罪他人拒绝了自己。而其实所有的这一切都是发生在自己的内心的一种幻想而已。

明白了这些内心的幻想，就把它们安住下来，容纳并且稳定一下自己的情绪，调节一下自己的过度反应，也许能够看清事实真相。并不是没有人理解关注到，而是自己迫不及待，在迫不及待的懊丧中拒绝了关注。学会延迟满足，学会等待，或许能够得到更好的。

资料来源：https：//www. xinli001. com/info/100310974.

第六节 毕业去向与就业指导

一 毕业去向

大学生的毕业去向主要包括深造、就业、参军和创业。

(一) 深造

1. 专升本

专升本考试是大学专科层次学生进入本科层次学习的选拔考试,也是众多专科同学提升学历背景的主要方法。专升本有两大类型:普通高等教育专升本和成人继续教育专升本。由于第二章已讲,此处不再赘述。

2. 考研

考研并不是本科生的专利,专科生满足条件也可以报考研究生,并且专科生考研和本科生具有相同的待遇。

专科毕业两年以上就具备报名资格(实际上专科毕业第二年的10月就可以报名),个别学校要求英语四级证书、学术成果等。在报考时也要查看相关学校的特殊要求。

3. 出国留学

近年来,专科生出国留学升本、升硕的人数越来越多。一方面,包括欧洲、美洲、大洋洲等区域多个国家的大学已逐渐对中国的专科毕业生放宽留学条件,以扩大留学市场;另一方面,对于国内专科毕业生而言,在高校扩招就业压力增大、国内专升本名额极度削减的情况下,选择出国留学深造,攻读国际硕士,无疑是一条改变现状、提升学历的新通道。

选择出国留学的学生首先要准备外语考试。外语准备主要是指雅思、托福、GRE、GMAT等语言考试的准备。其次,了解准备留学的国家和学校,根据这些国家和学校的要求准备申请材料(毕业证书、成绩单、推荐信等)。

（二）就业

就业是大多数毕业生选择的方向，我国应届毕业生的就业方向主要有：国家行政机关就业、事业单位就业、企业就业、自由职业者、西部计划、"三支一扶"等。后面也将详细介绍就业求职技巧。

（三）参军

参军是指部队每年从在校大学生和大学毕业生中招收义务兵。参军也是大学生毕业去向之一。

大学生参军具有一定的优惠政策：高职（专科）学生入伍经历可作为毕业实习经历；退役大学生士兵入学或复学后免修军事技能训练，直接获得学分；退役大学生士兵专升本实行招生计划单列，录取比例在现行30%的基础上适度扩大；放宽退役大学生士兵复学转专业限制，经学校同意并履行相关程序后，可转入本校其他专业学习；具有高职（高专）学历的，退役后免试入读成人本科，或经过一定考核入读普通本科，荣立三等功以上奖励的，在完成高职（专科）学业后，免试入读普通本科；应征入伍的高校毕业生退役后报考政法干警招录培养体制改革试点招生时，教育考试笔试成绩总分加10分。

（四）创业

大学生创业是一种以在校大学生和毕业大学生的特殊群体为创业主体的创业过程。随着近年来我国转型化进程以及社会就业压力的不断加剧，创业逐渐成为在校大学生和毕业大学生的一种职业选择方式。

大学生创业优惠政策：从2011年起，高校毕业生从毕业年度起3年内自主创业可享受税收减免的优惠政策。教育部规定，高校毕业生在校期间创业的，可向所在高校申领高校毕业生自主创业证；离校后创业的，可凭毕业证书直接向创业地县以上人社部门申请核发就业失业登记证，作为享受政策的凭证。

对持就业失业登记证的毕业生从事个体经营（除建筑业、娱乐业以及销售不动产、转让土地使用权、广告业、房屋中介、桑拿、按摩、网吧、氧吧外）的，3年内按每户每年8000元为限额依次扣减其当年实际应缴纳的增值税、城市维护建设税、教育费附加和个人所得税。

符合条件的大学生创业项目，最高可获得20万元无偿资助。申请财政贷款贴息的，可获得期限一般不超过 2 年、总额度最多 10 万元的年贴息。对大学生自主创办的新兴项目，根据企业规模可给予最高为 200 万元的小额担保贷款扶持，财政按贷款基准利率的 50％给予贴息。

二 获取求职信息，寻找就业机会

（一）就业信息来源

1. 招聘会等

每年教育部、人力资源和社会保障部都会制定有关毕业生就业的政策和工作要求，各级各类社会就业服务机构及行业主管会适时地开展信息交流和提供咨询服务，这些都是获取就业信息的重要途径。由政府主管部门所属的毕业生就业指导服务机构组织和举办的招聘会、见面会、洽谈会，往往具有时间集中、信息量大、针对性强的特点，毕业生要充分利用政府和社会提供的各种就业服务。

2. 学校就业主管部门

学校的毕业生就业办公室或毕业生就业指导中心，是高校学生毕业就业工作的行政管理部门，在长期的工作交往中与各部委和省市的毕业生就业主管部门及用人单位有着密切的联系，社会需求信息往往汇集到这里。而且，在毕业生就业过程中，学校就业主管部门会及时向毕业生发布有关需求信息，进行就业指导，让毕业生大致了解当年社会对大学生需求的状况及有关就业的政策规定，学生本人也可以就有关问题进行咨询。学校毕业生就业办公室或毕业生就业指导中心是获取用人单位信息的主渠道，其提供的信息无论是数量还是质量，都有明显的优势。通过学校毕业生就业办公室或毕业生就业指导中心获得的信息有针对性强、可靠性高、成功率大几个特点。

3. 社会关系网

在寻找就业信息的时候千万不要忘记了你周围的亲戚、朋友等，也许他们会提供一些机会。实际上大多数用人单位更愿意录用经人介绍和推荐进来的求职者，认为这样录用进来的人比较可靠。用人单位每天会收到求职信，而且这些求职信在内容上并无太大的差别，所述的求职资格和工作能力也都相差无几。那么，应聘者如何在众多的竞争者中脱颖而出，能够让用人单位更多地注意自己，就必须寻求切实可行的办法。所以，关键时找"关系"帮你推荐，也许是最为有效的。当然，关系要靠自己去发掘，途径也应该正当，切不可不择手段。

4. 社会实践（或毕业实习）

社会实践是大学生自我开发职业信息的重要途径。在社会实践的过程中，通过自己的努力赢得用人单位的好感、信任，取得职业信息甚至直接谋得职业的大学生不乏其人。因此，大学生在各种社会实践活动中，在了解社会、提高思想觉悟、培养实践能力的同时，要做一个收集职业信息的有心人。另外，还有一个很重要的实践环节是毕业实习。实习单位一般应选择比较对口的，通过实习可以直接掌握就业信息。如果在实习过程中与用人单位达成就业协议，也是一个很好的就业途径。

5. 互联网

随着信息时代的到来，互联网的应用已经越来越普遍。通过网络求职是近年来兴起的一种人才交流方式，对许多求职者特别是高校应届生来说不再陌生。网络人才交流，是通过先进的高科技手段，将求职信息及招聘信息上网公开，用人单位和求职者可以通过网络互相选择、直接交流。网络人才交流的最大优势在于即使求职者身在异地也能获得大量招聘信息及就业机会。网络人才交流突破了人才信息与招聘信息沟通的种种限制，跨越了时空界限，打破了单向选择的传统人才交流格局。网络人才交流讲究的是规模效应，因此其信息容量之大是其他人才交流方式所不能比拟的。毕业生不仅可以自由地从互联网上取得各种职业信息，而且能利用互联网将自己的简历投递至招聘网站上。

（二）选择适合自己的就业信息

毕业生在择业以前，必须对自己做出全面的认识和正确的自我评价，不但要清楚自己想干什么，更要弄明白自己能够干些什么，要清楚自己的兴趣爱好、气质特点、性格特征、基本素质、专业知识、技术能力等。在此基础上，毕业生可以从以下几方面入手来判断某条就业信息是否适合自己。

1. 专业相关度

专业知识是毕业生在择业中比其他非专业人员更具竞争力的一个主要因素。专业是否对口，往往是用人单位和毕业生双向选择中的一个共同标准。

2. 兴趣爱好

近几年来，在毕业生择业过程中专业不对口的现象越来越多，如许多计算机专业毕业生从事经营工作，汽车专业毕业生去从事管理工作等。放弃专业固然可惜，但兴趣爱好是一个人事业取得成功的重要条件。研究表明，对自己所从事的工作有兴趣，就能发挥全部才能的80%～90%，并能长时间保持高效率而不会感到疲劳。选择喜爱的职业前，首先应该了解自己的能力，这里讲的能力是专业知识以外的能力，如计算机应用能力、外语能力、动手能力、实践能力、协调能力等。放弃了专业知识后，面临的将是能力的竞争。

3. 性格特征

性格特征也与就业信息的选择有关。如果毕业生是一个性格内向、好静不好动的人，面对两条就业信息，一个是办公室文员，另一个是营销代表，那前者更适合。不同性格的人适合从事不同类型的职业，毕业生应该根据自己的性格特征来选择适合自己的就业信息。

另外，还可以根据个人的要求，如对用人单位性质的要求、对用人单位规模的要求、对地理位置的要求等，在各种就业信息中选择有利用价值的、适合自己的信息。

（三）整理就业信息

在已经收集到的大量的就业信息中，由于信息的来源和获得的方式不尽相同，内容必然是杂乱的、相互矛盾的，也难免有虚假不实的信息存在。求职者可结合自身的实际情况，对获得的信息进行去粗取精、去伪存真的分析、筛选、整理、鉴别，使信息具有准确性、全面性和有效性，更好地为自己择业服务。在进行就业信息的筛选和处理时可把握以下几点。

1. 有针对性地比较选择

把那些从"小道"得来或几经转达而未经证实的信息与有根有据的信息区别开来。前者有待于进一步证实；后者则可以作为自己择业的参考依据。当然，在对信息进行比较的过程中，要根据自己的性格、兴趣、特长来分析，确定自己与哪些信息更吻合、哪个单位对自己的发展更有利等。

2. 对有关信息按不同内容整理分类

就业信息不仅仅是用人单位的需求信息，它涉及的范围很广，如有的是关于就业方针、政策方面的信息，有的是与自己所学专业有关的信息，有的是关于需求人员的素质要求方面的信息等。毕业生应对有关信息按不同内容整理分类,从而区分有效信息和无效信息,提高信息筛选效率。

3. 辨别真伪,有效筛选

就业信息是否准确,是毕业生做出决断的关键环节。信息不准,会给择业工作带来决策上的失误。例如:海南建省前夕,内地得到海南需要大量人才的信息,于是许多大学生纷纷前往,掀起了"百万大军下海南"的高潮。其实当时这种信息是不准确的。因为海南建设伊始,许多工作还未开展,所需人员无论是从数量上还是从专业上都是有限度的,由于信息不准确、不全面,大部分人乘兴而去,败兴而归。一般而言,学校毕业生就业办公室或毕业生就业指导中心提供的信息可信度比较高,因为用人单位向学校提供的信息都有较高的可信度。其他渠道得到的信息,因为受时间性或广泛性的影响,还需要进一步核实,才能判断其可信度。

4. 珍惜时间,主动出击

当毕业生收集到一条或更多的就业信息后,一定要尽快分析处理并及时向信息发出者投递简历。只有及早准备,尽快出击,才能在人才市场的激烈竞争中争取主动。就业信息对毕业生来说十分宝贵,获得准确有效的信息后若能及时进行分析,则有助于在择业中做出正确选择。

三 制作完美的求职材料

求职材料是广大毕业生用来和用人单位取得联系、"投石问路"最常用的办法之一。在求职择业过程中,求职材料有着举足轻重的作用,是毕业生赢得就业的钥匙。毕业生在准备求职材料时要尽可能地全面,让用人单位感受到真诚。

(一)简历

简历是有针对性地自我介绍的一种规范化、逻辑化的书面表达形式。对应聘者来说,简历是求职的"敲门砖",简历在谋职过程中起着非常重要的作用。对毕业生而言,简历是与用人单位第一次沟通的媒介,简历的水平体现出个人的水平和能力,毕业生希望通过简历得到用人单位的认识和认可,从而获得面试的机会。对于用人单位来说,简历是用来筛选人才的重要媒介。因此,简历如同毕业生的第一张名片,制作一份精美的简历至关重要。

1. 简历的内容

简历包含三个部分：

（1）个人基本信息，应列出自己的姓名、性别、出生年月、民族、籍贯、电话、邮箱、地址等，可根据用人单位的偏好进行增减，应明确、精练。

（2）明确自己的求职意向，清晰写出意向岗位。一些毕业生在简历上不直接写明求职意向，试图用一份简历走天下，这种简历很容易在初筛时就被淘汰掉。

（3）岗位胜任能力信息，如教育经历、工作或实习经历、社会实践、获奖情况、个人技能等。

2. 简历的撰写原则

（1）简洁美观。简历并不是内容越多越好，应届毕业生的简历通常不要超过一页纸，人事专员浏览一份简历的时间一般不超过10秒，所以简历的外观与排版非常重要，要做到版面清晰、形式简洁、简单明了。

（2）重点突出。简历要具有针对性，针对岗位要求凸显自己的优点，明确自己能干什么、最擅长什么，突出与目标岗位相关的能力、素质、业绩与经验，措辞尽可能通过事实量化表现出来。

（3）实事求是。不要试图编造工作经历或者实习经验，简历最重要、最基本的要求是真实。毕业生应诚实地记录和描述自己大学期间的学习经历和获得的成绩。很多用人单位在简历初筛和入职调查时，都会对求职者的信息背景等进行调查，而且人事专员在面试过程中也会针对简历中提到的经历进行有针对性的提问，如果是虚假的，很容易被拆穿。

（二）其他求职材料

应届毕业生求职前都会提前写好简历，但除了简历外还要准备一些辅助材料，即针对应聘者技能和成绩的证明，其目的一是进一步向人事专员展现综合能力，二是证明简历中内容的真实性。求职材料主要包括以下内容，应聘者可以根据用人单位的要求和自身实际情况准备。

（1）在校成绩单；

（2）职业资格证书，如英语四六级成绩单、普通话等级证书、全国计算机等级证书、初级会计师等职业技能资格证书；

（3）毕业证书，当年未毕业的应届毕业生可提供就业推荐表；

(4) 荣誉证书；

(5) 其他证书及材料，如实习证明、推荐信、个人技能证书等。

应聘者应将求职材料分为电子版和纸质版两个版本进行整理。电子版以扫描件形式压缩打包，发送简历时可以作为附件。纸质版可以放在文件夹中保存，便于面试时呈递给用人单位。

四 面试

（一）面试分类

面试一般包括结构化面试、压力面试、无领导小组讨论等。

1. 结构化面试

中国科学院研究员时勘教授将"结构化面试"定义为：根据特定职位的胜任特征要求，遵循固定的程序，采用专门的题库、评价标准和评价方法，通过考官小组与应聘者面对面的言语交流等方式，评价应聘者是否符合招聘岗位要求的人才测评方法。

结构化面试主要分为行为描述性面试和情境性面试，它能帮助面试官发现应聘者与招聘职位职业行为相关的各种具体表现，在这个过程中面试官可以获得更多有关应聘者的职业背景、岗位能力等信息，并且通过这些信息来判断该应聘者是否能成功胜任这个职位。因此，进行科学有效的结构化面试，将帮助企业对应聘者进行更为准确的个人能力评估，降低企业招聘成本、提升员工绩效。

常见问题的回答要点：

（1）自我介绍的回答要点：

- 这是面试的必考题目。
- 介绍内容要与个人简历相一致。
- 表述方式上尽量口语化。
- 要切中要害，不谈无关、无用的内容。
- 条理要清晰，层次要分明。
- 事先最好以文字的形式写好背熟。

（2）关于业余爱好的回答要点：

- 业余爱好能在一定程度上反映应聘者的性格、观念、心态，这是招聘单位问该问题的主要原因。

- 最好不要说自己没有业余爱好。
- 不要说自己有哪些庸俗的、令人感觉不好的爱好。
- 最好不要说自己只喜欢读书、听音乐、上网,否则可能令面试官怀疑应聘者性格孤僻。
- 最好能有一些户外的业余爱好来"点缀"自己的形象。

(3) 关于"你最崇拜谁"的回答要点:

- 最崇拜的人能在一定程度上反映应聘者的性格、观念、心态,这是面试官问该问题的主要原因。
- 不宜说自己谁都不崇拜。
- 不宜说崇拜自己。
- 不宜说崇拜一个虚幻的或是不知名的人。
- 不宜说崇拜一个明显具有负面形象的人。
- 所崇拜的人最好与自己所应聘的工作能"搭"上关系。
- 最好说出自己所崇拜的人的哪些品质、哪些思想感染和鼓舞自己。

(4) 关于"座右铭是什么"的回答要点:

- 座右铭能在一定程度上反映应聘者的性格、观念、心态,这是面试官问这个问题的主要原因。
- 不宜说会引起不好联想的座右铭。
- 不宜说太抽象的座右铭。
- 不宜说太长的座右铭。
- 座右铭最好能反映出自己的某种优秀品质。
- 参考回答:"只为成功找方法,不为失败找借口"。

(5) 关于"你的缺点有哪些"的回答要点:

- 不宜说自己没缺点。
- 不宜把明显的优点说成缺点。
- 不宜说出严重影响所应聘工作的缺点。
- 不宜说出令人不放心、不舒服的缺点。
- 可以说出一些对于所应聘工作"无关紧要"的缺点,甚至是一些表面上看是缺点,从工作的角度看却是优点的缺点。

(6) 关于"一次失败的经历"的回答要点:

- 不宜说自己没有失败的经历。
- 不宜把明显的成功说成是失败。
- 不宜说出严重影响所应聘工作的失败经历。
- 所谈经历的结果应是失败的。

- 宜说明失败之前自己曾信心百倍、尽心尽力。
- 宜说明仅仅是由于外在客观原因导致失败。
- 宜说明失败后自己很快振作起来，以更加饱满的热情面对以后的工作。

（7）关于"你为什么选择我们公司"的回答要点：
- 面试官试图从中了解应聘者的求职动机、愿望以及对此项工作的态度。
- 建议从行业、企业和岗位这三个角度来回答。
- 参考回答："我十分看好贵公司所在的行业，我认为贵公司十分重视人才，而且这项工作很适合我，相信自己一定能做好。"

（8）关于"如果我录用你，你将怎样开展工作"的回答要点：
- 如果应聘者对于应聘的职位缺乏足够的了解，最好不要直接说出自己开展工作的具体办法。
- 可以尝试采用迂回战术来回答，如"首先听领导的指示和要求，然后就有关情况进行了解和熟悉，接下来制定一份近期的工作计划并报领导批准，最后根据计划开展工作。"

（9）关于"我们为什么要录用你"的回答要点：
- 应聘者最好站在招聘单位的角度来回答。
- 招聘单位一般会录用这样的应聘者：基本符合条件、对这份工作感兴趣、有足够的信心。
- 参考回答："我符合贵公司的招聘条件，凭我目前掌握的技能、高度的责任感和良好的适应能力及学习能力，完全能胜任这份工作。我十分希望能为贵公司服务，如果贵公司给我这个机会，我一定能成为贵公司的栋梁！"

2. 压力面试

压力面试是指有意制造紧张气氛，以了解应聘者将如何面对工作压力。面试官通过提出生硬的、不礼貌的问题故意使应聘者感到不舒服，针对某一事项或问题做一连串的发问，打破砂锅问到底，直至令人无法回答。其目的是确定应聘者对压力的承受能力、在压力前的应变能力和人际关系能力。如果工作要求具备应付高压的能力，了解这一因素是很重要的。常见的压力形式有以下7种：

（1）折叠环境压力：通过对面试现场的场景布置来达到压力测试的目的，如色彩、灯光、应聘者和面试官座位反差设置，及面试官阵容、面试官气势、特殊道具等，让应聘者一进来就感到巨大的心理压力。

（2）折叠言行压力：面试官表情严肃冷峻，或不理不睬，或瞪着眼问应聘者问题，或直接给应聘者来个下马威。总之，通过简单的行为语言让应聘者产生压力，或正温和地与应聘者沟通，突然转换一种行为、语言风格来测试应聘者应对压力的能力。

（3）折叠方式压力：面试官一开始就直截了当提问，口气故意搞得跟审犯人似的，让应聘者感到不舒服，让应聘者感到压力。

（4）折叠内容压力：一是问刺激性话题、隐私性话题，让应聘者感到不舒服，从而产生压力感；二是问两难问题，使得无论如何回答都会入套，不回答也不行。这也会让应聘者产生巨大的心理压力。

（5）折叠节奏压力：步步紧逼，容不得应聘者做过多思考，问题一个接着一个，甚至一个问题还没有回答完，另一个问题接着跟上来了。

（6）折叠形式压力：面试官正和应聘者做面对面沟通，突然转入笔试；或者让应聘者看一段视频情景剧或PPT，让其回答问题。这种转换思维空间的方式也会使应聘者产生压力。

（7）折叠僵局压力：当应聘者回答完问题后，面试官突然不问了，故意盯着应聘者，四目相对，让面试陷入僵局，来观察应聘者的反应。

3. 无领导小组讨论

无领导小组讨论是面试时经常使用的一种测评技术。面试官不给应聘者指定特别的角色（不定角色的无领导小组讨论），或者只给应聘者指定一个彼此平等的角色（定角色的无领导小组讨论），但都不指定谁是领导，也不指定每个应聘者应该坐在哪个位置，而是让所有应聘者自行排位、自行组织。面试官不参与讨论，只是观察每个应聘者在讨论中的表现（可以通过专门的摄像设备），对应聘者的各个要素进行评分，从而对其能力、素质水平做出判断。

无领导小组讨论的小组成员是临时拼凑的，没有指定谁是组长（领导者），应聘者需要第一时间适应新团队的人际环境，并在限定的时间内，高效完成团队任务，为团队绩效多做贡献。

（1）无领导小组讨论的程序：

①每位成员依次限时发言，发言内容包括简单自我介绍和个人观点陈述，用时进度约20%；

②所有成员自由发言，这是无领导小组讨论的主体阶段，用时进度约70%；

③成员代表向面试官做总结发言，用时进度约10%。

（2）无领导小组讨论的常见题型：

①开放性问题：没有固定答案的问题。开放性问题的团队任务是在规

定时间内，给出全员认同的观点，这些观点有代表性、逻辑性和针对性。阐述团队观点时，有理、有据、有新意。例如：你认为什么样的领导是好领导？

②两难问题：在两种互有利弊的答案中选择其中一种。两难问题的团队任务是在规定时间内，给出全员一致认同的鲜明意见，且论据充分，说服力强。例如：你认为以工作为取向的领导是好领导，还是以人为取向的领导是好领导？

③多选问题：让应聘者在多种备选答案中选择有效的几种，或对备选答案的重要性进行排序。

④操作性问题：给定材料、工具或道具，让应聘者按时完成操作类任务。操作性问题的团队任务是在规定时间内，完成小组成员集体创作的成品，且作品有实用性、有内涵、有创新。

⑤资源分配问题：是让处于平等地位的应聘者，就有限的资源进行合理分配。资源分配问题的团队任务是在规定时间内，完成小组成员一致认同的分配方案，同时尽可能实现资源最优配置。例如：让应聘者担当各个分部门的经理，并就有限数量的资金进行分配。

不同类型的无领导小组讨论题，团队任务都有时限要求。如果有小组在规定时间内，没有完成相关任务，则该小组没有通过考试。对于完成任务的小组，不同小组任务完成的质量有差异，完成任务质量越高的小组，组内成员胜出的概率就越大。

（3）无领导小组讨论的团队分工角色：

角色一：破冰者。不仅在自由讨论期第一个发言，在讨论冷场时，也会第一个站出来启发组员，引导话题。反应敏捷、主动热情、声音洪亮、表达清晰。

角色二：组织者。不一定第一个发言，也不一定发言最多，但善于为小组成员分工，也善于组织讨论秩序。认真倾听，抓主要矛盾，合理分工，引导队友积极发言。

角色三：计时员。既需要积极参与讨论，献策献言，又需要为团队做好时间管理工作。可以事先和组员约定好监督计时的肢体动作。有可行的提高时间效能的方法；能很好地兼顾发言、倾听和计时工作。

角色四：记录者。发言者与倾听者相结合，利用自己不发言的时间，记录下来团队所有成员的观点和论据，善于归类，与成员公开反馈阶段性讨论成果。积极分享自我，善于倾听他人；巧用图标、标记等形式，提高记录效率；主动向成员公开反馈阶段性的讨论结果。

角色五：思考者。发言不是最靠前的也不是最多的，但洞察能力很强，能够敏锐地发现团队可能陷入的思维定式，或积极分享自己的创新思路。主动分享新颖观点和视角；有感染力和说服力；有大局意识，可以为了团队利益适度妥协，有效改进团队讨论的质量。

角色六：总结者。无领导小组讨论第三阶段"总结陈词"的发言人。声音洪亮、口齿伶俐、内容简明准确、分点表达、恪守时限。

（二）面试基本礼仪

（1）一旦和用人单位约好面试时间，一定要提前5～10分钟到达面试地点，以表示应聘者的诚意，给对方以信任感，同时也可调整自己的心态，做一些简单的仪表准备，以免仓促上阵，手忙脚乱。

（2）进入面试场合时不要紧张。如门关着，应先敲门，得到允许后再进去。开关门动作要轻，以从容、自然为好。

（3）对用人单位的问题要逐一回答。面试官介绍情况时，要认真聆听。为了表示已听懂并感兴趣，可以在适当的时候点头或适当提问、答话。回答面试官的问题时，口齿要清晰，声音要适度，答话要简练、完整。

（4）在整个面试过程中，保持举止文雅大方，谈吐谦虚谨慎，态度积极热情。

（三）面试技巧

（1）要以一颗平常心正确对待面试，做好承受挫折的心理准备。即使面试一时失利，也不要以一次失败论英雄。

（2）对用人单位和自己要有正确的评价，相信自己完全能胜任此项工作。有信心不一定赢，没信心一定输。

（3）适当提高服装档次，穿得整洁大方，以改变自身形象，增强自信心。

（4）面试前做几次深呼吸，心情肯定会平静得多，勇气也会倍增。

（5）与面试官见面时，要主动与对方进行亲切有神的目光交流，消除紧张情绪。在心里尽量建立起与面试官平等的关系。如果心里害怕，有被对方的气势压倒的感觉，就鼓起勇气与对方进行目光交流，待紧张情绪消除后，再表述自己的求职主张。

（6）当出现紧张的局面时，不妨自嘲一下，说出自己的感受，可使自己变得轻松些。

（7）感到压力大时，不妨借助间隙去发现面试官诸如服饰、言语、体态方面的缺点，借以提高自己的心理优势，这样就会不自觉地增强自信，回答问题时也就自如多了。

（8）当与面试官的谈话出现间隔时，不要急不可耐，利用给自己留下可供思考的时间，抓紧理清头绪，让面试官感觉应聘者是一位沉着冷静的人。

（9）回答问题时一旦紧张，说话可能结结巴巴或越说越快，紧张也会加剧。此时，最好的办法就是有意放慢自己的说话速度，让字一个一个地从嘴里清晰地吐出来。速度放慢了，就会不紧张。也可加重语尾发音，说得缓慢响亮，用以缓解紧张。

（10）进入考场，见到面试官时，不妨有意大声地说几句有礼貌的话，做到先声夺人，紧张的心情就会自然消失。

（四）面试禁忌

面试是一个短时交流的过程，如何做好面试管理对应聘者至关重要。应聘者在面试过程中应避免以下表现：以自己为中心、抢话争辩、反应木讷、好为人师、提低级问题、目中无人、滥用时尚语、乱倒苦水。

五 大学生就业权益保护

（一）就业协议书

全国普通高等学校毕业生就业协议书简称为就业协议书，是普通高等学校毕业生和用人单位在正式确立劳动人事关系前，经双向选择，在规定期限内确立就业关系、明确双方权利和义务而达成的书面协议，是用人单位确认毕业生相关信息真实可靠以及接收毕业生的重要凭据，也是高校进行毕业生就业管理、编制就业方案以及毕业生办理就业落户手续等有关事项的重要依据。就业协议书在毕业生到单位报到、用人单位正式接收后自行终止。就业协议书一般由教育部或各省、市、自治区就业主管部门统一印制。

1. 签订就业协议书的意义

就业协议书作为用人单位、毕业生双方之间的一份意向性协议书，不仅能为毕业生解决工作问题，保障毕业生在寻找工作阶段的权利与义务，也保障了用人单位能够从不同学校找到合适、优秀的毕业生。

（1）保障毕业生在寻找工作阶段的权利与义务，就业协议书约束了签订劳动合同的时间、劳动合同的内容等。当发现所要签订的劳动合同与就业协议书不一致，特别是出现对维护毕业生权益不利的情况时，毕业生应该要求用人单位按照已经签订生效的就业协议书，制定新的劳动合同，使其内容符合就业协议书的规定。

（2）保障用人单位能方便地直接从学校方面调出该毕业生真实的档案、资料，从而使用人单位能够方便、清楚地了解毕业生的真实情况。

2. 签订就业协议书的注意事项

需注意的是，学校同意盖章这一步一定要最后执行，以保护毕业生的权益。高校毕业生就业必须由毕业生、用人单位和学校签署就业协议书。就业协议书一式三份，毕业生、用人单位和学校各执一份。就业协议书由国家或市高校毕业生就业主管部门统一印制。

（1）毕业生和用人单位在就业协议书上签名、盖章。

（2）用人单位上级主管部门批准盖章。

（3）用人单位必须在与毕业生签署协议书起的15天内，将就业协议书送学校毕业生就业工作部门。

（4）学校同意盖章，并及时将意见反馈用人单位。采用欺骗等手段签署的就业协议书无效，并由欺骗责任方承担违约责任。

（5）毕业生如需调整就业单位，在本市、县、区范围内的，由当地毕业生就业主管部门办理调整手续；跨地区的，由两地毕业生就业主管部门办理调整手续；从市、县、区调整到省级、中直单位，或从省级、中直单位调整到市、县、区的，跨省（自治区、直辖市）调整就业去向，由省高校毕业生就业指导中心办理，每位毕业生只允许调整一次就业单位。毕业生办理就业手续截止日期为6月30日。毕业生办理就业调整时，须携带材料：原就业报到证；以前已落实就业单位的，须出具原就业单位同意解除协议并经上级就业工作部门审核同意的书面意见；现已落实单位的，须出具与就业单位签订的并经上级就业工作部门审核同意的就业协议书，或是就业单位出具的，并经上级就业工作部门审核同意的书面接收意见；已落实单位的毕业生如落实新用人单位，可凭原就业协议书（一式三份）和解除协议证明，向招生就业办申请换发新就业协议书（每位毕业生只允许换1次），改派由学生自行到省教育厅签发新的就业报到证。

(6) 各类证件遗失怎么办？

毕业证书遗失：遗失不补，学校出具证明。

学位证书遗失：遗失不补，学校出具证明。

户口迁移证遗失：向发证户籍中心挂失，并补办。

就业协议书（指已签好的就业协议书）遗失：登报申明作废，携带报纸及系审核同意的书面材料到招生就业办补办。

（二）劳动合同

劳动合同是指劳动者与用人单位之间确立劳动关系、明确双方权利和义务的协议。订立和变更劳动合同，应当遵循平等自愿、协商一致的原则，不得违反法律、行政法规的规定。劳动合同依法订立即具有法律约束力，当事人必须履行劳动合同规定的义务。

根据《中华人民共和国劳动法》（以下简称《劳动法》）第十六条规定："劳动合同是劳动者与用人单位之间确立劳动关系、明确双方权利和义务的协议。"根据这个协议，劳动者加入企业、个体经济组织、事业组织、国家机关、社会团体等用人单位，成为该单位的一员，承担一定的工种、岗位或职务工作，并遵守所在单位的内部劳动规则和其他规章制度；用人单位应及时安排被录用的劳动者工作，按照劳动者提供劳动的数量和质量支付劳动报酬，并且根据劳动法律、法规规定和劳动合同的约定提供必要的劳动条件，保证劳动者享有劳动保护及社会保险、福利等权利和待遇。

《中华人民共和国劳动合同法》（以下简称《劳动合同法》）第十七条规定：劳动合同应当具备以下条款：

(1) 用人单位的名称、住所和法定代表人或者主要负责人；

(2) 劳动者的姓名、住址和居民身份证或者其他有效身份证件号码；

(3) 劳动合同期限；

(4) 工作内容和工作地点；

(5) 工作时间和休息休假；

(6) 劳动报酬；

(7) 社会保险；

(8) 劳动保护、劳动条件和职业危害防护；

(9) 法律、法规规定应当纳入劳动合同的其他事项。

劳动合同除前款规定的必备条款外，用人单位与劳动者可以约定试用期、培训、保守秘密、补充保险和福利待遇等其他事项。

知识拓展

合同陷阱

（1）在本合同期内，若乙方因本人原因提前解除劳动合同的，乙方应向甲方支付违约金10万元。

（2）本合同期内，乙方（女）不许结婚，也不许怀孕。

（3）在合同中约定，劳动者入职时要向用人单位交纳押金、保证金等。

（4）合同约定，在工作期间企业只负担工资，不负责缴纳任何社会保险；发生工伤一律自负，企业概不负责。

（5）合同中，既不写明工作岗位，也不写明工资标准或数额。

（6）合同中约定，合同内容约定不明或出现歧义时，企业有解释权。

（三）就业协议书与劳动合同的区别

1. 主体不同

就业协议书是三方协议，适用于应届毕业生与用人单位、学校三方之间，学校是就业协议的签约方或鉴证方。劳动合同是两方合同，其主体必须是两方当事人，其中一方是用人单位，另一方是劳动者（含应届毕业生）。学校不是劳动合同的主体，也不是劳动合同的鉴证方，因此学校与劳动合同无关。

2. 内容不同

就业协议书的内容主要是毕业生表示愿意到用人单位就业，用人单位表示愿意接收毕业生，学校同意推荐毕业生并列入就业计划进行派遣。劳动合同的内容涉及劳动报酬、劳动保护、工作内容、劳动纪律等方方面面，更为具体，劳动权利义务更为明确。

3. 时间不同

一般而言，就业协议书签订在前，劳动合同订立在后。如果毕业生与用人单位就工资待遇、住房等有事先约定，亦可在就业协议书备注条款中予以注明，日后订立劳动合同对此内容应予认可。

4. 适用法律不同

劳动合同适用《劳动法》《劳动合同法》和劳动人事部门颁布的有关规定。发生劳动合同争议时，应依据相关法律来处理，处理的程序为协商、调解、仲裁、诉讼。就业协议只能适用于教育部颁布的《普通高等学校毕业生就业工作暂行规定》，不受《劳动法》调解。

六 毕业生就业流程

毕业生就业流程如下。

（1）毕业生到各系部领取就业推荐表及就业协议书。

（2）填写就业推荐表，将成绩单、获奖证书、取得职业资格证书等复印件在就业推荐表中粘贴好。

（3）通过各种渠道（如校内外招聘会、网上招聘、人才交流中心招聘会等），获取就业信息，持就业推荐表、就业协议书与用人单位双向选择。

（4）确定就业单位后，毕业生持就业协议书（一式三份）与用人单位签约，或要求用人单位开具接收证明函。签订的就业协议书（一式三份）一份校招生就业处存档，一份用人单位备存，一份本人备存。接收证明函交校招生就业处。如每年6月20日之后签订就业协议书，则需一式四份，除以上三份之外，还有一份需交省就业指导中心办理报到证。

（5）每年6月20日左右，由校招生就业处到省教育厅集中办理报到证，自主择业的同学请在每年6月15日前，将就业协议书交校招生就业处，逾期未交则由毕业生自行办理。

（6）已落实就业单位并签订就业协议书的毕业生，用人单位要求接收档案、户口，毕业生持报到证到学校膳食科办理户口迁移证，档案按用人单位的地址由学生处学籍科统一寄发。

已落实就业单位，但用人单位不接收毕业生档案、户口的或未落实就业单位的毕业生，可申请个人人事代理，档案、户口交市人才交流中心托管。毕业生毕业后未办理任何托管手续的，学校将统一将其档案、户口派回生源地。

（7）要求改派或违约的毕业生，需持用人单位提供的书面证明和新单位同意接收的证明函（或协议书），到校招生就业处办理登记，由毕业生本人到省教育厅、市教育局就业指导中心办理改派手续。

参考文献

[1] 路小疯. 循环：大学学习那些事儿［M］. 北京：清华大学出版社，2018.

[2] 楼世礼. 新生入学必读［M］. 北京：人民邮电出版社，2014.

[3] 王秀明，吴斌. 大学新生入学系列教育［M］. 咸阳：西北农林科技大学出版社，2014.

[4] 朱伟新. 大学生入学教育读本［M］. 北京：中国人民大学出版社，2016.

[5] 梁华，林明. 大学生入学教育读本［M］. 2版. 北京：高等教育出版社，2015.

[6] 毛芳才，梁华，林明. 大学生入学教育读本［M］. 3版. 长春：东北师范大学出版社，2019.

[7] 桂爱民，张华. 大学生入学教育（高职版）［M］. 北京：北京邮电大学出版社，2014.

[8] 吕云翔，刘艺博，王进. 大学生活与生涯规划［M］. 北京：清华大学出版社，2015.

[9] 魏立峰，刘占军，王才波. 大学生入学教育［M］. 上海：上海交通大学出版社，2016.

[10] 蔡林. 大学生入学教育教程［M］. 上海：上海交通大学出版社，2017.

[11] 王苏琪. 大学新生第一课［M］. 北京：中国书籍出版社，2013.

[12] 刘永智，吴兴兴. 大学生入学教育［M］. 北京：北京邮电大学出版社，2014.

[13] 吴琼扬，刘明鹏，王康. 大学新生入学教育［M］. 广州：中山大学出版社，2016.

[14] 刘平，张文. 大学生职业生涯规划与就业指导［M］. 北京：高等教育出版社，2017.

[15] 程良越. 大学生职业发展与训练［M］. 广州：广东高等教育出版社，2008.

[16] 吴新强，李岚. 大学生成长成才指导［M］. 上海：上海交通大学

出版社，2014．

[17] 姜韵宜．大学生入学教育［M］．北京：北京交通大学出版社，2013．

[18] 李国春，邓如涛．大学生入学教育［M］．长沙：湖南师范大学出版社，2019．

[19] 袁长明．大学生入学教育［M］．北京：高等教育出版社，2010．

[20] 李俊生，多俊岗．大学生安全教育［M］．重庆：重庆大学出版社，2016．

[21] 汪家兵．大学生安全教育教程［M］．北京：科学出版社，2017．

图书在版编目(CIP)数据

新起点,再出发:高职高专大学生入学教育/吴伟生,杨东方,李龙主编. —武汉:华中科技大学出版社,2022.9
ISBN 978-7-5680-8716-2

Ⅰ.①新… Ⅱ.①吴… ②杨… ③李… Ⅲ.①高等职业教育-入学教育 Ⅳ.①G718.5

中国版本图书馆 CIP 数据核字(2022)第 162239 号

新起点,再出发
——高职高专大学生入学教育 吴伟生　杨东方　李　龙　主编
Xin Qidian,Zai Chufa
——Gaozhi Gaozhuan Daxuesheng Ruxue Jiaoyu

策划编辑:汪　粲
责任编辑:余　涛　汪　粲
封面设计:原色设计
责任校对:王亚钦
责任监印:周治超
出版发行:华中科技大学出版社(中国•武汉)　　电话:(027)81321913
　　　　　武汉市东湖新技术开发区华工科技园　　邮编:430223
录　排:华中科技大学惠友文印中心
印　刷:武汉科源印刷设计有限公司
开　本:710mm×1000mm　1/16
印　张:20.5　插页:4
字　数:376 千字
版　次:2022 年 9 月第 1 版第 1 次印刷
定　价:56.80 元

本书若有印装质量问题,请向出版社营销中心调换
全国免费服务热线:400-6679-118　竭诚为您服务
版权所有　侵权必究